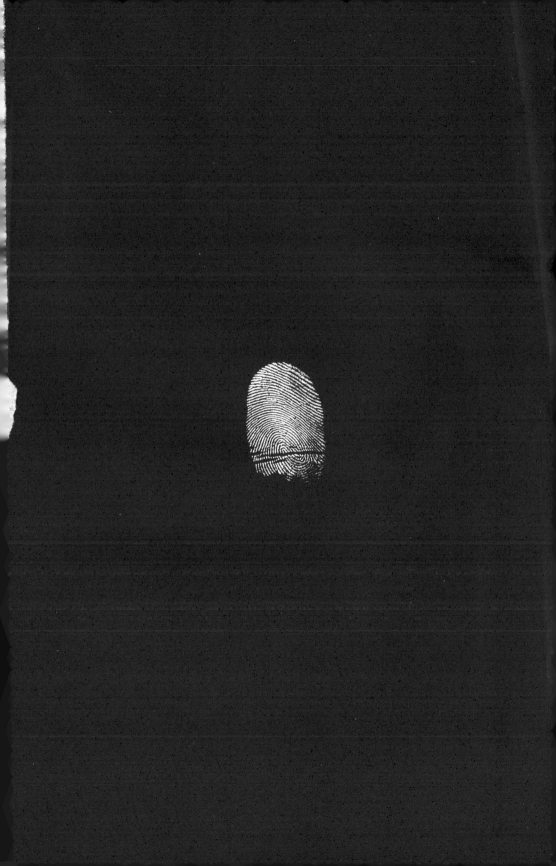

Angela Bourke

A Fogueira da
★BRUXA★

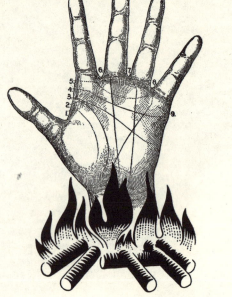

Tradução
Vanessa Cianconi
& Retina Conteúdo

DARKSIDE

CRIME SCENE
DARKSIDE

THE BURNING OF BRIDGET CLEARY
Copyright © Angela Bourke, 1999
Todos os direitos reservados.

Cover Illustration © Paw Grabowski

Tradução para a língua portuguesa
© Vanessa Cianconi e Retina Conteúdo, 2024

Diretor Editorial
Christiano Menezes

Diretor Comercial
Chico de Assis

Diretor de Novos Negócios
Marcel Souto Maior

Diretor de MKT e Operações
Mike Ribera

Diretora de Estratégia Editorial
Raquel Moritz

Gerente Comercial
Fernando Madeira

Gerente de Marca
Arthur Moraes

Editora Assistente
Jéssica Reinaldo

Capa e Projeto Gráfico
Retina 78

Coordenador de Arte
Eldon Oliveira

Coordenador de Diagramação
Sergio Chaves

Designer Assistente
Jefferson Cortinove

Preparação
Fernanda Lizardo
Rebeca Benjamim

Revisão
Iriz Medeiros
Luciana Kühl
Pedro Spigolon
Retina Conteúdo

Finalização
Roberto Geronimo

Impressão e Acabamento
Ipsis Gráfica

DADOS INTERNACIONAIS DE CATALOGAÇÃO NA PUBLICAÇÃO (CIP)
Jéssica de Oliveira Molinari - CRB-8/9852

Bourke, Angela
A fogueira da bruxa / Angela Bourke ; tradução Vanessa Cianconi e
Retina Conteúdo. — Rio de Janeiro : DarkSide Books, 2024.
320 p.

ISBN: 978-65-5598-438-5
Título original: The Burning of Bridget Cleary

1. Cleary, Bridget, 1869-1895 2. Homicídio - Irlanda.
3. Crime 4. Século XIX I. Título II. Cianconi, Vanessa

23-3926   CDD 364.15

Índice para catálogo sistemático:
1. Cleary, Bridget, 1869-1895

[2024]
Todos os direitos desta edição reservados à
DarkSide® *Entretenimento* LTDA.
Rua General Roca, 935/504 — Tijuca
20521-071 — Rio de Janeiro — RJ — Brasil
www.darksidebooks.com

Para Louis
E em memória de Adele Dalsimér
1939 – 2000

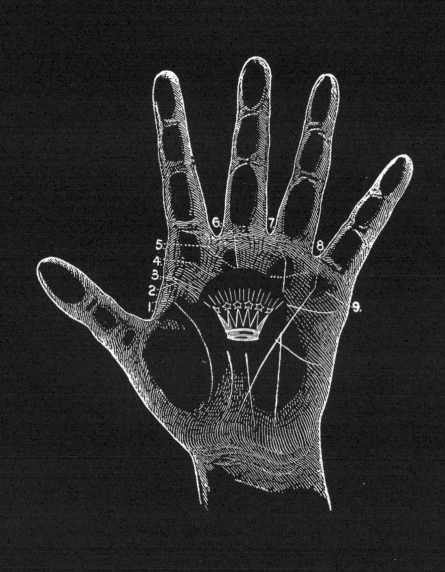

Sumário

ÁRVORE GENEALÓGICA:
Cleary, Boland e Kennedy .11
CRONOLOGIA: *Março a Julho de 1895* .13
MAPAS .18

1: *Camponeses, padres e policiais* .23
2: *Fadas e feiticeiros* .52
3: *Leitura, costura, galinhas e casas* .71
4: *Bridget Cleary adoece* .90
5: *Parte da cura* .115
6: *Ela queima* .130
7: *A investigação e o inquérito* .162
8: *Um funeral e mais fadas* .182
9: *Duas salas de audiência* .212
10: *Julgamento e aprisionamento* .244
EPÍLOGO: *Quando termina uma história verdadeira?* .272

GALERIA DE IMAGENS .280
NOTAS DA AUTORA .286
ÍNDICE REMISSIVO .307
AGRADECIMENTOS E FONTES .314
SOBRE A AUTORA .319

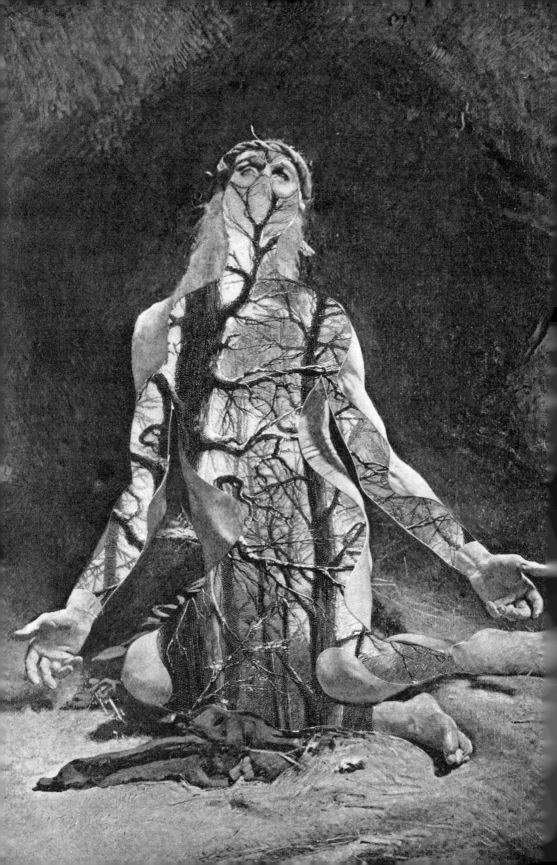

ÁRVORE GENEALÓGICA

Cleary, Boland e Kennedy

John 'Jack' Dunne = Catherine
(n. circa 1840) (m. 1896)

Patrick Boland = Bridget Keating
(n. circa 1829) c. 1856

Mary Boland = Richard Kennedy
c. 1860

Michael (n. 1856)
Edmond (n. 1860)
William (n. 1863)
Bridget (n. circa 1869) = Michael Cleary c. 1887

Michael Burke = Johanna Kennedy
c. 1884 (n. circa 1861)

Patrick (n. circa 1863)
Michael (n. circa 1868)
James (n. circa 1873)
William (n. circa 1874)

Katie (n. circa 1884)
Johanna (n. circa 1895)

A Fogueira da
BRUXA

CRONOLOGIA
Março a Julho de 1895

MARÇO

Segunda-feira, 4 de março
Tipperary: Bridget Cleary vai a pé de Ballyvadlea até a casa de John Dunne, em Kylenagranagh, levando ovos. Pega um resfriado.
Londres: Primeira leitura do projeto de lei de regularização fundiária (Irlanda).

Terça-feira, 5 de março
Tipperary: Bridget Cleary está em casa, em Ballyvadlea, confinada à cama em função de uma "dor de cabeça alucinante".

Quinta-feira, 7 de março
Tipperary: A doença de Bridget Cleary perdura.
Londres: Oscar e Constance Wilde, e Lorde Alfred Douglas, comparecem à peça *A importância de ser prudente*.

Sábado, 9 de março
Tipperary: Patrick Boland vai até Fethard; pede ao dr. William Crean que visite sua filha.
Londres: Abertura do processo por difamação de Oscar Wilde contra o Marquês de Queensberry.

Segunda-feira, 11 de março
Tipperary: O dr. Crean ainda não visitou Bridget Cleary. Michael Cleary vai até Fethard para chamá-lo.

Quarta-feira, 13 de março
Tipperary: Michael Cleary vai até Fethard novamente. O dr. Crean é chamado à casa dos Cleary. Manhã: Johanna Burke, Mary Kennedy e Jack Dunne visitam Bridget Cleary. O padre Cornelius Ryan vai à casa, realiza a extrema-unção. Noite: Michael Cleary ministra à esposa ervas adquiridas com uma "mulher em Fethard".

Quinta-feira, 14 de março
Tipperary: O padre Ryan se recusa a visitar Bridget uma segunda vez. Michael Cleary vai a pé até Kyleatlea a fim de consultar o herborista Denis Ganey. Parentes e vizinhos visitam Bridget Cleary e a obrigam a consumir infusões de ervas no leite fresco, daí se revezam entre colocá-la e tirá-la da frente da lareira. Michael Cleary recebe a notícia sobre a morte de seu pai. Os irmãos Kennedy e Patrick Boland vão ao velório. Outros permanecem até as seis da manhã.

Sexta-feira, 15 de março
Tipperary: Michael Cleary procura o padre Ryan cedo pela manhã; ocorre uma missa no quarto de Bridget Cleary. Vizinhos vão até ela ao longo do dia e no início da noite. Bridget está arrumada, sentada à lareira. Há uma discussão sobre fadas. Michael Cleary nocauteia sua esposa, que depois é carbonizada até a morte. Com o auxílio de Patrick Kennedy, ele enterra o corpo.

Sábado, 16 de março
Tipperary: Nascem rumores sobre o desaparecimento de Bridget Cleary; há menções às fadas. Cleary, Dunne e Michael vão a pé até Drangan e se encontram com padres. A Real Polícia Irlandesa (Royal Irish Constabulary, daqui em diante RIC) inicia as buscas pela mulher desaparecida.

Domingo, 17 de março
Tipperary: Michael Cleary tenta pegar emprestada a arma de William Simpson. Ele mantém vigília no Forte Kylenagranagh junto a outros homens.

Segunda-feira, 18 de março
Tipperary: William Simpson presta depoimento ao juiz de paz William W. Tennant. A polícia continua as buscas. Michael Cleary mantém uma segunda noite de vigília em Kylenagranagh.
Londres: O Grande Júri emite o veredicto de crime de difamação contra o marquês de Queensberry.

Terça-feira, 19 de março
Tipperary: Johanna Burke presta depoimento. Cleary vai a Kylenagranagh novamente.
Londres: O governo nega as notícias de que o primeiro-ministro lorde Rosebery estaria gravemente enfermo.

Quarta-feira, 20 de março
Tipperary: Mais depoimentos. Nove mandados de prisão emitidos. Primeiras reportagens jornalísticas sobre o desaparecimento de Bridget Cleary, em Clonmel.

Quinta-feira, 21 de março
Tipperary: Indivíduos são detidos, indiciados na prefeitura, em Clonmel.

Sexta-feira, 22 de março
Tipperary: O corpo carbonizado de Bridget Cleary é encontrado em cova rasa. Johanna Burke é presa; liberada logo em seguida.
Londres: Os relatos sobre a insônia de lorde Rosebery continuam.

Sábado, 23 de março
Tipperary: Autópsia finalizada, em Cloneen. Conclusão: morte por carbonização.

Domingo, 24 de março
Tipperary: O padre Con Ryan proclama seu "ultraje" em missa em Cloneen. A RIC encontra uma pá de bico e uma pá quadrada na casa dos Cleary.

Segunda-feira, 25 de março
Tipperary: Os prisioneiros ficam diante do magistrado, no tribunal de Clonmel. Ocorre o interrogatório de Johanna Burke, testemunha de acusação.

Terça-feira, 26 de março
Tipperary: O interrogatório de Johanna Burke continua; é colhido o depoimento de sua filha, Katie. O policial Thomas McLoughlin, de Kilkenny, tira fotografias em Ballyvadlea. Um repórter do *Cork Examiner* visita a casa.

Quarta-feira, 27 de março
Tipperary: A RIC enterra Bridget Cleary sob a escuridão da noite, em Cloneen.
Dublin: Jornais unionistas e nacionalistas publicam editoriais a respeito do caso.

Quinta-feira, 28 de março
Tipperary: William Simpson mostra a casa dos Cleary ao repórter do *Cork Examiner.*
Londres: Jornais reportam o "progresso muito lento de lorde Rosebery". Sir Edward Grey exige que a França explique seu posicionamento na África; há temores de guerra com os franceses.

Domingo, 31 de março
Nova York: O jornal *New York Times* noticia a história de Bridget Cleary: "Acontecimento bárbaro na região de Fethard".

ABRIL

Segunda-feira, 1º de abril
Tipperary: Os detidos são colocados em prisão preventiva sob acusação de homicídio doloso. São colhidos os testemunhos de William Simpson e do padre Con Ryan.

Terça-feira, 2 de abril
Tipperary: A audiência tem continuidade em Clonmel. A roupas de Bridget Cleary são apresentadas no tribunal.

Londres: Segunda leitura do projeto de lei de regularização fundiária (Irlanda) feita pelo secretário-geral John Morley, com a oposição de Edward Carson.

Quarta-feira, 3 de abril
Tipperary: Dia de feira mercantil em Clonmel; recesso no tribunal. O jornal *Clonmel Chronicle* publica um suplemento sensacionalista: "A terrível tragédia em Ballyvadlea".

Londres: É iniciado o julgamento do caso *Regina contra Queensberry*,* no tribunal de Old Bailey. Edward Carson realiza o exame cruzado de Oscar Wilde.

Quinta-feira, 4 de abril
Tipperary: A audiência tem continuidade em Clonmel; o sargento interino Patrick Egan apresenta suas evidências. O jornal *Daily Graphic* publica ilustrações de padre Ryan, Mary Kennedy, William Simpson e dos nove homens acusados.

Londres: *Regina contra Queensberry*, o exame cruzado de Carson continua até depois do almoço; o discurso de Carson em prol da defesa começa às 15h.

Sexta-feira, 5 de abril
Tipperary: A audiência continua; Denis Ganey é exonerado das acusações; o perito médico é ouvido.

Londres: O discurso de Carson prossegue no tribunal de Old Bailey. Veredicto: Inocente. Oscar Wilde é preso.

Sábado, 6 de abril
Tipperary: Os detidos se pronunciam em Clonmel. Nove têm prisão preventiva decretada enquanto aguardam julgamento.

Londres: Oscar Wilde é acusado de infrações segundo emenda no âmbito do direito penal, de 1885.

---

* O termo *Regina* é uma forma latina que significa "rainha", usada em documentos legais para indicar que a acusação é feita em nome da rainha ou do rei, representando o Estado. [Nota da Tradução, daqui em diante NT]

MAIO

Quinta-feira, 2 de maio
Tipperary: Reunião dos Guardiões da Lei dos Pobres de Cashel discute uma carta sobre o dr. Crean enviada pelo Conselho do Governo Local, em 9 de abril, ao Comitê de Gestão Hospitalar de Fethard. Sugere que "certa cautela (...) será pertinente ao caso".

Sexta-feira, 10 de maio
Tipperary: É acolhida a renúncia do dr. Crean em 2 de maio. O Comitê de Gestão Hospitalar de Fethard divulga a vaga aberta para substituí-lo.

Quarta-feira, 15 de maio
Tipperary: O jornal *The Nationalist* divulga que William Simpson estava cobrando por visitas guiadas à choupana dos Cleary.

JUNHO

Sexta-feira, 21 de junho
Londres: O governo liberal de lorde Rosebery renuncia.

JULHO

Quarta-feira, 3 de julho
Tipperary: O Grande Júri faz seu juramento, em Clonmel. A casa dos Kennedy é incendiada.

Quinta-feira, 4 de julho
Tipperary: O juiz William O'Brien dá início às audiências de julho, em Clonmel; o júri aceita a acusação de homicídio contra Michael Cleary e outros quatro réus, os nove suspeitos são indiciados por lesão corporal; testemunho de Johanna Burke.

Sexta-feira, 5 de julho
Tipperary: Ocorre o julgamento de Michael Cleary: Johanna Burke presta novo depoimento; ocorre, também, o testemunho de Katie Burke; o juiz entrega sua sentença final ao júri: o réu é declarado culpado de homicídio culposo. William Ahearne é exonerado das acusações. Outros réus são considerados culpados por lesão corporal; as sentenças são proferidas. Mary Kennedy é liberada.

Sexta-feira, 12 de julho
Tipperary: Michael Cleary, Jack Dunne e Patrick Kennedy são transferidos para a prisão Mountjoy, em Dublin.

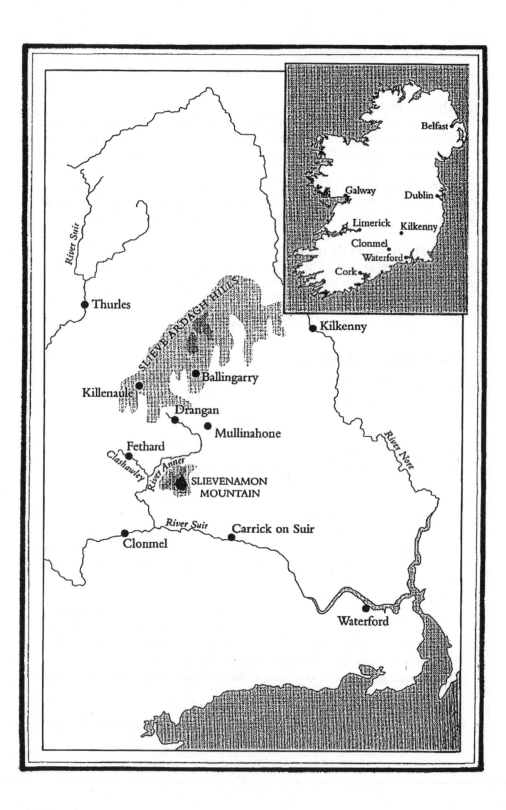

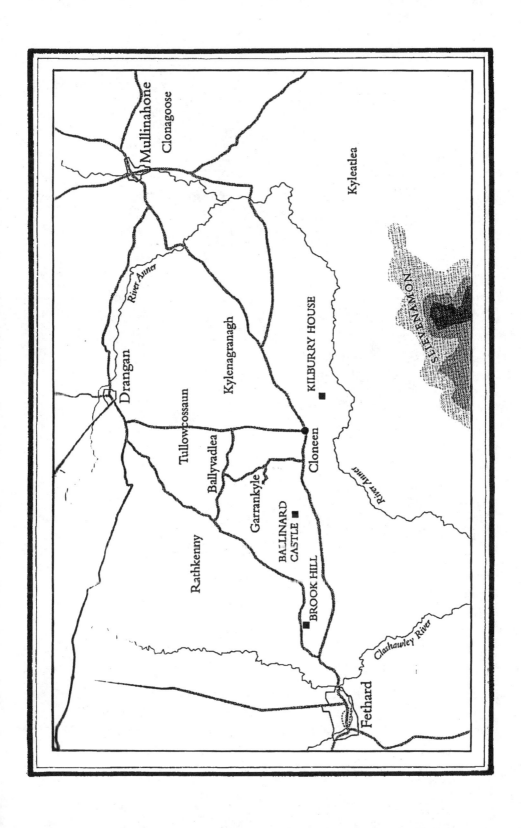

Certa vez, uma mulher foi levada pelas fadas. Ela era casada. [Ela] foi subtraída do marido e deixaram uma coisa velha em seu lugar. O sujeito ficou arrasado por conta do episódio, e ficou sem saber o que oferecer para tê-la de volta. Assim, foi até um encantador de fadas que morava em algum lugar do condado de Kilkenny e lhe contou sua história. O encantador de fadas lhe disse que [as fadas] passariam por trás de sua casa em uma determinada noite e que ele as veria — e lhe deu algumas ervas para que ele pudesse vê-las —, e que sua esposa estaria montada em um imponente cavalo desbotado; e, quando ela passasse, ele deveria agarrá-la, pois caso a deixasse escapar, nunca mais voltaria a vê-la. O homem então chegou em casa e, na referida noite, foi para os fundos da casa; não demorou muito para que as fadas surgissem, galopando. Ele avistou a esposa em um cavalo branco e, assim que ela se aproximou, ele a segurou de pronto. Daí colocou na mão dela algumas ervas dadas pelo encantador de fadas, de modo que ela ficasse com ele, e implorou para ter sua esposa de volta. Quando voltaram para dentro de casa, a coisa havia sumido.

Contado pela sra. John Carrol (65 anos), em Assegart, Foulksmills, condado de Wexford, em dezembro de 1937, e transcrito por Tomás Ó Ciardha (IFC 437: 106-7). Reproduzido sob permissão do chefe do Departamento de Folclore Irlandês, da University College Dublin.

A Fogueira da
BRUXA

1

Camponeses, padres e policiais

O inverno de 1894-95 foi excepcionalmente intenso, e fevereiro de 1895 foi considerado o mês mais frio já registrado em muitas partes da Irlanda e da Grã-Bretanha. O trabalho agrícola estava gravemente atrasado, e os trabalhadores rurais na Irlanda enfrentavam o desemprego e a miséria. Em meados de março, porém, tanto o clima quanto as perspectivas econômicas melhoraram. Era uma época de conservação de registros e burocracia centralizada. No Observatório do Castelo de Birr, no condado de King (hoje condado de Offaly), Robert Jacob mantinha minuciosos registros meteorológicos coletados duas vezes por dia, devidamente preenchidos à mão em grandes folhas fornecidas pelo Gabinete de Meteorologia em Londres. Em 2 de abril de 1895, seguindo as instruções impressas no formulário, ele dobrou a declaração de março quatro vezes a fim de criar um pacote do tamanho de uma carta, lacrou com um selo vermelho com o rosto de uma jovem rainha Vitória, e o enviou. O verso do formulário já continha o endereço: Victoria Street, 63, Londres. Chegou ao destino no dia 4 de abril, marcado pelo carimbo "Parsonstown 6.50 Ap 2 95".

De acordo com os registros de Jacob, a temperatura no Castelo de Birr às nove horas da manhã de quarta-feira, 13 de março, havia sido de 3°C, e 24 horas depois subira para 10°C. Por volta de nove horas da noite de quinta-feira, o tempo ainda estava ameno e seco, com uma temperatura em torno de 8°C. A oitenta quilômetros dali, em uma fazenda em Kishogue, perto do vilarejo de Drangan, condado de Tipperary, Michael Kennedy pedia a seu empregador, Edward Anglin, o salário a que tinha direito e partia em uma caminhada de cinco quilômetros por estradas escuras para dar o dinheiro à sua mãe viúva. Mary Kennedy vivia em uma casa de taipa minúscula com telhado de palha, ao lado da ponte Ballyvadlea, onde Michael e seus irmãos e irmã haviam crescido. Ao chegar lá, no entanto, encontrou sua mãe de saída. A sobrinha dela, Bridget Cleary, de 26 anos, estava doente há vários dias, e Mary Kennedy estava indo visitá-la pela segunda ou terceira vez. Michael Kennedy decidiu então acompanhar sua mãe até a casa da prima, do outro lado da ponte, na subida da colina. Bridget morava a apenas oitocentos metros de distância, com o marido, Michael Cleary, um tanoeiro, e o pai, que era irmão de Mary Kennedy.

Os Cleary moravam em um chalé com telhado de ardósia, construído alguns anos antes; embora modesta, era uma casa muito melhor do que a de Mary Kennedy, ou mesmo do que muitas outras na região. Quando Michael Kennedy chegou lá, na noite de quinta-feira, 14 de março, o local estava cheio de gente e em plena atividade. Aparentemente, a doença de sua prima atingira um momento crítico. Na cozinha, onde um grupo de vizinhos aguardava, alguns tocos verdes de espinheiro-branco queimavam lentamente em uma grelha sobre uma fogueira, e uma grande lamparina a óleo ornava a mesa. Ali perto da cozinha, no cômodo da frente, iluminado apenas por uma vela, Bridget Cleary se encontrava deitada. Sua cama quase preenchia por completo o minúsculo quarto, mesmo assim havia vários homens ao seu redor, prendendo-a ao leito; um deles estava deitado sobre suas pernas.

A maioria dos homens no quarto eram parentes de Bridget Cleary, dentre eles os irmãos do próprio Michael Kennedy: Patrick, James e William. Os outros eram o marido dela, Michael, o pai, Patrick Boland, e um primo deste chamado Jack Dunne. Também havia um menino adolescente no grupo, William Ahearne, com uma vela acesa em mãos. Os homens estavam tentando fazer Bridget Cleary engolir infusões de ervas em leite fresco — Michael Cleary segurava uma caçarola e uma colher —, no entanto, Bridget resistia. De tempos em tempos, como se duvidassem de sua identidade, eles exigiam saber "em nome de Deus" se ela era mesmo Bridget Cleary, filha de Patrick Boland e esposa de Michael Cleary. Os homens a questionavam aos berros e tentavam lhe enfiar a infusão de ervas goela abaixo. Por fim, eles a tiraram da cama e a levaram até a cozinha, ficando a cinco metros do fogo. Lá, voltaram a questioná-la, segurando-a acima da lenha ardente enquanto exigiam que ela respondesse o próprio nome. Os vizinhos que estavam na cozinha ouviram o falatório sobre bruxas e fadas.

Nas semanas subsequentes, quando a morte de Bridget Cleary estava sendo investigada, Michael Kennedy alegou não se lembrar com detalhes dos acontecimentos daquela noite. Sete meses depois, detido na penitenciária de Clonmel, foi constatado que ele tinha tuberculose ("tísico") há anos. É provável que também sofresse de epilepsia, pois Michael Kennedy declarara no tribunal ser suscetível a ataques, tendo assim perdido a consciência na casa lotada e barulhenta. Ao acordar, alegou ele, estava deitado na cama, no segundo quartinho, na parte de trás da casa, onde seu tio, Patrick Boland, costumava dormir. Michael Kennedy acreditava ter ficado inconsciente por pelo menos meia hora.

Disse ele que, ao despertar, a casa já estava silenciosa outra vez. Bridget Cleary estava na cama e, aparentemente, descansando, mas em algum momento, durante a noite, chegara a notícia de que o pai de seu marido falecera. Michael Cleary não era de Ballyvadlea, mas de Killenaule, a treze quilômetros dali, e vários dos homens presentes se preparavam para caminhar até lá e acompanhar o velório. Os velórios, que costumavam varar madrugada adentro, eram eventos sociais importantes para a classe trabalhadora rural, com contação de histórias, atividades lúdicas e outras distrações; eram oportunidades únicas para a troca de lendas aterrorizantes sobre fantasmas e fadas, e ponto de encontro entre os jovens. Patrick, James e William Kennedy tinham manifestado o desejo de ir mais cedo — eles haviam passado parte da noite se arrumando no quartinho dos fundos, fazendo a barba —, mas Michael Cleary acabara por retardar sua partida, exigindo que permanecessem e o ajudassem no tratamento de sua esposa até depois da meia-noite. A expectativa era de que o próprio Michael Cleary fosse até Killenaule, nem que só para ver sua mãe enlutada, no entanto ele insistira em permanecer em casa com Bridget. Os velórios à moda antiga vinham sendo cada vez mais condenados pela sociedade respeitável, e Michael Cleary era mais instruído do que a maioria dos parentes de sua esposa; ainda assim, sua decisão de não comparecer ao velório do próprio pai foi um tanto surpreendente.

Patrick, o irmão mais velho de Michael Kennedy, tinha 32 anos (o próprio Michael tinha 27); James tinha 22; e William, 21. Todos os três eram trabalhadores rurais e solteiros, e somente os dois mais jovens sabiam ler ou escrever. Eles deixaram a casa em Ballyvadlea juntos por volta de uma hora da manhã, seguindo a pé até Killenaule. Treze quilômetros era uma distância considerável, mas a noite estava agradável e os sujeitos estavam acostumados a caminhar. A lua já estava cheia há três noites e brilhava intensa há mais de uma hora quando eles partiram, sendo assim, o trajeto seria relativamente fácil. Várias mulheres e alguns dos homens permaneceram na casa pelo restante da noite, levando bebidas para Bridget Cleary quando ela solicitava. Tal modelo de interação entre vizinhos — em que todos ficavam acordados até tarde da noite, conversando e trocando histórias — não era incomum. Inclusive, existe uma palavra irlandesa para definir esse evento: *airnéan* (que não tem tradução exata).

A lua estava alta no céu quando os Kennedy chegaram ao velório, por volta de três da manhã. Ainda mais tarde, o tio deles, Patrick Boland, de 66 anos, juntou-se à vigília. Após algumas horas, retornou para Ballyvadlea, onde sua filha ainda padecia — no entanto, os quatro Kennedy optaram por permanecer durante todo o dia seguinte em Killenaule. Eles voltaram somente na sexta-feira à noite, ficando juntos até Drangan, de onde Patrick, James e William seguiram para a casa da mãe na ponte Ballyvadlea, enquanto Michael voltou para a fazenda de Anglin, em Kishogue.

No sábado, 16 de março, o dia estava agradável e ensolarado, mas Michael Kennedy foi assolado por uma notícia chocante enquanto caminhava de Kishogue a Drangan. Trinta e seis horas antes, ele vira sua prima Bridget Cleary doente na cama em Ballyvadlea, e agora descobriu que a jovem tinha sumido de sua casa. Porém o mais perturbador de tudo era a sugestão de que ela cruzara os campos junto a dois homens na madrugada anterior, vestindo apenas uma camisola. Algumas pessoas diziam que ela havia sido levada pelas fadas.

Embora tenha alegado episódios de desmaio ao visitar sua prima doente, certamente Michael Kennedy teria informações sobre o tratamento ministrado a ela na noite de quinta-feira. De acordo com as histórias frequentemente contadas em volta de fogueiras e nos velórios, certas doenças eram obras de fadas, as quais eram capazes de sequestrar uma pessoa jovem saudável e largar um *changeling** doente para substituí-la; o tratamento sugerido para banir o tal *changeling* em geral requeria medicamentos à base de ervas e provações na fogueira.

Em Drangan, Michael Kennedy passou um tempo em frente à mercearia de Feelys e conversou com dois homens chamados Burke e Donovan, mas não foi capaz de obter mais informações. Em sua caminhada de volta à fazenda de Anglin, encontrou os dois homens mais propensos a saber a verdade: Michael Cleary e Jack Dunne. Inclusive, Dunne era um dos indivíduos ao redor da cama de Bridget Cleary na noite de quinta-feira. Ele era primo de Mary Kennedy e Patrick Boland, e morava perto de Ballyvadlea, no território de Kylenagranagh.

Michael Cleary e Jack Dunne estavam agitados quando Michael Kennedy os encontrou na rua, pouco depois do meio-dia. Na verdade, Michael C. parecia um tanto perturbado. Ele usava um terno de *tweed* cinza-claro — paletó, colete e calças — e um chapéu azul-marinho, mas, embora elegantes, suas roupas continham manchas gordurosas e estavam frouxas, como se fossem grandes demais para ele. Além disso, ele não foi nada responsivo quando Michael Kennedy lhe dirigiu a palavra; apenas continuou caminhando em direção à grande igreja católica no centro do vilarejo, enquanto Jack Dunne coxeava em seu encalço. Dunne declarou posteriormente estar muito preocupado com Michael Cleary naquela ocasião, pois este vinha falando desvairadamente sobre homens estranhos e fogueiras, e até mesmo ameaçara cortar a própria garganta. Por causa disso, Jack Dunne o persuadira

---

* *Changeling* é uma criatura do folclore, geralmente associada a histórias antigas e lendas. Acredita-se que um *changeling* seja uma criança que foi substituída por uma criatura sobrenatural, como um duende ou uma fada. As pessoas acreditavam que os seres mágicos roubavam bebês humanos e deixavam um desses seres em seu lugar. Os *changelings* eram frequentemente descritos como crianças doentes, fracas ou de comportamento estranho, o que levava as pessoas a acreditarem que a criança original tinha sido trocada por uma criatura maligna. Essa crença era uma maneira de explicar doenças ou problemas de desenvolvimento que não eram bem compreendidos na época. Bridget Cleary era entendida dessa forma em sua vida. [Nota da Editora, daqui em diante NE]

a vir até Drangan para falar com o padre. Quando Michael Kennedy não conseguiu pista alguma de nenhum dos homens, deu meia-volta e os acompanhou, e, assim, os três entraram juntos no pátio da capela.

Drangan é um pacato vilarejo na bela e fértil zona rural verdejante do condado de Tipperary Sul, 24 quilômetros a nordeste de Clonmel, e a onze quilômetros da cidade murada medieval de Fethard. Quando o censo demográfico foi realizado em 1891, Drangan contava com 34 casas e uma população de 127 habitantes. O vilarejo possui uma única rua, a qual se inicia bem no ponto em que a estrada de Fethard segue para o sudoeste. Mullinahone fica a 6,5 quilômetros a leste, mas a estrada principal entre as duas cidades passa mais ao sul, cortando a vila de Cloneen. Drangan é cercada por colinas, na beira da cordilheira Slieve Ardagh, no centro de um quadrilátero de estradas principais, cujos cantos ao norte estão em Killenaule e Ballingarry. É um ponto de encontro natural para uma comunidade rural dispersa, à cabeceira de um pequeno vale que desce até Mullinahone, mas cuja importância é estritamente local.

Sem dúvida, o edifício mais imponente de Drangan é a capela, termo preferencial para as igrejas católicas na Irlanda rural. Ela fica no lado norte da rua principal, no centro da vila, cercada por sepulturas dos séculos XIX e XX. Grades e portões de ferro imponentes a separam da rua externa, e uma placa anuncia sua homenagem à Imaculada Conceição da Virgem Maria em 1850.

Nos anos subsequentes à emancipação católica, em 1829, "grandes capelas" como a de Drangan foram substituindo de forma constante os humildes edifícios onde os católicos costumavam orar até então. As primeiras construções eram retangulares e puramente funcionais, porém, a partir de 1895, se tornaram as imensas, dispendiosas e elaboradas construções cruciformes a fim de proclamar a importância social e econômica da Igreja Católica e do seu clero. A capela de Drangan foi construída de pedras de cantaria, entre 1850 e 1853, sendo rodeada por lojas e casas. Drangan é um exemplo clássico da chamada "capela-aldeia", quando a construção de uma grande capela em uma vila interiorana no século XIX é capaz de fomentar o desenvolvimento de outros serviços, incluindo o aparato estatal da delegacia de polícia e o serviço postal.[1]

Quando Michael Kennedy, Michael Cleary e Jack Dunne entraram no pátio da capela por volta da uma da tarde, Michael McGrath, o pároco de Cloneen e Drangan, de 59 anos, estava na igreja. Em 1850, o Sínodo de Thurles estabelecera regras para a administração e a regulamentação da prática católica na Irlanda, reforçando o controle da Igreja sobre a vida cotidiana de seus paroquianos. O Sínodo foi a primeira reunião formal dos bispos irlandeses desde 1642, e muitas de suas prescrições foram concebidas para centralizar as atividades religiosas nos edifícios da igreja e pôr fim à tradição de administrar os sacramentos em residências particulares. O Sínodo decretara, por exemplo, que as confissões deveriam ser feitas regularmente em todas as igrejas, e os fiéis incentivados a cumprir o sacramento toda semana; sendo assim, em 16 de março de 1895, o padre McGrath estava ocupado recebendo as confissões. Seu coadjutor, ou vigário paroquial, Cornelius Fleming Ryan, conhecido como "padre Con", também estava na capela. Essa visita ocorreu na véspera do Dia de São Patrício, enquanto acontecia uma festa para a Imaculada Conceição da Virgem Maria, a quem o edifício havia sido dedicado.

Jack Dunne entrou na capela sozinho. Assim como Michael Kennedy e seus irmãos, ele também era trabalhador rural. Um sujeito baixo, gordo, de cabelos grisalhos, que caminhava com um coxear marcante, na época foi descrito como idoso, embora os registros mostrem que ele contava apenas 55 anos em 1895. O mesmo padrão emerge repetidas vezes entre os documentos desta história, com as pessoas na faixa dos 50 e 60 anos, se pertencentes à classe trabalhadora, sendo descritas como "idosas". Os relatos sobre a aparência física delas refletem as dificuldades e privações enfrentadas pela classe trabalhadora na Irlanda do século XIX, em especial para os nascidos antes da Grande Fome de 1845-49. Jack Dunne sabia ler, mas não escrever. Faltavam-lhe vários dentes; tinha problemas de visão, e uma fratura deixara sua perna direita mais curta do que a esquerda.[2]

Enquanto Jack Dunne estava na capela, Michael Kennedy permanecera no pátio com o ainda agitado Michael Cleary — um sujeito barbudo e careca que aparentava bem mais do que seus 35 anos. Cleary era facilmente o mais instruído dos três, capaz de ler e escrever, e com um ofício qualificado, pois era tanoeiro, fabricante de cascos e barris onde eram armazenadas e transportadas mercadorias de todos os tipos, tanto molhadas quanto secas. Antes de morar com sua esposa, Bridget Cleary, e o pai dela, Michael Cleary trabalhara por vários anos em Clonmel, estabelecendo assim um negócio lucrativo desde sua mudança para Ballyvadlea. Mas nada disso importava agora, pois enquanto aguardava do lado de fora da capela, chorava angustiado. Michael Kennedy permanecera ao seu lado, desconfortável.

Lá dentro da capela, Jack Dunne seguira até onde o padre McGrath recebia as confissões.[3] Tão logo o padre McGrath ouviu as confidências de Dunne, pediu para falar com Michael Cleary.

Michael Cleary então entrou na capela, ainda chorando, todavia, em vez de ir falar com o padre, se aproximou do altar. Ali, foi encontrado pelo padre Con Ryan — o mais jovem dos dois sacerdotes — ajoelhado, arrancando os cabelos e, conforme relatado mais tarde, se comportando feito um louco. Cleary parecia estar em profundo sofrimento em função do remorso, dissera o padre Ryan, e por isso queria muito se confessar, porém o coadjutor não achou que ele estivesse "em condições de receber o sacramento" e assim lhe pediu para se dirigir à sacristia. No entanto, o padre Ryan começou a ficar com medo dele, e acabou por persuadir Michael Cleary a voltar para o pátio, onde Jack Dunne e Michael Kennedy o aguardavam. Cleary seguiu chorando ruidosamente.

Nesse momento o padre Ryan se dirigiu a Dunne, gesticulando para que Michael Cleary lhes desse privacidade. "Saia", disse ele, de acordo com o relato de Jack Dunne; "é com este homem que desejo falar". Ao longo dos depoimentos concedidos mais tarde aos magistrados nas sessões menores* de Clonmel, e novamente diante do juiz e do júri nas audiências principais, ocorridas no verão, as testemunhas analfabetas fizeram uso considerável da dramaticidade do discurso direto.

---

* Sessões menores, no original *petty sessions*, eram sessões judiciais de menor importância realizadas em nível local na Irlanda e em algumas outras partes do Reino Unido. Eram presididas por magistrados locais e tratavam de casos civis e criminais de menor gravidade, como pequenos delitos criminais, disputas civis, regulamentações locais e questões administrativas. Elas forneciam uma forma de justiça rápida e acessível para resolver problemas na comunidade, sem a necessidade de encaminhamento para tribunais mais formais. Essas sessões eram frequentemente presididas por magistrados locais que, em muitos casos, eram membros respeitáveis da comunidade, escolhidos para administrar a justiça em questões locais. As sessões menores desempenharam um papel importante na administração da justiça local, lidando com uma ampla gama de assuntos para garantir a ordem e a resolução de conflitos dentro das comunidades. [NE]

O padre então se dirigiu a Jack Dunne enquanto Michael Kennedy levava Michael Cleary para um cantinho. "O que se passa com ele?"

Dunne lhe relatara então que Cleary havia afirmado ter queimado a própria esposa na noite anterior, e que três ou quatro pessoas ajudaram a enterrá-la. "Passei a manhã toda implorando para que a desenterrem e lhe deem um sepultamento cristão."

Padre Ryan tinha visitado Bridget Cleary no dia anterior. Agora estava horrorizado: "Como é que três ou quatro homens poderiam enlouquecer ao mesmo tempo?", questionava durante o depoimento. Sua impressão, dissera ele, era de que a mente de Michael Cleary estava se desviando para o mau caminho. "Ele está em péssimo estado", comentara o padre com Dunne. "É melhor cuidarmos dele [fazermos algo por ele]. Vamos ver o pároco."

Quando o padre McGrath saiu da capela para o pátio, o padre Ryan o botou a par dos acontecimentos. Jack Dunne viu os dois clérigos conversando, e tanto ele quanto Michael Kennedy viram o padre Ryan atravessar a rua e se dirigir para o quartel da polícia.

Em 1895, assim como hoje, a arquitetura de Drangan proclamava a importância do catolicismo na vida da Irlanda rural, sua centralidade no vilarejo e a autoridade dos sacerdotes. E, em 1895, também ilustrava o delicado equilíbrio entre a Igreja e uma autoridade muito diferente, mas igualmente centralizada.

Tal autoridade eram os "*peelers*", policiais assim chamados em homenagem a seu fundador, sir Robert Peel, que viveu e trabalhou no quartel da Real Polícia Irlandesa em Drangan. Os homens da RIC eram os olhos, os ouvidos e, muitas vezes, as armas da administração britânica, e ficavam sediados no Castelo de Dublin. Seu treinamento e disciplina eram militares e, ao contrário de outras forças policiais no Reino Unido, tinham autorização para andar armados. Eram responsáveis pela vigilância de subversivos, fossem estes conhecidos ou suspeitos, mas também tinham encargos consideráveis no que dizia respeito à responsabilidade civil e ao governo local, a ponto de, no final do século XIX, seus deveres terem se tornado "mais ligados à manutenção da ordem do que à manutenção da paz", e eles raramente portavam armas de fogo.

No entanto, sua posição ainda podia ser ambígua: eram pouco estimados pelos agricultores e comerciantes, os quais constituíam a classe média católica irlandesa cada vez mais nacionalista, muito embora mais de 70% dos homens recrutados para a força após 1861 fossem católicos. Na década de 1880, membros da RIC foram boicotados no condado de Tipperary, em especial no decorrer da operação das leis repressivas do "Ato de Coação", durante e após a Guerra Terrestre de 1879-1882.[4]

Com um histórico de política nacionalista e conflito agrário, o condado de Tipperary Sul apresentou os mais altos índices de presença policial em relação a qualquer outro condado irlandês na década de 1890: 47 por 10 mil habitantes. Para efeito de comparação, nos condados de Derry e Down, ao norte, por exemplo, eram doze a cada 10 mil; 34 em Tipperary Norte e 38 em Meath. De acordo com o censo de 1891, a força em Tipperary Sul era composta por sete inspetores distritais, dez comissários de polícia, e 454 sargentos, sargentos interinos e policiais.

Um guia rodoviário publicado em 1893 para uso dos membros da força policial nos dá uma ideia do universo onde a RIC atuava.[5] Os distúrbios e "atentados" agrários que caracterizaram a Guerra Terrestre e suas consequências haviam cessado em grande parte, embora ainda houvesse relatos de incidentes aqui e ali. Os membros da polícia aproveitavam o tempo livre treinando para se tornarem exímios ciclistas: um novo esporte e meio de transporte até então disponível apenas para a aristocracia. O autor reconhece a ajuda recebida de todos os escalões da RIC, incluindo "o cadete, que, talvez um ciclista entusiasta, fez o máximo para colocar seu conhecimento a serviço do público". O livro inclui, dentre os anúncios de remédios para calosidades, artigos de pesca, seguros e uísque, diversas propagandas de bicicletas, pneus e roupas de ciclismo, bem como de publicações dedicadas ao ciclismo. Moldado para caber "no bolso do sobretudo, ou na bagagem de mão do turista", a obra foi concebida "com o objetivo de suprir a grande necessidade da Real Polícia Irlandesa e de serviços públicos afins, bem como de fornecer um 'Guia de Viagem' confiável e abrangente para o uso de ciclistas e turistas, viajantes do povo indígena *Pavee* e qualquer um que tenha o desejo de transitar por nossa bela ilha".

"Cada quartel da polícia na Irlanda", começa o guia, "é o núcleo de um círculo de postos 'Circunvizinhos'. Cada delegacia enviou sua contribuição, em linhas idênticas, fornecendo informações semelhantes em relação a si mesma e ao quartel vizinho, as quais foram impressas em estilo e sequência uniformes." Reduzido a um sistema de abreviações, cada registro detalha as instalações disponíveis nas proximidades do citado quartel: correios, telégrafos e cartórios, com seus horários de funcionamento; carruagens e carroças de aluguel; a estação ferroviária mais próxima; mercados, tribunais e pontos com atrações interessantes ou belezas naturais, se for o caso. (Não existe nenhum em Drangan ou Cloneen, embora Fethard tenha vários.) As instruções de chegada em cada uma das estações "circunjacentes" são fornecidas em todos os registros, com distâncias calculadas dentro de, aproximadamente, quatrocentos metros. Cada estrada mencionada é classificada de A ("estradas largas, nas quais dois veículos de quatro rodas podem passar lado a lado") a D ("colina e estreita"), com uma descrição de seu estado, variando de B[oa] ou R[egular] a I[ndiferente] ou P[edregosa e de terra].

A padronização e uniformidade eram marcas registradas do pensamento oficial do século XIX, e foram sendo impostas ao longo de toda a zona rural: policiais, soldados, ferroviários e carteiros usavam uniformes, que os identificavam de imediato; obras literárias eram encadernadas de forma idêntica em edições homogêneas; administradores em todos os estratos sociais preenchiam formulários impressos e os devolviam via serviço postal aos escritórios centrais para que fossem devidamente completados; os trens funcionavam de acordo com cronogramas impressos e a hora legal foi sendo gradualmente adotada, mesmo nas regiões mais remotas. Na Irlanda e em outras partes da Europa, esses eram os sintomas de uma profunda mudança cultural. Como a língua inglesa foi substituindo o irlandês na maior parte do país, durante o mesmo período, a tradição oral deu lugar à palavra impressa. Todo um mundo de vigílias, curas com ervas, histórias de reis e heróis e lendas das fadas — a cultura dos analfabetos — foi se tornando cada vez mais marginal. Sendo assim, Jack Dunne, Michael Kennedy, seu irmão mais velho, Patrick, e vários outros nesta história, estavam entre esses indivíduos. Eles ainda viviam em um universo simbólico muito diferente daquele mapeado pela RIC: a centralização e a uniformidade pouco importavam em seu cotidiano.

Até mesmo os padres usavam uniforme na Irlanda do final do século XIX. Por decreto do Sínodo de Thurles, e em parte como uma estratégia para salvaguardar o celibato clerical, a batina sacerdotal preta, incluindo o colarinho romano, veio a se tornar o padrão para os padres católicos, que também eram aconselhados a evitar familiaridade indevida com as mulheres.[6] O catolicismo proposto pelos padres nas cidades e capelas do condado de Tipperary era moderno, globalizado, alfabetizado e, em essência, de classe média. Opunha-se com veemência ao comparecimento em velórios e não tinha tempo para histórias sobre fadas. Altamente centralizada, com padres se reportando a bispos, e bispos se reportando a Roma, a Igreja na Irlanda foi muito influenciada pela prática continental, em especial as devoções marianas, cada vez mais favorecidas pelo papado nesse período. A dedicação da capela Drangan à Imaculada Conceição, quatro anos antes de Roma definir tal doutrina como dogma, foi emblemática. Desde 1870, a autoridade hierárquica da Igreja foi fortalecida pela declaração da infalibilidade papal, mas tal instrução tinha pouco efeito sobre aqueles que não tinham terras ou em sua cultura oral. A religião popular era centrada em poços sagrados, santos do povo, o grupo de parentesco e o lar, em vez de nos edifícios da Igreja, e seus ensinamentos eram transmitidos por orações, cantigas e histórias tradicionais, e não por catecismos impressos. Já no século XX, esse tipo de catolicismo descentralizado, que se adaptava com mais facilidade às tradições populares de um universo sobrenatural composto por fadas do que a versão oficial, era ainda forte em lugares onde o idioma falado era o irlandês.[7]

A maioria dos padres católicos em Tipperary no final do século XIX era proveniente da classe cada vez mais próspera de arrendatários de língua inglesa. Muitos arrendavam suas próprias fazendas e viviam tão bem quanto os melhores fazendeiros a quem pregavam o ministério.[8] Embora os cinco, sete ou mais anos dedicados ao treinamento no seminário não pudessem ser descritos como uma educação liberal, eles os muniam para assumir a liderança em uma sociedade onde a escolaridade e a alfabetização avançavam em ritmo constante. Muitos estavam enredados na política da Liga da Terra (1880-1881) e da Liga Nacional Irlandesa que a sucedeu: a maioria dos 96 ramos da Liga Nacional estavam centrados nas capelas católicas.[9]

A RIC era responsável pelo monitoramento das atividades da Liga da Terra e da Liga Nacional, e relatava com regularidade os movimentos dos muitos padres conhecidos por serem ativos politicamente. Em 1895, o poder político dos padres era menor do que havia sido até então, e a agitação em torno da terra esmorecera, no entanto Michael McGrath, pároco de Drangan, tinha um histórico de envolvimento político, e suas atividades ainda eram de grande interesse para os membros da força policial lotada do outro lado da rua, bem diante de sua igreja.[10]

Cornelius Fleming Ryan, o padre que entrou no quartel da RIC na tarde de sábado, 16 de março de 1895, era membro de uma proeminente família católica de Murroe, no condado vizinho de Limerick. Ele havia sido ordenado no Pontifício Colégio Irlandês de Roma, em 1885, e trabalhara algum tempo em Londres antes de migrar para Drangan. Vários de seus parentes próximos ocupavam cargos importantes na diocese de Cashel, mas Con Ryan permaneceu como vigário até a sua morte, em 1916.[11] Um alto memorial em formato de cruz orna seu túmulo no pátio da capela de Drangan, com os seguintes dizeres: "Sua caridade e zelo cativaram o povo para o qual ele ministrou durante 22 anos". Em 1895, ele tinha 37 anos de idade e estava naquela paróquia havia apenas dois anos. As disposições do Sínodo de Thurles, de modo geral, foram capazes de isolar o clero da vida de seus paroquianos comuns, no entanto o padre Ryan conhecia os Cleary. Os cuidados para com os doentes eram mencionados especificamente como um motivo plausível para os padres visitarem os paroquianos em suas casas, e assim, na quarta-feira anterior, e mais uma vez na manhã de sexta-feira, o padre Ryan visitara Bridget Cleary, a pedido de seu marido.[12]

No quartel da polícia, o padre Ryan conheceu o sargento interino, Patrick Egan. Então lhe disse que "achava que Michael Cleary estava fora de si, e que seria bom levá-lo em casa e mantê-lo sob observação". Ele também mencionou que desconfiava ter havido um crime, e sugeriu que Jack Dunne poderia dar mais informações à polícia.

O sargento interino Egan provavelmente já tinha tomado conhecimento da mesma história ouvida por Michael Kennedy sobre o misterioso desaparecimento of Bridget Cleary; decerto estava a par das histórias extraordinárias circulando. Assim, ele acompanhou o padre Ryan e juntos eles observaram quando Cleary, Dunne e Kennedy partiram em direção a Cloneen.

O relato de Michael Kennedy sobre aquele sábado é o mais impreciso de todos: sua perplexidade e agitação ficaram evidentes nas frases curtas e desarticuladas de seu testemunho prestado no tribunal. A única coisa que ele disse foi que Michael Cleary estava fora de si, de modo que, em vez de retornar à fazenda de seu empregador em Kishogue, ele optou por seguir com ele [Cleary] e Jack Dunne de volta a Ballyvadlea. No caminho, Kennedy teria perguntado várias vezes a Cleary: "Onde está Bridget?", mas não obteve resposta. Jack Dunne, por sua vez, relatou que Michael Cleary passara todo o trajeto tentando convencê-lo a ir com ele para Kylenagranagh, para resgatar sua esposa das fadas. Kylenagranagh era o nome da região onde o próprio Dunne morava. Havia uma grande propriedade no local, cujos prédios anexos e desertos ele mesmo tinha ajudado Cleary a vasculhar naquela manhã, mas também havia um "forte circular". Os "fortes circulares" — fortalezas construídas em formato de círculo — são conhecidos pela arqueologia como as ruínas das primeiras habitações da era medieval; apesar do nome, acredita-se que poucos tenham tido propósito defensivo. Há muito desertos, esses fortes eram comumente referidos pelos locais como as moradias das fadas. No entanto, isso era frequentemente sugerido em tom de gozação, e por isso Dunne fora resistente sobre a necessidade de ir ao "forte" de Kylenagranagh. "Não fazia sentido, era baboseira", dissera ele à corte.

O sargento interino Egan e outro policial resolveram acompanhar Michael Cleary, Jack Dunne e Michael Kennedy ao longo da estrada de Fethard até a curva para Cloneen. Os policiais usavam chapéus, túnicas e calças de uniforme verde-escuras, com botas e cintos de couro perfeitamente lustrados. Nos cintos, um suporte com algemas e um cassetete; e seus apitos pendiam das correntes, prontos para entrar em ação.[13] Aquela tarde estava agradável: a temperatura de 15ºC era extraordinariamente alta para o mês de março. Após a curva, os dois policiais tomaram o lado oposto dos homens na estrada, de modo a mantê-los à vista na virada de esquina. De acordo com os detalhes no Guia de Viagem da RIC fornecidos pelo sargento Patrick Furey, de

Cloneen, aquela era uma estrada de classe B (nivelada e estreita), em condição "regular"; (o retorno de Drangan, entretanto, a classificava como "indiferente"). A três quilômetros de Drangan, os homens chegaram à pequena choupana de Mary Kennedy, perto da ponte Ballyvadlea. Naquele momento, o sargento interino Egan se aproximou de Michael Cleary e o questionou sobre os rumores extraordinários a respeito do desaparecimento de sua esposa.

Cleary não respondeu. De acordo com o próprio Egan, ele aparentava estar "em grande apuro". O sargento Egan então repetiu a pergunta várias vezes, e, como Cleary insistia em se manter em silêncio, então o seguiu até sua casa, um dos chalés para trabalhadores recentemente construído pelo Sindicato dos Guardiões da Lei dos Pobres de Cashel, sob o termo da Lei dos Trabalhadores (da Irlanda) de 1883.[14]

Era final de tarde, entre quatro e cinco horas, quando Egan chegou à casa. Novamente, ele perguntou a Cleary sobre Bridget. "Ela saiu por volta da meia-noite de ontem", respondeu Michael Cleary, acrescentando não ter presenciado a sua partida. "Eu estava na cama", alegou ele. Michael passara as últimas sete ou oito noites em claro por causa da doença da esposa, no entanto fora para a cama antes da meia-noite na noite anterior.

Ao sair da casa, o sargento interino Egan encontrou com o sogro de Cleary, Patrick Boland, angustiado e chorando. "Minha filha voltará para mim", choramingava ele repetidas vezes.

De volta à ponte Ballyvadlea, Michael Kennedy não tinha passado mais do que alguns minutos na casa da mãe quando viu mais quatro policiais. "Havia uma multidão", declarou mais tarde na corte, "rapazes e policiais procurando em rios, diques e lagos, e em todas as redondezas, e eu também ajudei." Não há lagos nas proximidades de Ballyvadlea, no entanto, após as chuvas do início de março, era comum a formação de poças profundas e a inundação dos pastos. Assim, vários pequenos riachos fluíam pelos terrenos e os campos eram divididos uns dos outros e das estradas por sebes grossas e altas acompanhadas por valões de drenagem. Os policiais vistos por Michael Kennedy perto da casa de sua mãe eram do quartel de Cloneen, eles tinham sido informados de que a mulher desaparecida fora vítima de maus-tratos em sua casa, na noite de 14 de março, e uma busca havia sido instaurada.

É quase certo de que o autor da queixa foi William Simpson, que morava a alguns de metros dos Cleary, entre a casa deles e a de Mary Kennedy. De acordo com alguns relatos, além de vizinho, Simpson também era amigo da família; ele e sua esposa haviam visitado a casa dos Cleary na noite de quinta-feira, quando Michael Kennedy acompanhara sua mãe até lá, permanecendo até as seis horas da manhã seguinte. Mas as condições de vida e a formação de Simpson eram muito diferentes daquelas dos Cleary, ou mesmo dos Kennedy. Um profissional do jornal londrino *The Daily Graphic*, que desenhou Simpson duas semanas depois, durante seu testemunho no tribunal de Clonmel, mostrou um sujeito com os cabelos cuidadosamente repartidos, usando camisa de colarinho engomado e um bigode bem aparado; por outro lado, Michael Cleary e os irmãos Kennedy foram desenhados de pé junto ao banco dos réus, despenteados, usando camisas sem gola.

William Simpson se descrevera em uma declaração juramentada como um "zelador", empregado pelo sr. Thomas Lindsay, de Passage West, condado de Cork, mas logo após a Guerra Terrestre tal palavra passou a soar como um eufemismo. Thomas Lindsay está listado no Diretório Oficial de Thom de 1895 como proprietário de 970 hectares no condado de Tipperary, avaliados em 1663 libras. Os tais "zeladores", também conhecidos como seguranças de defesa patrimonial, mas coloquialmente chamados de "socorristas", eram bastante impopulares; relatórios da RIC, mesmo já em 1895, mencionam muitos ataques a eles e detalham a proteção que lhes era oferecida pela polícia. William Simpson e sua família ocupavam uma fazenda cujos primeiros inquilinos tinham sido despejados por Lindsay alguns anos antes. Eles pagavam um aluguel especial de baixo valor, pois nenhum morador local teria assumido o arrendamento de uma propriedade daquele tipo.

Um certo William Simpson, provavelmente o mesmo homem, aparece de novo no censo de 1901. Ele se mudara para Garrangyle, a cidade logo depois de Ballyvadlea, onde se descrevia como "administrador de terras", morando em uma casa de dois quartos, propriedade de Paul M. Lindsay. Já Paul Lindsay mora sozinho em uma casa muito maior, na mesma cidade; é um sujeito de 36 anos, solteiro, e está registrado como proprietário de várias casas em Ballyvadlea. Lindsay se autodescreve como fazendeiro e natural do condado de Cork; sem dúvida era o herdeiro do antigo empregador de Simpson, Thomas Lindsay. Em 1901, William Simpson afirmou ter 30 anos e ser seguidor da religião protestante episcopal. Sua esposa, Mary, também protestante episcopal, era dez anos mais velha, e eles tinham duas filhas, Margaret, de 11 anos, e Mary, de 9. Isso significa que ele teria 24 anos na época da morte de Bridget Cleary; também sugere uma certa precocidade, pois sua filha mais velha teria sido concebida quando ele tinha 18 anos, e sua esposa, 28.

"Socorrista" foi o termo usado por um fazendeiro local chamado Patrick Power ao descrever William Simpson durante uma de minhas visitas de pesquisa para este livro, em 1997. Despejos por parte de proprietários, em especial durante e após a Guerra Terrestre de 1879-1882, deixaram um ressentimento permanente na região rural da Irlanda. Embora os inquilinos mais pobres tivessem sido despejados em demasia desde o início do século XIX, foi só ao final desse período que muitos fazendeiros importantes foram despejados — os quais se recusavam a pagar os reajustes de aluguel que lhes pareciam desproporcionais —, por isso a reação política correspondeu na mesma intensidade. O termo "boicote" foi cunhado em 1880 por um padre no condado de Mayo, a partir do sobrenome de um agente fundiário, quando o ostracismo social e comercial se tornou a arma padrão — e muito eficaz — de um arrendatário ultrajado. No mesmo ano, no condado de Tipperary, Henry Meagher e sua esposa foram despejados de uma grande fazenda em Kilburry, logo ao sul de Cloneen, por se recusarem a pagar um aumento em seu arrendamento anual, de 300 para 500 libras. Em protesto, foi realizada uma grande audiência pública, e a partir daí foram fundadas várias filiais da Liga da Terra em Tipperary Sul. A tensão entre fazendeiros e trabalhadores agrícolas aumentou ainda mais quando os agricultores passaram a trabalhar para latifundiários e seus agentes, mas os grileiros, e os "socorristas" em particular, eram especialmente detestados e boicotados.[15] Em julho de 1894, por exemplo, quando os filhos de um "socorrista" foram matriculados em uma escola perto de Tullamore, condado de Queen, todas as outras 54 crianças foram retiradas de lá. E, em junho de 1895, a RIC relatou:

> Thomas Jordan, de Brackleagh, distrito de Newport [condado de Mayo], devolveu ao proprietário a fazenda arrendada no mês passado pelas seguintes razões: — a saber — a recusa do clero em aceitar na igreja sua esposa após o parto, ou de receber quaisquer tributos enquanto ele mantinha a fazenda.

Em 1890, em Clonagoose, na vila de Mullinahone, a menos de treze quilômetros de Ballyvadlea, foram registradas queixas de que o irmão caçula de um socorrista havia sido maltratado na escola.[16] As filhas de William Simpson, com 5 e 3 anos de idade em 1895, provavelmente ainda não frequentavam a escola, mas a tradição de Ballyvadlea dizia que os lojistas de Cloneen não o serviriam.

Quando a busca por Bridget Cleary foi iniciada no sábado, 16 de março de 1895, um dia após o seu desaparecimento, mal haviam se passado duas semanas desde que o governo liberal apresentara um novo projeto de lei de regularização fundiária para a Irlanda. William Gladstone se aposentara do cargo de primeiro-ministro no ano anterior, após a derrota do seu segundo projeto de lei do Home Rule, mas finalmente parecia que as queixas dos inquilinos irlandeses estavam prestes a serem corrigidas sob o comando de seu sucessor, lorde Rosebery. John Morley, o secretário-geral para a Irlanda, havia mudado a primeira leitura do projeto de lei de regularização fundiária na Câmara dos Comuns em 4 de março. O projeto de lei era amplo e abrangente em suas disposições, e, apesar da forte oposição dos unionistas, esperava-se que fosse bem-sucedido. Agricultores em Tipperary, assim como em outros lugares na Irlanda, estavam ansiosos pela sua aprovação.

Enquanto isso, algo vinha ofuscando a atenção das reuniões políticas e atraindo multidões de espectadores: o esporte. A Associação Atlética Gaélica (conhecida pela sigla GAA, de Gaelic Athletic Association), fundada em 1884, fazia parte de um fenômeno internacional facilitado pelas viagens ferroviárias: o esporte como entretenimento para as massas. Aquele domingo, 17 de março, Dia de São Patrício, foi mais um belo dia. Em Mullinahone, uma multidão era aguardada para assistir a "uma grande exibição de *hurling* e futebol", patrocinada pela

GAA.[17] O time de futebol Clonmel Emeralds ia jogar contra a seleção de Drangan às duas horas da tarde, e outras partidas se seguiriam. Um aviso no *Nationalist and Tipperary Advertiser*, publicado em Clonmel em 13 de março, persuadia o leitor a comparecer:

> Espera-se que todos os amantes dos esportes gaélicos se reúnam aos milhares e mostrem por sua presença que valorizam os bons e velhos passatempos viris de seus antepassados...
> Deus salve a Irlanda!

Naquela noite, também em Mullinahone, ocorreu a morte de Thomas J. Kickham, comerciante de tecidos, irmão de Charles Joseph Kickham, o ativista e escritor político cujo romance de 1879, *Knocknagow, or the Homes of Tipperary*, contribuíra fortemente para propagar um ideal de vida rural irlandesa. "Nenhum mais ardente ou mais verdadeiro nacionalista irlandês respira", dizia o obituário de Thomas Kickham no *Freeman's Journal* de quinta-feira, 21 de março, na mesma edição que noticiava o comparecimento do reverendo Con Ryan dentre os vários párocos presentes no funeral na terça-feira, 19 de março.

William Simpson dificilmente teria sido bem recebido no torneio da GAA ou no funeral; já os Cleary e os Kennedy, bem, estes não eram sequer aguardados em ambas as solenidades. Nem os Cleary nem os Kennedy pertenciam à classe de agricultores rendeiros responsáveis por fundar e apoiar a GAA, cujos filhos se tornaram padres e que compareciam aos funerais de mercadores "ardentemente nacionalistas". Aqueles eram originários dos trabalhadores sem posse de terra: a classe trabalhadora da Irlanda rural, cuja pobreza até pouco tempo havia sido miseravelmente abjeta, e cuja contribuição para a retórica do nacionalismo emergente era mínima. Entretanto, a multidão que se reunira em Mullinahone naquele domingo e na terça-feira começaria a se familiarizar com seus nomes, pois, à medida que a busca pela mulher desaparecida continuava, os rumores sensacionalistas se espalhavam. A história de que Bridget Cleary tinha ido embora com as fadas adquiriu uma forma vívida e memorável: logo todo mundo estava replicando que ela reapareceria em breve, montando um cavalo branco.

Mary Simpson, conhecida como Minnie, morava com o marido, William, na casa da fazenda, a algumas centenas de metros dos Cleary. Na manhã de sábado, Patrick Boland a contara que a filha tinha sumido. Minnie Simpson então visitara a casa mais tarde, provavelmente enquanto Michael Cleary estava em Drangan com Jack Dunne, encontrando assim apenas o velho Boland, que se recusava a deixar sua cama. No início do Dia de São Patrício, ela ouviu o marido da mulher desaparecida mencionar explicitamente as tais fadas: "No domingo de manhã, Michael Cleary estava dizendo que sua esposa estava no Forte Kylenagranagh, e que eles iam buscá-la no domingo à noite, e que ela ia estar em um cavalo desbotado, e que iam ter de cortar as cordas — as cordas que a mantinham presa ao cavalo —, e que se eles conseguissem soltá-la, ela ficaria com eles". Cleary já havia mencionado o Forte de Kylenagranagh a Jack Dunne, na caminhada de volta de Drangan no sábado. O forte circular não existe mais, porém ainda aparece nos mapas e monumentos da região.[18]

Sem dúvida era estranho para Michael Cleary descrever o desaparecimento de sua esposa desse jeito, mas o imaginário de uma mulher levada pelas fadas e depois vista cavalgando em um cavalo branco ou cinza é bastante comum nas lendas orais da zona rural irlandesa. Para Minnie Simpson, no entanto, seguidora do Protestantismo e imigrante em Ballyvadlea, aquela história era tão pouco familiar quanto exótica. Ela dissera aos magistrados em Clonmel que, embora tivesse ouvido falar do "forte das fadas" de Kylenagranagh, a menos de um quilômetro de sua casa, ela jamais havia visto a tal fortaleza.

Outro fato importante é que Kylenagranagh tinha um segundo significado para a população local, bem como para a polícia: era conhecido como um lugar para a realização de atividades ilícitas na surdina. Trinta anos antes, quando o nacionalismo revolucionário atingiu seu auge após a Guerra Civil dos Estados Unidos, a RIC se aprofundara em alguns dos segredos da colina. Entre junho e outubro de 1865, um irlandês-americano chamado James Lynch, soldado do exército estadunidense, estava vivendo em Cloneen. A RIC de Mullinahone o flagrou dando treinamento militar aos Fenianos (membros da Irmandade Republicana Irlandesa) em Kylenagranagh Hill nos domingos e feriados. A RIC o manteve sob vigilância até seu retorno aos Estados Unidos, na primavera de 1866.

Dezoito anos depois, a polícia voltou a patrulhar a colina, dessa vez para investigar as atividades da Liga Nacional. Kilburry, a fazenda da qual Henry Meagher e sua esposa haviam sido despejados em 1880, ficava logo ao sul de Kylenagranagh. Os Meagher continuaram a morar na região, e eram conhecidos por suas ligações com Michael Cusack, secretário da Liga Nacional em Drangan. Cusack estava sob constante observação policial, tendo voltado há pouco dos Estados Unidos, onde aprendera a fabricar explosivos.[19] A fazenda em Kilburry, por sua vez, havia sido ocupada por um homem chamado Bayley, do condado de Cork, descrito como "muito desagradável" (ou seja, impopular), e agraciado com proteção policial. Diziam à boca pequena que a sra. Meagher declarara que atiraria em qualquer um que tentasse assumir o controle da fazenda, por isso a RIC a vigiava de perto. Foi criado um "posto de proteção" com dois policiais residindo temporariamente em Kilburry e, em julho de 1884, o sargento James Madden, de Mullinahone, relatou:

> A sra. Maher [sic] às vezes carrega uma bolsa preta, mas como ela tem fama de ser uma beberrona, fui informado de que o conteúdo da bolsa é quase sempre uma xícara de chá e uma garrafa de uísque. Na minha opinião, ela é muito cautelosa para carregar consigo quaisquer documentos ou armas comprometedores.

No outubro seguinte, Madden recebeu ordens do inspetor distrital J. B. Lopdell, de Carrick-on-Suir.

> Você se certificará de que os dois policiais do posto de proteção de Kilburry compreendam bem as suas atribuições — e garantirá que estejam confortáveis, e faça visitas regulares ao posto para manter tudo em ordem — o grupo em Cloneen pode patrulhar, em particular, na região de Kylenagranagh, e também, é claro, pelo restante do subdistrito.[20]

As lendas das fadas passadas via tradição oral trouxeram relevância para Kylenagranagh. A RIC mapeou o território de forma diferenciada, mas em ambos os sistemas Kylenagranagh era um ponto de referência importante: a área vernácula da tradição narrativa concordava com a designação policial da colina como um lugar à parte da habitação humana convencional e dos interesses legítimos. Qualquer um visto ali poderia ser suspeito de más intenções; qualquer pessoa que desejasse privacidade poderia procurá-lo.[21]

Eram quase sete horas da noite de domingo, Dia de São Patrício, quando Michael Cleary voltou pela estrada rumo à fazenda onde viviam os Simpson. Ele então pediu a William Simpson que lhe emprestasse o revólver. A posse da arma sublinha a vulnerabilidade e a impopularidade de Simpson como socorrista, mas os Cleary aparentemente não tinham participado do boicote a ele. Ambas as famílias frequentavam os lares umas das outras.

Porém, Simpson não emprestou a arma a Cleary, que por sua vez alegou que a queria para obrigar alguns indivíduos a irem com ele a Kylenagranagh. Ele explicou a Simpson que esses tais indivíduos o haviam convencido de que sua esposa se fora com as fadas, mas que agora eles se recusavam a participar do resgate. Cleary também disse que sua esposa o informara de que sairia do forte em um cavalo branco no domingo à noite, e que se ele conseguisse cortar as cordas que a atavam à sela e segurá-la, ela ficaria com ele.

Mais tarde naquela noite, declarou William Simpson, ele viu Michael Cleary indo em direção a Kylenagranagh com uma enorme faca de mesa no bolso. James e William Kennedy estavam entre uma "multidão" que ele reunira para acompanhá-lo ao forte; ambos também foram informados de que Bridget Cleary surgiria em um cavalo branco. Jack Dunne não acompanhou o grupo. No domingo, na segunda-feira, e, de novo, na terça-feira à noite, os jovens foram ao Forte Kylenagranagh, porém não encontraram nada, e na quarta-feira se recusaram a ir outra vez. Neste mesmo dia, no entanto, James Kennedy e Michael Cleary estavam entre as nove pessoas citadas nos mandados de prisão. Alfred Joseph Wansbrough, o inspetor distrital da RIC posicionado em Carrick-on-Suir, tinha ficado sabendo do desaparecimento de Bridget Cleary, e assim ordenara que as equipes de Drangan, Cloneen e Mullinahone fizessem uma busca completa, e ele mesmo visitara a casa em Ballyvadlea e tomara notas.

Na segunda-feira, 18 de março, William Simpson testemunhou perante W. Walker Tennant, um juiz de paz do Castelo Ballinard, perto de Cloneen, alegando ter visto Bridget Cleary sendo maltratada na própria casa na noite da quinta-feira anterior, e citando nominalmente os responsáveis. Na terça-feira, uma mulher chamada Johanna Burke testemunhou perante o mesmo magistrado, e no dia seguinte, em Fethard, o próprio inspetor distrital Wansbrough jurou perante Tennant e o magistrado residente de Clonmel, o coronel Richard Evanson, tal como se segue:

> Tenho motivos justos e razoáveis para crer que os maus-tratos aos quais Bridget Cleary foi submetida se referem à administração das ervas preparadas para ela por Denis Ganey, de Kyleatlea, e que, por instrução dele, ela foi colocada sobre uma fogueira, ferida e maltratada. Acuso Denis Ganey de maus-tratos a Bridget Cleary, os quais resultaram em lesões corporais.

Denis Ganey, conhecido pelos locais como "doutor-erva" ou "doutor charlatão", foi a nona pessoa presa em 21 de março. Os outros foram Michael Cleary; Patrick Boland; a irmã dele, Mary Kennedy; o primo John (Jack) Dunne; os filhos de Mary Kennedy, Patrick, Michael e James; e William Ahearne, de 16 anos, que ficara segurando a vela no quarto de Bridget Cleary no dia 14 de março. O mais novo dos irmãos Kennedy, William, de 21 anos de idade, foi preso no dia seguinte.

Johanna Burke (às vezes grafado Bourke), que prestou depoimento em 19 de março, era filha de Mary Kennedy e prima de primeiro grau de Bridget Cleary. Ela viria a se tornar uma das figuras mais emblemáticas dessa história conforme o seu desenrolar. Mary Kennedy havia visitado a prima quase todos os dias de sua enfermidade, e sua declaração juramentada sobre os acontecimentos da noite de 15 de março foi transcrita para ser lida no tribunal:

> Eu estava na casa na noite do dia 15; Bridget Cleary estava delirando; depois de algum tempo ela se levantou, se vestiu e se sentou perto da lareira; depois retornou para a cama; eu saí para pegar um pouco de lenha; quando voltei, a encontrei de camisola à porta, saindo apesar de meus protestos. Eu tentei contê-la e falhei; desde então não a vi mais; seu marido a seguiu por algum tempo e depois voltou; ele não a perdeu de vista; ela está desaparecida desde então.

Johanna Burke estava mentindo: ela sabia que sua prima estava morta.

No mesmo dia em que Burke prestou depoimento, as edições dos dois jornais de Clonmel trouxeram relatos sobre o desaparecimento de Bridget Cleary. No jornal unionista, o *Clonmel Chronicle*, lido majoritariamente pelos donos de terra e seus apoiadores, a reportagem da noite de quarta-feira trazia a seguinte manchete "E as fadas a levaram":

> Muita agitação tem acontecido no distrito perto de Drangan e Cloneen devido ao "misterioso desaparecimento" da esposa de um trabalhador rural, a qual morava com o marido naquela região. A pobre mulher estava doente já há algum tempo e há dias teria dito ao marido que, se ele não fizesse algo por ela em breve, "ela teria de partir". Em determinada noite da semana passada, uma idosa que cuidava da mulher enferma estava sentada com ela, como de costume, e afirmou que a inválida foi "retirada". Houve uma busca geral na região e a polícia foi devidamente comunicada, no entanto, até esta tarde, não foi descoberto nenhum vestígio da mulher desaparecida. Os aldeões mantêm a opinião de que "as fadas a levaram".

É evidente que duas narrativas concorrentes estavam em disputa na região de Ballyvadlea, já que algumas pessoas insistiam na história do sequestro por fadas, enquanto a RIC conduzia sua busca metódica. O relato do *Chronicle* é breve nos detalhes e um tanto impreciso. Michael Cleary era um tanoeiro, não um trabalhador rural, enquanto Johanna Burke, que afirmara ter sido responsável pelos cuidados de Bridget Cleary antes de seu desaparecimento, não tinha mais do que 34 anos de idade.

A edição do *Nationalist* publicada naquele mesmo dia foi mais precisa na descrição de pessoas e lugares, mas seu primeiro relato do desaparecimento de Bridget Cleary nos lembra que em 1895 o Renascimento Celta estava no auge, e que o público leitor tinha algum conhecimento sobre fadas. Novos livros sobre fadas e reedições de livros antigos, como *The Secret Common-Wealth of Elves, Fauns and Fairies*, de Robert Kirk, surgiram ao longo da década de 1890 a fim de satisfazer o apetite de um público que reagia contra o processo de industrialização e urbanização. O jovem poeta William Butler Yeats havia publicado *Fairy and Folk Tales of the Irish Peasantry* em 1888, e mais três livros sobre temas semelhantes desde então. Lady Augusta Gregory, viúva e residente de Park Coole, no condado de Galway, tinha lido *Celtic Twilight*, histórias do folclore de Sligo, em 1893. Os livros a deixaram "com inveja de Galway" e ansiosa para responder à altura com as histórias de sua própria coleção.[22] Os dois haviam se encontrado brevemente em 1894, embora sua famosa parceria só tenha se iniciado em 1896. Yeats também tinha começado a publicar os poemas que apareceriam em *The View Among the Reeds* (1899), misturando crenças populares com a magia aristocrática dos textos irlandeses medievais então recentemente editados por estudiosos, os quais ajudaram a difundir o modismo das fadas entre o público leitor.

A linguagem utilizada pelo correspondente do *Nationalist* nas frases de abertura é emprestada do nacionalismo romântico, especialmente o uso de "Erin" como nome do país.

O DESAPARECIMENTO MISTERIOSO DE UMA JOVEM
A Terra da Banshee e da Fada

O que poderia ser encarado como análogo aos romances de fadas dos tempos antigos em Erin, é agora o tema na boca do povo nas regiões de Drangan e Cloneen. Ao que parece, uma jovem de sobrenome Cleary, esposa de um tanoeiro, e que morava com o pai e o marido em um chalé para trabalhadores no interior de Ballyvadlea, adoeceu há alguns dias, tendo sido atendida por um padre e por um médico, e acreditava-se que estava sofrendo de algum mal-estar nervoso. Ela desapareceu repentinamente na última sexta-feira à noite, e desde então não se tem mais notícias suas. Seus amigos que estavam presentes na casa afirmaram que ela foi levada em um cavalo branco bem diante de seus olhos, e que, ao partir, ela lhes informou que no domingo à noite estaria em um forte em Kylenagranagh Hill, e que, se eles tivessem coragem, poderiam resgatá-la. Assim, eles se reuniram na hora e no local designados para lutar contra as fadas, no entanto, desnecessário dizer, nenhum cavalo branco apareceu. Foi revelado que os referidos amigos descartaram o remédio receitado pelo médico e optaram por tratá-la com uma charlatanice para fadas. Não obstante, a mulher está desaparecida, e a crença racional é que o mistério deva ser elucidado nos tribunais. Não preciso dizer que as autoridades têm suas próprias teorias sobre o ocorrido, mas reservarei mais comentários para depois que os acontecimentos se desenrolarem com maior clareza.

Na mesma edição, outro correspondente, possivelmente um morador local de Fethard ou Mullinahone, escreveu o seguinte:

Um casal relativamente jovem, casado e sem filhos, residia em uma fazenda pertencente ao sr. Michael Quirke, T. C., Clonmel, no distrito de Cloneen, tendo a esposa cerca de trinta anos de idade.[23] Há quase dez dias ela se queixou por estar adoentada, e foi piorando aos poucos, até que, por fim, mandaram chamar o padre. Ao ver o estado da mulher, ele a ungiu e a preparou para a morte. Na quinta-feira passada, ela chamou o marido e o informou solenemente que estava "partindo", detalhando então certos eventos que viriam a ocorrer na noite seguinte, mas que não vejo necessidade de relatar a fim de testar a credulidade dos leitores. Um dos eventos citados, de fato, ocorreu, o que gerou toda a agitação — a mulher desapareceu na hora e momento especificados, embora o marido e o pai estivessem a poucos metros de onde ela jazia doente, e, pelo que pude verificar, até o momento, não obstante os esforços da polícia e de numerosos grupos de busca, ela não foi encontrada, viva ou morta. É claro que nas reuniões diante de fogueiras noturnas, as histórias escabrosas de fantasmas, fadas e "o povo bom"* são, nas atuais circunstâncias, devoradas com uma avidez que só uma ocorrência misteriosa desse tipo seria capaz de gerar. É possível que o surgimento da mulher em carne e osso destrua todo o romanticismo em torno do caso. Por tal razão, evito fornecer nomes no momento.

Esse escritor, sem dúvida católico, está familiarizado com histórias em volta das fogueiras sobre "o povo bom", que era como as fadas da tradição oral irlandesa costumavam ser chamadas, mas certamente não lhes dá nenhuma credibilidade.

Na quinta-feira, 21 de março, o dia seguinte à divulgação da notícia nos jornais, nove pessoas foram levadas presas à prefeitura de Clonmel. Oito delas foram acusadas de "agressão e maus-tratos a Bridget Cleary" em 14 de março de 1895, "causando lesões corporais"; o nono detido, Denis Ganey, o médico das ervas, foi acusado por ter causado o crime em si.

Segundo o *Cork Examiner*, Denis Ganey era um sujeito de meia-idade, um tanto robusto, com barba acobreada e um leve coxear. Pouco mais de uma semana depois, o ilustrador do *The Daily Graphic* o desenhou como um homem alto, com maçãs do rosto salientes, cabelo comprido e barba cheia, de postura altiva e distinta, um pouco distante dos outros réus. Descrito como um fazendeiro alfabetizado, ele morava em uma "cabana com telhado de palha" em Kyleatlea. Tal vila ficava na encosta norte de Slievenamon, a pouco mais de seis quilômetros de Ballyvadlea, na direção oposta a Fethard. Conforme seu nome

---

* *Good people*, no original, era um sinônimo para fadas. Acreditava-se que a palavra "fada" não deveria ser dita em voz alta, pois poderia atrair a atenção negativa das criaturas. Por isso, palavras com atributos positivos como "good people", "little people" e "gentry" são empregados na esperança de lembrar as fadas da sua própria bondade. [NE]

— em irlandês *Coill an tSléibhe*, a madeira na montanha — sugere, a região ao redor de Kyleatlea é mais pobre do que ao redor de Drangan e Ballyvadlea. Ganey não era rico, mas a diferença crucial entre sua condição e a da maioria dos outros acusados é que ele era um fazendeiro, e não um trabalhador sem posse de terras. Sua condição física também era superior à deles, pois, embora com 58 anos, o que o fazia apenas três anos mais velho do que Jack Dunne, os jornalistas o descreveram como um homem de meia-idade, e não um idoso.

Denis Ganey, ou Gahan, que talvez nunca tenha conhecido Bridget Cleary, teria de passar duas semanas na cadeia de Clonmel, acusado de ser cúmplice dos maus-tratos a ela. Os jornais se refeririam a ele como "curandeiro" e "feiticeiro", e fariam circular teorias fantásticas, porém tenazes, sobre seu papel na história de Bridget Cleary. Ele ficou um tanto irritado e indignado quando a declaração juramentada de Wansbrough a seu respeito foi lida em voz alta. "Ele me *viu*?", indagou Ganey. "Ele diz que eu ajudei a acabar com a mulher?" A reputação de Ganey talvez tenha sido a mais prejudicada, sem motivo, pela morte de Bridget Cleary. Os magistrados, por sua vez, ao serem apresentados ao caso, não encontraram nenhuma acusação pertinente contra ele e assim o dispensaram prontamente em 5 de abril.

Na prefeitura de Clonmel, Patrick Boland ainda insistia que sua filha estava viva e passava bem: "Tenho mais outras três pessoas", disse ele, "que podem confirmar que ela estava forte na noite em que foi embora. Ela se levantou e se vestiu". Mas ainda não havia sinal de Bridget Cleary. Os prisioneiros foram transferidos para a prisão de Clonmel, enquanto a tia da mulher desaparecida, Mary Kennedy, foi enviada de trem para o presídio feminino mais próximo, em Limerick, a quase oitenta quilômetros de distância.

O corpo de Bridget Cleary foi encontrado no dia seguinte, 22 de março. Guiada por William Simpson, a RIC realizou buscas em uma região pantanosa no interior de Tullowcossaun. No recanto de uma área campestre, a quatrocentos metros da casa dos Cleary, o sargento Patrick Rogers, de Mullinahone notou arbustos quebrados e terra recém-mexida. Os policiais Somers e O'Callaghan o ajudaram a cavar, e logo descobriram, em um buraco de quase cinquenta centímetros de profundidade, o corpo de uma mulher envolto em um lençol. Estava severamente queimado e posicionado de cócoras, os joelhos elevados e os braços dobrados sobre o peito. A cabeça, coberta por uma sacola, estava em bom estado; havia um brinco de ouro na orelha esquerda. A única vestimenta, além de alguns farrapos que estavam presos ao corpo, era um par de meias-calças pretas.

A Fogueira da
BRUXA

2
Fadas e feiticeiros

O que as pessoas pretendiam quando afirmavam que Bridget Cleary tinha deixado sua casa e ido ao forte das fadas de Kylenagranagh? Quais ervas foram dadas a ela na noite de quinta-feira, 14 de março? Por que os homens a levaram de sua cama até o forno na cozinha, e por que ela morreu queimada 24 horas depois? O restante deste livro é uma tentativa de responder a essas e outras perguntas, desatando os vários fios narrativos sobre a morte de Bridget Cleary que sobreviveram ao longo dos anos. Para compreender a terminologia usada nos relatos é útil conhecer um pouco das lendas célticas sobre fadas, pois, na Irlanda, em 1895 — fora do domínio das novas e sólidas capelas católicas, com seus pátios pavimentados, gradeamentos de ferro robusto e estandes bem-organizados com a doutrina impressa que oficiais e administradores vitorianos vinham espalhando criteriosamente por cada canto da ilha —, outro mundo continuava a existir, com um modelo de pensamento baseado na tradição oral e não na palavra impressa.

Até boa parte do século XX, as culturas orais ainda eram encontradas em todo o mundo, mas, no auge do colonialismo europeu, elas eram esmagadoramente interpretadas, à luz das ideias darwinianas, como primitivas e infantis — encantadoras, talvez, porém incapazes de qualquer compromisso crítico com a realidade. A alfabetização se tornara a porta de entrada para a participação no mundo moderno. Por volta do final do século XX, no entanto, ter um alto nível de alfabetização foi se tornando menos importante para a sobrevivência econômica. As novas tecnologias dependem mais e mais da manipulação de ícones e imagens; a transmissão de voz torna-se cada vez mais fácil e mais barata, e talvez por esses motivos as formas lineares e hierárquicas de pensamento que floresceram no século XIX tenham se tornado menos dominantes: é mais fácil do que costumava ser imaginar um sistema de pensamento que não dependa da escrita. Entretanto, desde o século XIX, estudiosos de todos os continentes vêm trabalhando com o conteúdo intelectual e estético das tradições orais.

No edifício de artes da Universidade Nacional da Irlanda, no campus de Belfield, zona sul de Dublin, se encontra o arquivo do departamento de Folclore Irlandês. Ali, no final de um corredor ornado com retratos de contadores de histórias e colecionadores, há uma grande sala cujas paredes estão tomadas de prateleiras. A maior parte do piso está ocupada por armários de metal lotados de fichas, e as prateleiras estão repletas de volumes espessos e encadernados, quase todos escritos à mão, embora alguns estejam datilografados. Há um número impresso na lombada de couro de cada volume. Estes são os manuscritos da *Irish Folklore Collection*, montados e catalogados desde 1927 por uma dedicada equipe de profissionais, os quais são colecionadores e estudiosos nas horas vagas.

Em 1927, o Estado Livre Irlandês tinha cinco anos de existência. O serviço público e a infraestrutura administrativa haviam sido herdados dos britânicos, porém o espírito norteador era fortemente influenciado pelas ideias da singularidade cultural da Irlanda. Douglas Hyde, filho de um clérigo protestante do condado de Roscommon, seria eleito o primeiro presidente da Irlanda sob a nova constituição, dez anos depois. Durante o processo de fundação do Estado Livre Irlandês, ele era professor de língua irlandesa moderna na Universidade Nacional, cargo que ocupava desde a fundação desta instituição, em 1908. Seus escritos e palestras foram muito influentes no renascimento cultural. *Beside the Fire* (1890) era uma coleção de contos folclóricos originários do condado de Roscommon; em 1892, a palestra de Hyde para a Sociedade Literária Nacional, "The Necessity for Deanglicizing Ireland" expôs as implicações da colonização para a sociedade irlandesa;[24] em

1893, *Abhráin Ghrádh Chúige Connacht* [Canções de Amor de Connacht], uma coleção de poesia oral em irlandês com traduções para o inglês, atraiu elogios entusiasmados do jovem William Butler Yeats; no mesmo ano, Hyde cofundou e se tornou presidente da Connradh na Gaedhilge, a Liga Gaélica. Seu objetivo era reviver o irlandês como língua falada e escrita, e logo ganhou filiais em toda a Irlanda.

Um dos alunos de Hyde, e mais tarde seu assistente na universidade, era um jovem nascido no condado de Antrim em 1899, James Hamilton Delargy. Em 1923, Hyde o enviou para aprender irlandês com falantes nativos no condado de Kerry. Em Cill Rialaigh, perto de Ballinskelligs, no extremo sul da península de Iveragh, o ativista de língua irlandesa Fionán Mac Coluim apresentou Delargy ao talentoso contador de histórias Seán Ó Conaill (1853-1931), que não sabia ler nem escrever, não sabia inglês e nunca havia viajado para além de Killorglin, a uns sessenta quilômetros de distância de sua casa. Nos anos seguintes, Ó Conaill apresentou a Delargy uma vida intelectual que ele supunha estar perdida desde a Idade Média e, por acaso, lhe forneceu um projeto para o trabalho de sua vida.[25]

Delargy logo adotou a versão irlandesa de seu nome, Séamus Ó Duilearga. Em 1926, junto a Mac Coluim e outros, ele fundou a Sociedade do Folclore Irlandês, e um ano depois se tornou editor da sua revista *Béaloideas*, um periódico em irlandês e inglês voltado à divulgação do folclore nacional irlandês; em 1935, três anos após a eleição de Éamon de Valera do partido liberal Fianna Fáil, Delargy se tornou diretor da nova Comissão do Folclore Irlandês, financiada pelo Estado. A comissão tinha uma subvenção anual de 3200 libras e era dotada de três salas no corredor superior do prédio da universidade em Earlsfort Terrace (hoje o National Concert Hall), como escritório e arquivo (mais tarde se mudou para o número 82 da St. Stephen's Green, e depois para Belfield). Uma equipe em período integral foi designada, incluindo seis colecionadores especialmente preparados para o cargo.[26]

O enfoque de Delargy em narrações orais foi oportuno. A tradição estava morrendo, com espectadores cada vez menos perspicazes e menos numerosos para os quais um talentoso contador de histórias poderia vir a testar sua arte. Enquanto isso, o novo Estado Irlandês, liderado por De Valera, nascido em Nova York em 1882, mas criado no condado de Limerick, estava forjando uma identidade cultural nacional distinta, cujo *ethos* seria fortemente rural.[27] Em outras partes da Europa, os novos estados-nações emergentes também estavam se voltando à tradição oral para a compreensão de seu passado independente das narrativas impostas por seus colonizadores. Delargy foi às universidades de Lund e Uppsala, na Suécia, a fim de aprender mais sobre a coleta e a classificação das tradições orais. Na Irlanda, o nacionalismo romântico do século XIX que fez com que a recém-fundada GAA apresentasse suas atividades como "os bons e velhos passatempos viris" dos antepassados de seus membros, e encontrasse as raízes desses passatempos nas páginas das sagas medievais, também estimulou os estudiosos que as editavam, e os fundadores do Abbey Theatre que nelas se inspiravam. Em outra parte do mundo, o épico nacional da Finlândia, o *Kalevala*, publicado em 1835, é apenas um exemplo do tipo de trabalho construído com materiais orais em resposta às exigências de movimentos semelhantes.[28]

Os países escandinavos e a Finlândia estiveram na vanguarda dessa nova modalidade de folclore. Sem dúvida, o termo havia sido cunhado já em 1848, na Inglaterra, por William Thoms, mas ao longo do século XIX era essencialmente uma atividade obsoleta e amadora. Yeats e a dramaturga e folclorista irlandesa lady Gregory, que naquela época vinham visitando chalés no oeste da Irlanda e reunindo em inglês as histórias contadas pelos atenciosos habitantes do país, estavam dentre os emblemáticos membros da alta sociedade que se interessavam pelo assunto. Muitos deles aderiram à Sociedade Folk-Lore, fundada em Londres em 1878, e publicaram suas descobertas no *Folk-Lore Journal*. O material reunido e publicado pelos membros desta e de sociedades semelhantes era volumoso, e continua a ser de grande valor até hoje, porém não seguia nenhum padrão científico e não estabelecia um arquivo central ou sistema de catalogação.[29]

O sistema adotado pela Comissão Folclórica Irlandesa para organizar e classificar o material registrado por seus colecionadores ainda é utilizado por seu sucessor, o Departamento de Folclore Irlandês, em Belfield. Baseado no modelo sueco e apresentado no *A Handbook of Irish Folklore* (1942), de Seán Ó Súilleabháin, ele divide o material em catorze grandes categorias. As duas primeiras, Assentamento e

Moradia, e Meios de Subsistência e Apoio Familiar, refletem a grande riqueza da arte e das tradições domésticas na Escandinávia. No arquivo irlandês, porém, as maiores concentrações de material estão nas seções de Tradição Mitológica e Literatura Oral Popular. A Grande Fome de meados do século XIX teve efeito devastador sobre a cultura material popular, no entanto a contação de histórias e os padrões de comportamento sobreviveram até o século XX, juntamente à música e ao canto.

Em Literatura Oral Popular, no *Handbook*, conforme consta no arquivo da CFI, encontramos os contos folclóricos internacionais e as histórias de heróis que são o orgulho da tradição oral irlandesa: narrativas longas e episódicas, a maioria delas em irlandês, descrevendo a bravura e a magia de um mundo há muito esquecido. Aqui também há lendas — histórias que se pretendem ou parecem ser verdadeiras, embora suas alegações possam ser absurdas e seus padrões possam transparecer o método de sua invenção — juntamente a canções e outras poesias orais.

Em Tradição Mitológica, o *Handbook* de Ó Súilleabháin descreve as características da crença em fadas na Irlanda ao longo de quinze páginas impressas com amostras de perguntas formatadas e apresentadas aos informantes pelos colecionadores. Os feixes volumosos de fichas no arquivo da CFI atestam as respostas coletadas ao longo de setenta anos. Tradições semelhantes são encontradas na Escócia e, com variações, ao longo de boa parte da Europa. Da Irlanda e da Escócia, elas foram transplantadas para as províncias atlânticas do Canadá, onde os imigrantes encontraram uma paisagem não muito diferente daquela que haviam deixado, ao mesmo tempo que o povo de ascendência irlandesa ou escocesa em todo o mundo está familiarizado com seus contornos gerais.[30]

As fadas normalmente são invisíveis, mas estão lá. Elas vivem no ar, sob a terra e na água, e podem ser apenas um pouco menores que os humanos, ou tão pequeninas que uma vaca pastando é capaz de soprar centenas delas a cada expiração. Sua origem remonta ao episódio em que o anjo rebelde Lúcifer e seus seguidores foram expulsos do céu, e Deus Filho advertiu a Deus Pai que o paraíso logo estaria vazio. Como figuras de um filme pausado subitamente, os anjos expulsos que caíam em direção ao Inferno pararam onde estavam: uns no meio do ar, outros na terra, e alguns no oceano, e ali permanecem.[31] Eles têm inveja dos cristãos e muitas vezes os prejudicam, mas não são de todo malévolos, pois ainda esperam voltar ao céu um dia. Para isso, porém, eles devem ter sangue em suas veias, pelo menos em quantidade suficiente para escrever os próprios nomes, e até agora não chegaram nem perto disso.

As fadas não são humanas, mas se parecem com humanos e têm vidas paralelas às deles, porém com algumas diferenças significativas: elas criam vacas e as vendem em feiras; apreciam uísque e música; gostam de leite, de ouro e de tabaco, mas odeiam ferro, fogo, sal e a religião cristã, sendo assim qualquer combinação destes pilares da cultura rural irlandesa serve para se proteger delas. Às vezes é dito que não há mulheres entre as fadas. De qualquer forma, elas têm fama de sequestrar crianças e mulheres jovens e, de vez em quando, homens jovens também, deixando em seus lugares *changelings* rabugentos e debilitados. Elas também podem causar doenças em colheitas, em animais e em seres humanos, mas, de modo geral, se tratadas com consideração, cuidam das próprias vidas e até mesmo oferecem recompensas.

Perguntas sobre fadas, se feitas na Irlanda de hoje, em geral serão recebidas com um tom de brincadeira ou escárnio; mas se não forem encaradas com muita seriedade, ainda será possível extrair respostas do interlocutor. É raro, e talvez sempre tenha sido, encontrar pessoas que acreditem piamente na existência de uma raça de seres sobrenaturais vivendo de modo invisível ao lado dos humanos e compartilhando a mesma paisagem. É muito menos raro, porém, se deparar com histórias sobre tais seres ou com alguém fazendo referência a eles para explicar características do meio, tanto físicas quanto sociais. E mesmo as pessoas mais pragmáticas, às vezes, podem arrazoar ante a admissão tácita (ainda que ligeiramente) da existência das fadas.

As fadas pertencem às margens, e por isso podem servir como pontos de referência e metáforas para tudo o que é marginal na vida humana. Sua existência subterrânea permite que elas representem o inconsciente, o segredo ou o indizível, e sua constante bisbilhotagem explica sua necessidade de, por vezes, falar em enigmas ou evitar discutir certos tópicos. Sem restrições geradas pelo trabalho e pela pobreza, ou pelas exigências dos proprietários de terras, da polícia ou do clero, as fadas da lenda irlandesa habitam um mundo sensualmente colorido, musical e despreocupado, e tal como observado pelos escritos de Yeats à poetisa de língua irlandesa Nuala Ní Dhomhnaill, as lendas a respeito delas refletem ricamente as dimensões imaginativas, emocionais e eróticas da vida humana.

As lendas das fadas, narradas por habilidosos contadores de histórias como o amigo de James Delargy, Seán Ó Conaill, são obras de arte complexas, chegando a ocupar várias páginas de manuscritos ou impressas quando transcritas. No entanto, nem todos os narradores são exímios artistas, e a maioria das lendas é curta. Tal como observa o folclorista dinamarquês Bengt Holbek: "O que importa não é seu impacto artístico, e sim sua função como discussões sobre a realidade... As lendas *discutem* a relação entre nossa realidade diária e algum tipo de 'outro mundo' possivelmente real".[32] Uma característica que torna as lendas de fadas tão tenazes em um ambiente cultural em transformação é a concisão e a notabilidade vívida de seus temas centrais. Outra é a sua conexão com pessoas reais, citadas nominalmente, e com lugares de verdade em paisagens conhecidas. Mais uma razão pela qual elas sobrevivem é que suas narrativas interagem intimamente com aspectos práticos e realidades emocionais da vida cotidiana.

Visto como um sistema de unidades interligadas de narrativa, prática e crença, a lenda das fadas pode ser comparada a um banco de dados: a forma que uma cultura pré-moderna tinha de armazenar e recuperar informações e conhecimentos de todo tipo, desde higiene e cuidados infantis a história e geografia. Imagens mentais intensas e memoráveis, como a de uma mulher emergindo em um cavalo branco de uma moradia feérica, são os códigos de acesso a todo um complexo de informações armazenadas sobre o terreno e a paisagem, as relações comunitárias, os papéis de gênero, a medicina e o trabalho em todos os seus aspectos: ferramentas, materiais e técnicas. As histórias ganham verossimilhança e os contadores prendem a atenção de seus ouvintes por meio da profundidade das circunstâncias que estão retratando, incluindo as relações sociais e os detalhes técnicos do trabalho. A maioria das histórias, no entanto, é construída em torno dos acontecimentos inesperados e, portanto, memoráveis na vida das pessoas. Os encontros com as fadas ou as interferências delas nessas histórias lembram aos ouvintes (e leitores) de tudo na vida que foge ao controle humano. Não é surpreendente, portanto, que a morte e a doença estejam entre as temáticas das lendas das fadas.

Qualquer morte que não seja uma despedida suave e gradual na velhice está aberta à interpretação como sendo uma obra das fadas. Alguém que passe um tempo na companhia delas pode definhar e morrer após voltar para casa. Elas também podem raptar humanos felizes e saudáveis, sejam crianças ou adultos capazes, e substituí-los por *changelings* mirrados, doentes, mal-humorados ou taciturnos, os quais ainda são capazes de sobreviver por um tempo ou surgem já mortos. O *changeling* geralmente é um ancião da comunidade das fadas, e pode até mesmo ser substituído por um animal de fazenda raptado. Os eventos contados podem ser trágicos, mas normalmente são apresentados em histórias divertidas, muitas vezes de humor ácido. Dessa forma, os alertas para não se consumir carne estragada, *feoil thubaiste* ("carne calamitosa"), são apoiados por histórias como a do fazendeiro que confronta as fadas responsáveis pela provável morte de sua vaca. "Nós devolveremos a vaca", respondem elas, "assim que devolver nosso velho tio a quem você salgou e comeu!"

Qualquer maltrato a um *changeling* pode ser revidado no humano sequestrado; portanto, um suposto *changeling* deve ser tratado com respeito e cautela. No entanto, o comportamento de um *changeling* é muitas vezes intolerável, já que eles assumem a forma de bebês doentes que choram sem parar, ou de adultos que não saem da cama, se recusam a falar quando alguém se dirige a eles ou se comportam de forma antissocial. Um último recurso é usar fogo para ameaçar um *changeling*. Diz-se que isto é capaz de bani-lo de vez e forçar a volta do humano raptado. Diversas lendas descrevem o caso de um pretenso bebê que se levanta agilmente do berço e sai da casa assim que um adulto, em geral um visitante, acende a fogueira e anuncia que o bebê deve ser colocado em cima dela.

A lição constante das lendas das fadas é que o inesperado pode ser evitado se as regras sociais forem seguidas com cuidado. Tais histórias são componentes importantes na educação infantil, estabelecendo os limites do comportamento normal e aceitável, e explicando como um indivíduo que infringe as regras pode perder a sua posição. Há um reconhecimento, no entanto, de que tais regras podem ser conflitantes entre si, ou com outros deveres em determinadas circunstâncias, e que acidentes podem acontecer. E quando acontecem, ou quando uma regra é quebrada por inexperiência ou desatenção, há soluções disponíveis.

Alguns remédios, prescritos por pessoas instruídas conhecidas como "homens das fadas", "mulheres das fadas" ou "médicos das fadas", mostram como evitar o agravamento do problema. Eles podem indicar repouso, calculado e calibrado pela prática ritualística. Outros envolvem a medicina herbácea, e uma etnobotânica notavelmente diferente em sua organização do sistema de Lineu, que o suplantou no século XIX. A *Digitalis purpurea*, uma dedaleira roxa e alta, talvez seja a planta mais documentada na cultura oral irlandesa. Ela é fonte de glicosídeos, que são, ao mesmo tempo, um poderoso medicamento cardíaco e um veneno perigoso; chamada *lus mór* ("planta grande") ou *méaracán sí* ("dedal de fada") é creditada com todo tipo de associações às fadas. A *Hypericum perforatum*, conhecida como erva-de-são-joão, foi adotada como antidepressivo natural no mundo desenvolvido no final do século XX, e, em irlandês, é chamada, dentre outros nomes, de *luibh Eoin Bhaiste*, ou seja, a erva de João Batista. Geoffrey Grigson diz que esta planta é uma das mais famosas da Europa no ramo da magia natural. É conhecida em várias línguas como afugenta-demônios — *chasse-diable*, em francês — e é tradicionalmente colhida antes do nascer do sol do dia 23 de junho, véspera de São João.[33] Ela se apresenta na tradição oral irlandesa como um remédio contra a interferência das fadas — em específico quando esta é vivenciada na forma de uma depressão.[34] Em 1998, *Sacred Weeds*, uma série documental do canal de TV britânico Channel 4, investigou as propriedades psicoativas das plantas reverenciadas em determinadas culturas. Uma delas, o alucinógeno e venenoso meimendro, há muito é associado às bruxas na tradição europeia. Chamado de *gafaan* em irlandês, era utilizado como sedativo e analgésico em doses cuidadosamente calculadas.[35]

A crença na lenda das fadas, com sua temática constante de ambiguidade e perigo, seria uma forma de ensinar tanto os riscos quanto os benefícios de plantas importantes, chamando a atenção para elas e tornando-as reconhecíveis. Mas nem todos os remédios prescritos na cultura oral são igualmente "científicos": muitos dependem de magia por simpatia ou da associação de ideias. Tomadas individualmente, as histórias e os remédios, podem parecer um disparate. Tomadas como partes de um sistema, como uma espécie de taxonomia ou como componentes de um modelo do universo simbólico, no entanto, elas representam uma alinhada organização de raciocínio, linguagem figurativa e memória.

Os antiquários da Irlanda no século XIX observaram a predominância dos "médicos das fadas", a quem as pessoas do país recorriam para o alívio de doenças e ferimentos tanto em humanos quanto em animais. A mais conhecida dentre eles talvez tenha sido Biddy Early, de Feakle, "*The Wise Woman of Clare*", a qual gerou numerosas histórias, muitas coletadas após sua morte por lady Gregory.[36] Biddy Early nunca visitava seus pacientes, portanto só atendia aqueles que pudessem ir até ela. Biddy prescrevia receitas usando um frasco mágico e parecia saber detalhes a respeito de seus pacientes sem receber qualquer dado de antemão. Muitas doenças, como já vimos, eram interpretadas como sequestro pelas fadas. A deficiência intelectual, a incapacidade de prosperar ou o início da paralisia infantil (pólio) poderiam parecer obra das fadas, e muitas vezes o conselho de Biddy Early para aqueles que buscavam sua ajuda era que nada poderia ser feito.

Nos adultos, a paralisia repentina causada por uma hemorragia cerebral ainda é chamada de "*stroke*" em inglês, lembrando *poc sí* em irlandês, "*fairy stroke*". Os sintomas da tuberculose também correspondiam ao que se entendia como um rapto pelas fadas, e o mesmo valia para doenças menores, tanto mentais como físicas. A depressão pós-parto era chamada de *fiabhras aerach*, "febre do ar" (*airy fever*, fazendo um trocadilho em inglês com as palavras *airy* — ar, aéreo — e *fairy* — fada), embora o termo talvez se referisse à febre puerperal, que tinha o delírio como um dos sintomas. As descrições de recusa de alimentos de fadas por meninas e mulheres humanas carregam fortes conotações de anorexia nervosa.[37] A sepse, causada por farpas e outros corpos estranhos, era comumente conhecida como "influência maléfica", e atribuída às fadas; notou-se que acontecia com mais frequência naqueles que não paravam de trabalhar por tempo suficiente para se recuperar dos ferimentos. Toda essa interpretação médica tinha uma dimensão social, as fadas eram invocadas como forma de exigir comportamentos cujos benefícios a curto prazo poderiam não ser aparentes. A menos que as instruções de Biddy Early fossem seguidas à risca, suas prescrições não funcionariam. Assim como outros médicos das fadas, supõe-se que ela adquirira sua habilidade de cura por meio de um conhecimento privilegiado do mundo das fadas. Sua autoridade moral era considerável — e diametralmente oposta à do clero católico, a quem ela superava com inteligência, humor seco e dignidade.[38]

O primeiro censo completo e preciso da população irlandesa foi realizado em 1841, repetindo-se a cada dez anos até 1911.[39] Após a Grande Fome, sir William Wilde, o médico de Dublin que mais tarde se tornaria pai de Oscar Wilde, foi encarregado de interpretar as estatísticas médicas coletadas no censo de 1851. Ele era um notável antiquário e folclorista, que muitas vezes barganhava com seus pacientes do interior para que pagassem por seus serviços com histórias, em vez de aves ou ovos. Após sua morte, sua viúva "Speranza"* publicou dois volumes do material que ele reunira.[40] As notas de Wilde sobre *marasmus* (marasmo infantil) — emaciação e definhamento em crianças — coloca a taxonomia científica e vernácula dos doentes lado a lado. Elas refletem sua compreensão das narrativas irlandesas sobre fadas em ambas as línguas e de como elas foram, por vezes, tragicamente implementadas:

No. 53, Marasmo infantil
Tabes mesenterica, Anemia, Atrofia, Tuberculose mesentérica:
Sinônimos:
Atrofia, emaciação, definhamento, declínio e decadência (infantil), caquexia e demais doenças tuberculares do início da vida, tuberculose infantil, Golpe de Fada, "*Backgone*", Choque, uma Influência Maléfica; em irlandês *Cnai* ou *Cnaoidh*, definhamento, com ou sem doença do tórax; *Cuirrethe* ou *Millte*, afetada pelas fadas.[41]

---

* Jane Francesca Agnes Wilde (1821-1896) foi uma poeta irlandesa que publicou com o pseudônimo de Speranza. Era adepta do movimento político nacionalista de independência da Irlanda e possuía especial interesse pelo folclore irlandês. [NE]

No relatório do censo de 1841, o nome *Marasmus* foi aceito como um termo genérico, que servia para classificar todas aquelas várias afecções da infância e da juventude precoce nos diferentes relatórios, tais como "tuberculose (infantil), definhamento, decadência, declínio, emaciação, debilidade geral e perda de força". Esse arranjo tornou-se necessário devido ao elevado número de mortes informadas como tuberculose e declínio em crianças com menos de 1 ano de idade e na faixa de 1 a 10 anos. Não há dúvida de que a maioria dos casos de mortalidade infantil, classificados sob as rubricas populares acima, eram causados por tuberculose linfática, sobretudo na cavidade abdominal, muitas eram tuberculose intestinal e muitas mais eram casos de peritonite crônica, uma doença frequente e fatal para crianças pequenas naquele país. Foi essa propensão que deu origem às ideias populares a respeito do *"changeling"* e às muitas ideias supersticiosas acolhidas pelos camponeses a respeito de suas crianças suspostamente "atacadas por fadas"; assim, ano após ano, até os dias de hoje, lemos relatos de mortes causadas por tentativas cruéis de curar crianças e jovens de tais males, geralmente feitas por charlatães e os chamados "homens das fadas" e "mulheres das fadas".[42]

Em um livro de folclore irlandês publicado por sir William Wilde sobre a época em que analisava os resultados do censo, ele mencionou um caso recente: "Há cerca de um ano, um homem do condado de Kerry assou seu filho até a morte, sob a impressão de que se tratava de uma fada. Ele não foi levado a julgamento, pois o promotor da Coroa foi misericordioso e o julgou como insano".[43]

Em 1828, Thomas Crofton Croker observara história semelhante, reportada das assembleias da Tralee, em julho de 1826, pelo *Morning Post*:

> Ann Roche, uma mulher de idade muito avançada, foi acusada do assassinato de Michael Leahy, uma criança pequena, afogada nas águas do rio Flesk. O caso... revelou-se

um homicídio cometido sob a ilusão da mais grosseira superstição. A criança, embora com 4 anos de idade, não conseguia ficar de pé, andar ou falar — *acreditava-se que havia sido atacada por uma fada...*

Após o exame cruzado, a testemunha disse que o ato não havia sido cometido com a intenção de matar a criança, e sim de curá-la — *para expulsar a fada de dentro dela.*

Veredicto — inocente.[44]

Vários outros casos podem ser encontrados em jornais do século XIX, bem como relatos policiais sobre pretensas crianças *changelings* na Irlanda colocadas sobre pás escaldantes ou afogadas, sofrendo outros tipos de maus-tratos ou sendo mortas. Apenas onze anos antes da morte de Bridget Cleary, o *Daily Telegraph* de 19 de maio de 1884 relatou um caso a menos de 25 quilômetros de distância de Ballyvadlea:

SUPERSTIÇÃO NA IRLANDA

Ellen Cushion e Anastasia Rourke foram presas em Clonmel no sábado, acusadas de maltratar cruelmente uma criança de 3 anos de idade chamada Philip Dillon. As prisioneiras foram levadas perante o prefeito, quando foram apresentadas provas de que os vizinhos aventavam que o menino, que não conseguia movimentar seus membros, fosse um *changeling* deixado pelas fadas em troca do filho verdadeiro. Enquanto a mãe estava ausente, as detentas entraram na casa e colocaram o menino nu sobre uma pá aquecida, acreditando que isso quebraria o encanto. O pobrezinho foi gravemente queimado e no momento se encontra em péssimas condições de saúde.[45]

Tais incidentes suscitaram horror e repulsa, mas seus autores, em geral, eram tratados com leniência pelos tribunais, que reconheciam o componente da "superstição" em suas ações. Aqui, como em outros lugares, "superstição" significava um sistema de raciocínio estranho aos que estavam no poder. A maioria dos acusados eram mulheres idosas, e as crianças mortas ou feridas tinham deficiências incapacitantes. No condado de Kerry, em 30 de janeiro de 1888, Joanna Doyle, 45 anos de idade e descrita como "uma camponesa violenta de Kerry, incapaz de falar inglês de forma inteligível", foi admitida no Manicômio Killarney, onde foi amarrada com uma camisa de força a fim de impedir que rasgasse a própria roupa. Ela havia assassinado Patsy, seu filho "imbecil" ou "idiota epiléptico", usando uma machadinha, e tivera a ajuda de seu marido e dos três filhos mais velhos. Um dos outros filhos, Denis, de 12 anos, também era descrito como um "imbecil". Ela insistia que Patsy, à época com 13 anos, "não era meu filho, era um diabo, uma fada má". Mais tarde, Doyle foi transferida para o Hospital Mental de Dundrum, em Dublin. Oscar T. Woods, superintendente médico em Killarney, relatou o que a filha de Doyle, Mary, de 18 anos, dissera a respeito do irmão morto: "Não fiquei chocada quando ouvi minha mãe matando-o, pois as pessoas diziam que ele era uma fada, e eu acreditava nelas".[46]

A crença em fadas proporcionava um meio de se compreender as doenças congênitas e deficiências ou, pelo menos, uma estrutura imaginativa capaz de acomodá-las. Antes da chegada dos serviços sociais patrocinados pelo Estado — ou por religiosos —, quando grande parte da população vivia em nível de subsistência, tais crenças também eram um jeito de indivíduos levados a soluções desesperadas racionalizarem suas ações e conviverem com as consequências.[47] Mas, na maioria dos casos, os relatos de fadas e aqueles associados a elas não passavam de histórias: ficção projetada para entreter, ou para instruir. Elas têm começo, meio e fim e, assim como muitas das formas de arte que enriquecem a vida das pessoas, são estruturadas de tal modo que deixam espaço para seu público refletir sobre as lições que carregam. Centenas de histórias do tipo foram publicadas, e outras milhares, compartilhadas por contadores de histórias de toda a Irlanda, estão nos manuscritos da Coleção Folclórica Irlandesa. E estamos falando aqui apenas das histórias que foram escritas.

Michael Leahy, Patsy Doyle e Bridget Cleary morreram; Philip Dillon sofreu queimaduras graves. Relatórios de autoridades e jornalistas preservaram seus nomes na imprensa, bem como as datas de suas mortes ou de seus ferimentos. Suas histórias mantêm uma crueza que não é encontrada nas lendas mais efêmeras e atemporais sobre "uma jovem mulher casada na paróquia" ou "uma criança órfã". Esta é uma das diferenças mais marcantes entre a cultura oral e a escrita, ou, nas palavras de Walter Benjamin, entre a história e a informação. No célebre ensaio "O contador de histórias", Benjamin aponta as diferenças entre as histórias artisticamente construídas e a mera informação:

> O valor da informação não sobrevive ao momento em que era novidade. Ela vive apenas naquele momento; é preciso se render completamente a ela e explicá-la sem perder tempo. Uma história é diferente. Ela não se esgota sozinha. Ela preserva e concentra sua força, e é capaz de liberá-la mesmo depois de muito tempo.[48]

Bridget Cleary foi rotulada como uma *changeling* das fadas e morreu devido a queimaduras pouco tempo depois. A única reação possível a um relato desse tipo é de repulsa e consternação, mas, quando histórias sobre mulheres sequestradas pelas fadas e substituídas por *changelings* são contadas em volta de fogueiras ou pelas encostas afora, as reações do público às vezes podem conter outros matizes.

São contadas histórias de mulheres levadas pelas fadas enquanto davam à luz, de parteiras chamadas para atender tais mulheres dentro de colinas das fadas, e de mulheres devolvidas a seus respectivos maridos depois que o rapto por fadas foi devidamente frustrado. Em uma dessas narrativas, contada em irlandês no condado de Donegal e publicada em tradução para o inglês, um sapateiro vai à cidade buscar uma parteira, deixando a esposa em trabalho de parto. Ele então compra alguns pregos (feitos de ferro, claro) para seu trabalho e retorna com a parteira na garupa de sua montaria:

> Era uma noite de luar nublado e, ao passar por um lugar chamado Ált an Tairbh, o homem ouviu um som, como se um bando de pássaros voasse em direção a eles. O som vinha

diretamente a seu encontro, e, quando passou logo acima dele, o homem se assustou e jogou para o alto o pacote cheio de pregos. Ele foi tomado pela raiva e falou convictamente: "Que o diabo te carregue!".

Logo que as palavras lhe saíram da boca, o sujeito ouviu um estrondo, algo caindo às patas do cavalo. Ele então deu meia-volta e desmontou, e, quando olhou para a coisa que havia caído, flagrou uma mulher! Ao avaliá-la com atenção, percebeu que se tratava de sua própria esposa, a qual ele havia deixado deitada em casa. Ele a pegou e a colocou no cavalo com a parteira, que a aninhou enquanto ele conduzia o cavalo para casa, a pé, puxando-o pela cabeça.

Bem, quando eles se aproximaram da casa, um tumulto havia se formado lá, pois diziam que era tarde demais, a mulher grávida perecera à partida do marido; havia choro e clamor. O homem então levou as duas mulheres que estavam com ele para o estábulo, e o cavalo também, e pediu para que ficassem lá até ele voltar. Ele mesmo entrou na casa como se nada tivesse acontecido, seguindo para a cama onde o suposto cadáver jazia. Todos ficaram espantados por ele não estar chorando nem parecendo minimamente perturbado como os homens costumam ficar quando suas esposas morriam. Ele então saiu do cômodo e retornou com a forquilha do estábulo. Subiu na cama e deu um golpe na coisa deitada ali, que, para a sorte dela, anteviu o ataque, levantou-se e saiu pela janela como um raio.

O homem saiu novamente e trouxe a esposa e a parteira para dentro. Então tudo correu bem e, no devido tempo, a criança nasceu. O marido e a esposa tiveram uma longa vida juntos após esse episódio, em Gortalia, e nem as pessoas pequenas nem as grandes lhes causaram mais problemas![49]

Ao fim da história, a ordem é restaurada. As rachaduras na vida social são identificadas como oriundas de elementos externos e são repudiadas com veemência. Os protagonistas vivem felizes para sempre, e a violência doméstica que a lenda retrata fica contida, literalmente, dentro da ficção.

As muitas lendas de fadas que falam de mulheres subtraídas no momento do parto são vividamente metafóricas: narrativas de passagem — análogas aos ritos de passagem. Histórias como a citada anteriormente refletem os perigos e ansiedades do parto, e o fato de que as mulheres às vezes não resistem, ou ficam na iminência da morte. Essas narrativas também expressam a ansiedade que pode cercar toda a questão da fertilidade humana, a qual foi frequentemente comprometida na Irlanda após a Grande Fome, devido aos casamentos tardios e seletivos. Tais histórias expressam a agressão contra as mulheres de forma codificada: o ataque de forquilha ao corpo do *changeling* é justificado pelas condições da narrativa, mas até a esposa é largada bruscamente aos pés do cavalo mesmo estando nos últimos estágios da gravidez, e depois é deixada no estábulo pelo marido.[50]

As lendas das fadas trazem mensagens disciplinares tanto para as mulheres quanto para as crianças, advertindo-as sobre comportamentos considerados inaceitáveis por uma sociedade patriarcal. Sem dúvida, algumas delas também são eufemismos para a violência doméstica. O romance de Roddy Doyle, *A mulher que ia contra as portas*, tem o seu título inspirado em um eufemismo da vida moderna. Na Irlanda rural do século XIX, uma mulher que tinha sido nitidamente espancada poderia explicar as marcas da violência como sendo inflições de fadas raptoras, ao passo que um marido violento poderia justificar suas ações como fruto da perda de paciência com um intruso-fada. Isso não quer dizer que tais desculpas seriam aceitas com normalidade, ou interpretadas ao pé da letra. A lenda das fadas é o mapa cartográfico da terra de ninguém. Ela carrega consigo um ar de absurdo, a piscadela marota que permite que uma coisa seja dita sob pretensões secundárias. Ela admite mentiras a fim de preservar uma reputação, e narrativas perturbadoras que podem se desviar seguramente para os rumos da ficção caso as crianças sejam flagradas ouvindo, ou quando a complexa teia de relações familiares pode se enredar em ofensas ou ameaças de retaliação.

As narrativas mais eficazes lançadas pela linguagem das fadas têm uma ressonância emocional que permite a um mestre da tradição oral refiná-las e poli-las continuamente. Uma delas é a história da mulher levada pelas fadas que diz ao marido, irmão ou amante que ele poderá resgatá-la caso consiga tirá-la do cavalo no momento em que todas as fadas saírem juntas, em geral no Halloween. Com os gêneros invertidos, é a história da balada escocesa "Tam Lin", à qual sir Walter Scott dedicou muitas páginas em *The Minstrelsy of the Scottish Border*, publicada pela primeira vez em 1802 e revista e ampliada ao longo de sua vida.[51] Emily Lyle debateu oito versões irlandesas da lenda e fez referência a várias outras, descrevendo-a como "um dos contos sobre fadas mais comuns". Muitas dessas histórias, como a do sapateiro, falam de mulheres raptadas enquanto davam à luz. Mais ou menos a metade delas menciona resgates bem-sucedidos, e as outras, fracassos retumbantes. Uma das versões, em que a esposa morre durante o trabalho de parto, nos lembra que as calamidades conjugais citadas podem ser tanto físicas quanto interpessoais:

> Ela disse que se ele não fosse um bom soldado e não a segurasse, pela manhã, as paredes da casa estariam vermelhas com o sangue dela. Ele então encontrou os cavalos e conseguiu tirá-la do terceiro cavalo. Mas alguma diabrura ou truque eles fizeram, e ele acabou deixando-a escapulir de seus braços. Na manhã seguinte, as paredes da casa estavam cobertas de sangue.[52]

Não havia nada de exótico e incomum na sugestão de que Bridget Cleary, adoentada com bronquite em sua casa em Ballyvadlea, condado de Tipperary, em 1895, fosse uma *changeling* de fada. Tal linguagem era comum em toda a Irlanda, e permanece assim em algumas localidades, embora seu peso e sua importância possam variar de forma considerável. Na versão mais inofensiva, pode ser apenas uma metáfora — um comentário depreciativo à aparência de alguém: "Ele parece um dejeto de fada!".

A história do cavalo branco é diferente: ela se baseia em um registro superior da narrativa das fadas, uma arte verbal mais elaborada, e pressupõe um conhecimento íntimo não apenas da lenda das fadas, mas dos lugares secretos da paisagem local. Se Bridget Cleary disse mesmo ao marido que montaria um cavalo branco nos arredores do Forte Kylenagranagh na noite de domingo, ela estaria jogando a carta utilizada pelos homens que a chamaram de *changeling* de fada. Muitas versões da ficção das fadas ofereciam às mulheres casadas uma fantasia de poder e glamour: elas mostravam o infeliz do marido boquiaberto quando sua esposa aparecia, cercada por todos os adereços da nobreza, apenas para desaparecer logo em seguida — para sempre. Quando os moradores da região de Ballyvadlea disseram aos investigadores que a mulher desaparecida tinha ido embora com as fadas, mas que, no entanto, voltaria em um cavalo branco, eles poderiam estar em qualquer ponto da escala entre a crença e a descrença total nas fadas. E respostas também poderiam ser um simples modo de dizer: "Suas perguntas são intrusivas e constrangedoras; nós não vamos respondê-las".

As conotações quando se rotula alguém como um *changeling* nunca são positivas, e uma mulher esperta poderia muito bem contrapor tal rótulo com um relato alternativo sobre fadas. Os vizinhos que talvez não atribuíssem tal rótulo poderiam, no entanto, adotar um já existente para servir de eufemismo ou evasão. O que foi bastante incomum, dado que antes de adoecer Bridget Cleary estava em plena saúde, era que o rótulo deveria ter sido encarado literalmente e usado como carta branca para agir. Dentre todos os casos de execução de *changelings* na fogueira documentados na Irlanda no século XIX, o de Bridget Cleary é o único que envolve uma vítima adulta.

A Fogueira da
BRUXA

3
Leitura, costura, galinhas e casas

Bridget Cleary nasceu em Ballyvadlea e morreu aos 26 anos. Segundo um correspondente especial do *The Cork Examiner* em 29 de março de 1895, ela era "de altura mediana, com cabelos castanhos, olhos azuis e traços harmoniosos — uma mulher bonita". Atraente, também de acordo com outros relatos, e de personalidade forte ao que parece, ela era bem conhecida na região onde morava, e não apenas entre os trabalhadores. Um comentarista observa que um cavalheiro "que antes do terrível acontecimento costumava vê-la com frequência a caminho de suas caçadas, me disse que ela era distintamente 'bonita'".[53] Até mesmo a polícia conhecia Bridget Cleary. O policial Samuel Somers, de Cloneen, um dos responsáveis por encontrar o corpo, disse durante o inquérito que a tinha visto pela última vez um mês ou um mês e meio antes, e que ela era uma mulher saudável.

Ballyvadlea, na paróquia civil de Cloneen, baronato de Middlethird, condado de Tipperary, é uma localidade rural de pouco mais de 110 hectares e nove casas, na apuração do censo de 1891. Sua população era de 31 habitantes, pouco mais de um quarto do registrado durante e imediatamente após a Grande Fome de 1845-1849. Os registros remanescentes mais completos datam do censo de 1901. Por volta dessa época, seis anos após a morte de Bridget Cleary, e pelo menos em parte por causa dela, apenas cinco das nove casas continuavam habitadas, e a população havia caído pela metade; o total, incluindo duas crianças, era de sete homens e oito mulheres, todos católicos.[54]

O pai de Bridget Cleary, Patrick Boland, e a mãe, Bridget Keating, eram ambos de Ballyvadlea. Nascidos antes da Grande Fome, pertenciam à classe trabalhadora, o proletariado rural ignorado pela maioria das obras históricas até pouco tempo atrás.[55]

O clássico de Mary Carbery, *The Farm by Lough Gur*, descreve a vida em uma fazenda de oitenta hectares no condado de Limerick, a cerca de oitenta quilômetros de Ballyvadlea, durante a segunda metade do século XIX.[56] As criadas e os trabalhadores solteiros costumavam morar com seus empregadores, as mulheres geralmente na casa grande e os homens em um prédio anexo. Já os casados viviam em chalés alugados. A imagem que esse relato nos passa sobre os trabalhadores daquela época é um tanto nostálgica e idealizada, mas nos informa que os homens eram empregados em grande número para arar, semear e colher, preparar o feno, realizar a manutenção de construções e cercas, e cuidar dos animais, incluindo cavalos, que faziam o trabalho mais pesado. As mulheres ordenhavam e batiam manteiga à mão, cuidavam das galinhas e outras aves, faziam velas e roupas, cozinhavam alimentos para humanos e ração para animais, além de lavar a roupa, fazer outras tarefas domésticas e cuidar das crianças.

Para muitos da classe trabalhadora, porém, a vida não era tão produtiva nem tão idílica assim. Eles viviam na miséria, sem segurança da posse, em pequenas choupanas insalubres em lotes de terra bastante inadequados para manter suas famílias numerosas. Antes da Grande Fome, os trabalhadores representavam a maior parcela da população da Irlanda; depois, a quantidade foi drasticamente reduzida devido à escassez alimentar, doenças e emigração. Ao longo de várias décadas após a Grande Fome, no entanto, mesmo no próspero condado de Tipperary, observadores continuavam chocados com as condições em que os trabalhadores rurais viviam. Em uma carta ao *Tipperary Leader* de 22 de novembro de 1882, Patrick O'Keeffe escreveu que os abrigos eram "inadequados mesmo para os homens mais primitivos" e que os indivíduos eram "alimentados de maneira lastimável e vestiam farrapos". O relatório da Comissão de Devonshire publicado no periódico *The Agricultural Labourer* em 1893–1894 observou que uma proporção significativa da renda dos trabalhadores vinha da mendicância feita pelas mulheres.[57] Em *The Farm by Lough Gur*, também há informações sobre mulheres que vinham à porta da fazenda "para pedir comida, roupas velhas, linho velho para feridas ou infecções, 'retalhos' para fazer roupas para crianças e bebês recém-nascidos, e até mesmo por lençóis velhos para fazer mortalhas e um pouco de dinheiro para pagar pelo caixão".[58]

Em outubro de 1856, Patrick Boland tinha 27 anos de idade. Ele e Bridget Keating foram casados pelo pároco de Drangan, Edmond O'Shaughnessy, talvez na antiga capela em Cloneen ou, mais provavelmente, na nova e bela capela que o padre O'Shaughnessy havia construído poucos anos antes em Drangan. O contraste entre a amplitude gótica da capela e a casa na qual o jovem casal deveria começar a vida decerto fora marcante. A residência era uma pequena casa de taipa com teto de palha, perto da ponte Ballyvadlea, uma moradia típica da empobrecida população rural.[59] Ficava do lado oposto da estrada principal mais próxima, onde a irmã de Patrick Boland, Mary Kennedy, morava em uma casa semelhante naquele ano de 1895, quando o filho dela, Michael, foi procurá-la com o salário que havia recebido depois de caminhar desde Drangan. Sete anos mais nova que o irmão, Mary Boland se casou com Richard Kennedy, também de Ballyvadlea, em janeiro de 1860, e os filhos dos dois casais cresceram próximos, pois, além de primos, eram vizinhos. A primeira criança dos Boland foi um menino, Michael, batizado em Drangan no dia 3 de agosto do ano seguinte ao casamento. O batismo de Edmond foi registrado em 1860, e o de William, em 1863. Patrick Boland devia ter 40 anos quando sua filha Bridget nasceu, em 1868 ou 1869.[60]

Quando o padre Edmond O'Shaughnessy faleceu, em 1869, a nova capela não foi seu único legado à paróquia de Drangan. Em seu testamento, ele também deixou "terras, mobiliário e quase tudo o que possuía" para as Irmãs da Misericórdia, incluindo a Casa Drangan, a robusta residência no extremo leste da rua do vilarejo, a qual ele construíra ao chegar na paróquia quase trinta anos antes. Um grupo de Irmãs da Misericórdia então foi à cidade de Tipperary para fundar um novo convento na casa, e mais tarde abriu uma escola.[61] Bridget Cleary, que ao que tudo indica era a mais jovem da família, foi a mais propícia a receber educação em comparação às crianças mais velhas, cujo trabalho braçal se fazia necessário. No século XIX, a costura era uma das atividades centrais no currículo da escola primária para meninas; o novo colégio de freiras também teria ensinado leitura, escrita e aritmética, bem como uma considerável quantidade de doutrina católica, princípios de higiene e "bons" modos — uma etiqueta típica da classe média.[62]

Com exceção de algumas referências citadas pelo marido de Bridget Cleary aqui e ali, os seus irmãos mais velhos não têm participação na história de sua morte. Sabemos que a mãe dela havia morrido algum tempo antes; talvez os irmãos também tivessem morrido, ou emigrado, ou morassem em outra região. O fato relevante aqui é que Patrick Boland fez um desabafo pungente no tribunal que mostra a importância da filha em sua vida: "Eu não tinha ninguém no mundo a quem recorrer senão a minha filha", lamentou ele ao juiz William O'Brien durante as audiências de verão, em julho de 1895. "A mãe dela e eu lhe demos um bom ofício. Tinha apenas 26 anos, era uma excelente chapeleira, capaz de nos garantir um pouco de dinheiro, e, quando a mãe morreu, ela era a única pessoa no mundo que eu tinha para cuidar. Não era eu quem deveria ter apontado o dedo para ela." As condições de vida de Patrick Boland tinham melhorado drasticamente desde a época de seu casamento, e parece que a filha era o segredo para essa nova fase de prosperidade.

Como disse o pai ao tribunal, Bridget Cleary era uma chapeleira; outras fontes se referem a ela como modista. Uma modista-chapeleira era uma mulher moderna: segundo o censo de 1901, tinha grandes chances de ser alfabetizada se comparada às "costureiras de camisas", e muito provavelmente tinha menos de 45 anos de idade.[63] Na década de 1870, em *The Farm by Lough Gur*, as filhas do fazendeiro e a mãe delas passavam longas horas da noite costurando à mão enxovais, roupa íntima e camisolas, tanto para si mesmas quanto para os menos afortunados, enquanto uma delas lia em voz alta. Já as vestimentas de sair, todavia, eram todas feitas por uma modista.

Em 1895, Bridget Cleary tinha uma máquina de costura em seu quarto.[64] O estadunidense Isaac Singer havia patenteado o pedal em 1851. Ele foi o primeiro fabricante a gastar mais de um milhão de dólares por ano em publicidade, e seu produto logo poderia ser encontrado em todos os lugares. A primeira loja Singer, empresa criada pelo inventor, na Irlanda ficava na Talbot Street, Dublin. Por volta de 1893, Jeremiah Carey era o agente encarregado do depósito de máquinas de costura da Singer Manufacturing Company na Mitchell Street, em Clonmel.[65]

As costureiras aprendiam seu ofício por meio de treinamento, geralmente na oficina de alguma loja de tecidos do varejo. Um ensaio abrangente no *Woman's World*, o jornal londrino editado por Oscar Wilde entre 1887 e 1889, expôs as variadas opções disponíveis para iniciantes. Ele observou que "[a] costureira na ativa costuma ser oriunda das classes artesã, lojista e 'ajudante'; oriundas daquele nicho que, de fato, considera doze a vinte xelins semanais o salário justo de uma mulher".[66] Estes eram os valores em Londres, obviamente, pois uma costureira do interior da Irlanda dificilmente poderia esperar quantia equivalente, mas, mesmo assim, Bridget Boland se dispôs a ir até Clonmel, a dezoito quilômetros de sua casa, para aprender o ofício. Clonmel, cidade do condado de Tipperary Sul, com uma população de cerca de dez mil habitantes ao final do século XIX, era um importante distrito e entroncamento ferroviário. Suas ruas eram iluminadas por 167 lamparinas a gás, que contavam com cervejarias, moinhos de farinha, curtumes e dois jornais. Era o ponto de navegação das barcaças no rio Suir, e um importante centro de exportação. O guia *The Book of County Tipperary*, de George Henry Bassett, publicado em 1889, listou dezessete comerciantes de tecido na cidade, incluindo alfaiates mercantes, e observou em tom de aprovação: "As casas, em grande parte, são bem construídas e muitas das que se dedicam aos negócios têm aparência bastante metropolitana. Na decoração de vitrines e interiores, os mercadores de tecidos e marceneiros rivalizam com os de Cork, Waterford e Limerick".[67] Em Londres, o treinamento de modista normalmente durava dois anos, e a seguir a jovem costumava passar um ano ou até mais como "estagiária" até ser considerada uma modista competente. Talvez o estágio em Clonmel fosse mais curto, mas o ofício de Bridget Cleary era reconhecido e respeitado, era um ofício em voga.

"[Nós] lhe demos um bom ofício", disse Patrick Boland. Os pais geralmente tinham de pagar aos comerciantes que aceitavam seus filhos como aprendizes, mas, mesmo quando não dispendiam nenhuma taxa, era considerado um investimento no próprio futuro, pois eles precisavam sacrificar o retorno que o filho geraria no curto prazo. O fato de Bridget Cleary possuir uma máquina de costura também representava um investimento considerável. Quase sempre, tratava-se de bens comprados a prazo, pois eram um tanto caras.[68]

Em 29 de março, um repórter especial do jornal *Cork Examiner* escreveu que "as pessoas falam [de Bridget Cleary] como sendo 'um pouco estranha' em seus modos, e atribuem isto a um certo ar de superioridade que ela tem em relação àqueles com quem se relacionava... Seu traje... não era o de uma mulher comum no mesmo nível social". Em vez de adotar o xale ou lenço com o qual suas compatriotas da zona rural irlandesa costumavam cobrir a cabeça até o século XX, Bridget Cleary, pelo menos em ocasiões especiais, usava um chapéu de palha preto arrematado com uma fita azul-marinho e um ou dois penachos marrons, com um grande grampo para firmá-lo à cabeça. Após a morte de Bridget, o chapéu continuou pendurado em um prego na parede de seu quarto.

As roupas que Bridget Cleary usava na noite de sua morte fornecem uma imagem vívida dessa jovem elegante: uma anágua vermelha, uma anágua listrada, um espartilho cinza ou verde, um vestido flanelado azul-marinho, um casaco de caxemira azul-marinho, um xale branco de tricô, e meias-calças e botas pretas. Ela também usava "um chemise comum de calicô". Os chemises de calicô estavam entre as roupas que as meninas de Lough Gur costuravam para os pobres em 1870, mas o restante das roupas de Bridget Cleary sugere tudo menos pobreza, e suas orelhas eram furadas, pois ela usava brincos de ouro. Michael Cleary também estava bem-vestido, em seu terno de tweed de três peças cinza-claro.

Bridget Cleary ganhava dinheiro com a costura. Ela também criava galinhas — provavelmente a fonte das penas marrons em seu chapéu — e vendia tanto os ovos quanto as aves. A criação de aves era uma ocupação popular entre as mulheres na Irlanda rural, e muitas vezes uma fonte significativa da renda familiar. Um relatório oficial sobre os anos 1893-1894 afirmava que em Balieborough, condado de Cavan, em um dia de venda de ovos as mulheres conseguiam ganhar tanto dinheiro quanto seus maridos em uma semana de trabalho; enquanto em 1897 foi observado que "[as aves domésticas] são a principal fonte de renda de muitas mulheres pobres que dependem do dinheiro dos ovos para várias pequenas compras, que de outro modo jamais poderiam ser realizadas só com o emprego do marido". Por volta de 1900, o número de aves na Irlanda era de cerca de dezoito milhões e meio: mais que o triplo do total registrado cinquenta anos antes.[69]

O cuidado adequado das galinhas exige grande atenção aos detalhes e a observação minuciosa do comportamento de cada ave. Não é de se surpreender que, em uma sociedade que alocava a maior parte do trabalho por gênero, acreditava-se que as mulheres fossem mais adeptas a tal tarefa do que os homens, que desprezavam a dedicação exigida. A renda que as mulheres geravam com aves independia do controle masculino, e o investimento emocional em suas galinhas poderia ser considerável. Inclusive havia muitas anedotas sobre brigas entre as mulheres pelo direito aos ovos quando as galinhas vagueavam livremente e os depositavam onde quisessem; havia também relatos mais amargos de disputas entre sogras e noras que viviam juntas. Cada terreiro podia alocar não mais do que um pequeno bando de galinhas, e o controle dessas aves era o único meio que aquelas mulheres tinham de gerar renda.

Fala-se pouco sobre o ressentimento que os homens talvez nutrissem em relação à independência das mulheres com a criação de aves, mas isso certamente fica nas entrelinhas do escárnio tantas vezes expressado em relação às galinhas, mesmo quando eles comiam os ovos com prazer e se beneficiavam da renda obtida.[70] No entanto, as discussões entre homens e mulheres por causa das galinhas com frequência refletiam uma incompatibilidade entre suas preocupações, ou uma competição por recursos: os fazendeiros temiam que o gado não comesse o capim sujo com excrementos das aves e que as galinhas prejudicassem a lavoura.[71] Em Great Blasket, ilha conhecida por seus ventos intensos, no condado de Kerry, onde os homens construíam e mantinham suas casas de colmo, eles amaldiçoavam as galinhas que rasgavam a palha para botar ovos nos telhados baixos, e culpavam as mulheres que as criavam. Uma lenda bem conhecida diz que as galinhas tinham sido trazidas para a Irlanda pelos dinamarqueses, especialmente para que causassem danos: é por isso que elas destruíam os telhados de colmo, e certamente incendiariam as casas caso lhes fosse dada a oportunidade.

Na narrativa oral em irlandês, a figura de *Cailleach na gCearc*, a Mulher das Galinhas,* resume um pouco da ambivalência sentida em relação às mulheres que cuidavam das aves. Pobre, marginalizada e suja, a Mulher das Galinhas é, no entanto, sábia e bem-informada. Imune às guerras por poder, ela é independente do destino romântico que rege a vida de outras personagens femininas, e muitas vezes vem ao auxílio do herói ou heroína em dificuldades. Nas narrativas e nas reminiscências escritas da vida rural, encontramos também uma analogia recorrente entre a resistência à criação de galinhas e a resistência à fala das mulheres. A observação de que as galinhas são muito ruidosas e que as mulheres falam demais é comum nas narrativas tradicionais dos homens. Um relato fala de uma disputa doméstica entre uma sogra e uma nora no condado de Mayo, quando a reação do filho foi banir sua mãe da casa. Mais tarde, ele cedeu e permitiu que ela voltasse, mas estipulou "*Ach ná bíodh aon chaint agat, agus ná bíodh aon chearc agat!*" [Mas sem falar e sem galinhas!].[72] A criação de aves, assim como o falatório, era um sinal de que uma mulher não estava sob o controle de um homem.

Antes da morte de Bridget Cleary, ela e o marido, Michael, dividiam uma casa com o pai de Bridget; eles não tinham filhos e ambos trabalhavam e ganhavam dinheiro. Eles estavam casados havia sete anos e meio, e é improvável que a ausência de descendentes tivesse sido uma escolha, mas o fato é que suas circunstâncias materiais estavam melhorando a cada dia.

Killenaule, a cidade natal de Michael Cleary, tinha uma população de cerca de seiscentos habitantes. Ficava a apenas dezoito quilômetros ao norte de Ballyvadlea, mas o contato entre os dois lugares não era expressivo. Killenaule ficava em Slieve Ardagh Hills, enquanto Ballyvadlea mirava para sul e oeste, em direção a Fethard e Clonmel.

---

* *Henwife*, mulher que criava galinhas. [NT]

Michael Cleary e Bridget Boland se conheceram em Clonmel: ele trabalhava como tanoeiro, enquanto ela cumpria sua função de aprendiz de modista. Ao término do treinamento, ela retornou para a casa dos pais e eles se casaram em agosto de 1887, quando ele tinha 27 anos e ela, 18. Ela era excepcionalmente jovem para contrair matrimônio. As mulheres irlandesas da geração de Bridget Cleary costumavam se casar bem mais tarde, isso quando se casavam, e a idade média subia cada vez mais: de 26 anos e alguns meses para aquelas nascidas entre 1821 e 1851, e de 27 e meio para as mulheres nascidas em 1861. O homem médio da geração de Michael Cleary normalmente se casava quando alcançava pouco mais de 30 anos de idade.[73] No início, de acordo com um jornalista que investigou os antecedentes de Michael para o *Daily Express*, após o casamento, ele continuou a trabalhar em Clonmel. Já Bridget vivia com os pais na minúscula casa de taipa perto da ponte Ballyvadlea, trabalhando como modista, e Michael a visitava nos fins de semana. Era incomum que duas pessoas casadas vivessem separadas, mas pode ser que Bridget tenha precisado cuidar da mãe, que faleceu pouco antes de 1895. Conforme veremos a partir de um acesso de fúria de Michael Cleary no tribunal, o acordo dos Cleary incitava muitas fofocas na região.[74]

É provável que os empregos de Michael e Bridget Cleary os tenham colocado muito à frente da maioria dos trabalhadores rurais nas últimas décadas do século XIX. A década de 1880 foi particularmente difícil para os trabalhadores agrícolas, fazendo elevar os índices de emigração mais do que em qualquer outra época desde o período logo após a Grande Fome. A Lei dos Trabalhadores (Irlanda), apresentada em 1883 e modificada por várias emendas nos anos subsequentes, foi uma tentativa de aliviar as condições de vida e de mitigar o sentimento de indignação. Ela previa a construção de cabanas decentes e bem estruturadas em lotes de 0,2 hectares para serem alugadas a trabalhadores capacitados em locais onde seus serviços se faziam necessários, e para substituir as choupanas imundas nas quais viviam tantas pessoas da classe mais pobre. Os Guardiões da Lei dos Pobres nos vários sindicatos foram encarregados de implementar o ato, e a partir daí foram elaboradas especificações precisas. O plano causou ressentimento entre agricultores e proprietários de terras, os quais seriam obrigados a fornecer lotes de seus terrenos, no entanto, era algo projetado para incentivar a mão de obra a se disponibilizar para trabalhar para eles.[75]

A constatação de que os Guardiões da Lei dos Pobres levavam a sério suas responsabilidades em relação às moradias é demonstrada nas atas minuciosas das reuniões semanais. Em 6 de outubro de 1892, um engenheiro chamado Thomas Ormond leu aos Guardiões da Lei dos Pobres de Cashel um relatório que destacava que o empreiteiro do chalé nº 19 não estava realizando o trabalho de acordo com as especificações: "[A] metragem não se estende à metade da distância obrigatória, a lareira e a chaminé estão de acordo com o plano antigo, o eixo da chaminé é meio tijolo curto demais, as ardósias não são da qualidade especificada e não estão assentadas em argamassa". Na página seguinte lemos: "O empreiteiro se apresentou à Diretoria e declara que derrubará e reconstruirá a casa".[76]

Algum tempo após o casamento dos Cleary, os Guardiões da Lei dos Pobres de Cashel construíram uma dessas cabanas melhoradas em Ballyvadlea, a cerca de oitocentos metros da ponte, do lado direito da estrada. Eram voltadas para o sul, impondo vistas arrebatadoras do Vale Anner, além da famosa montanha Slievenamon. Assim como as cabanas similares que estavam sendo construídas em toda a Irlanda naqueles anos, aquela era de planta retangular, com um telhado alto e uma chaminé em cada empena.[77] A porta ficava ligeiramente à esquerda do centro, com uma janela de correr em ambos os lados. Cada janela continha três folhas de vidro no caixilho superior e três no inferior, e podia ser escurecida por dentro com persianas de madeira. Havia duas janelas semelhantes na parte de trás da casa, uma outra pequena no alto da empena oeste, para um lado da chaminé, e uma um pouco maior no centro da empena leste. Esta estava posicionada entre os eixos da chaminé que eram ligadas a dois pequenos quartos abaixo dela, na frente e nos fundos da casa. Ela iluminava o loft acima deles, que era alcançado por uma escada da cozinha.

O clero católico tinha sido particularmente insistente ao solicitar que os chalés deveriam proporcionar espaços de dormir separados para meninas e meninos, e as plantas que ainda restam dos chalés mostram o "quarto das meninas" e o "quarto dos meninos", bem como o "quarto dos pais": sem dúvida, o tal loft era destinado aos meninos.[78] A porta da frente dava para a cozinha; as portas do quarto no andar de baixo se abriam para a cozinha, à direita, e a lareira usada para aquecimento e para cozinhar ficava na parede de empena em frente a elas. Do lado de fora, nos fundos, havia um ou dois pequenos anexos, e a casa era separada da estrada por uma mureta de pedra e um portão.

Quando consideramos que no censo de 1901 as casas eram classificadas em 1, 2, 3 e 4, e que uma casa de quarta classe consistia em um único cômodo, construído com barro ou outro material considerado impermanente, coberta com palha, e muitas vezes desprovida de janelas, um novo chalé para trabalhadores, com piso, pé direto alto pelo menos na cozinha, bem iluminado e ventilado, com quartos separados, embora classificado como de segunda classe, representava um luxo. O chalé em Ballyvadlea, entretanto, tinha uma desvantagem: tinha sido construída sobre um "*rath*", ou como os locais e os jornais nacionalistas intitulavam, um velho forte.

"*Rath*" (ráth), um elemento comumente encontrado em topônimos irlandeses, era o termo mais comumente usado por autoridades no século XIX para as edificações circulares que os arqueólogos hoje chamam de *ringforts*, os "fortes circulares". Na região de Ballyvadlea, eles eram conhecidos apenas como "fortes". Antes das investigações dos antiquários e das depredações do agronegócio, eles passavam praticamente imperturbáveis e estima-se que existissem até sessenta mil na paisagem irlandesa. Um grande número deles ainda pode ser visto do alto, contrastando com as divisões retilíneas dos sistemas dos campos modernos. Nas regiões onde se fazem presentes, são conhecidos de várias maneiras como "*rath*", "*rusheen*", "*fort*", "*forth*", "*cashel*" ou, em irlandês, *ráth*, *lios*, *bruíon*, *sí* e *cathair*, dentre outros nomes. A maioria parece ter sido construída como cercados para as moradias na segunda metade do primeiro milênio.[79]

A grande variedade de nomes dados a esses lugares, e a ausência de um nome popular comum, nos alerta para a importância dos fortes circulares no imaginário popular; o mesmo acontece para os nomes das partes "íntimas" do corpo humano, que podem ser igualmente incômodos, e assim nos oferecem uma escolha entre linguagem científica e privada, mas ao mesmo tempo não preenchem o meio-termo mais neutro. Em ambos os casos, a ambivalência da linguagem aponta para o significado emocional do que está sendo falado. Os fortes circulares, em geral, são tomados pela vegetação. São intocáveis, locais misteriosos e evitáveis, e muitas vezes palco de perigo físico, já que muitos deles contêm passagens subterrâneas. Os arqueólogos podem explicar o que são ou foram, mas a tradição oral mantém suas próprias ideias, que são úteis e interessantes demais para serem descartadas, conforme descoberto por lady Gregory alguns anos antes dos acontecimentos deste livro, enquanto explorava o oeste da Irlanda junto ao marido, William Butler Yeats:

> Os antigos "raths" ou fortalezas em formato de arena são sempre assombrados por fadas. Lembro-me de um dia procurar em vão por um que nos tinham falado. Perguntamos a um camponês que passava por lá se ele sabia de algo, mas ele não foi capaz de reconhecê-lo por nenhuma descrição, até que meu marido disse por acaso: "É um lugar para onde as fadas vão".
> "Ah, o lugar onde as fadas estão; eu sei disso muito bem", disse ele, e apontou o caminho.[80]

Nos mapas narrativos dos contos orais, os fortes circulares funcionam como pontos de referência alternativos às habitações e atividade humana. Contar histórias a respeito deles permite que uma dimensão imaginativa, ficcional ou metafórica da experiência seja acomodada junto à prática, pois eles podem servir de metáforas para áreas de silêncio e evasão na vida da sociedade que compartilha suas narrativas. Toda a ambivalência ligada a eles está contida na afirmação comum de que os fortes são onde vivem as fadas.

As fadas são os vizinhos invisíveis que não devem ser antagonizados. Os mapas da agência cartográfica Ordnance Survey, por exemplo, mostram estradas por toda a Irlanda que se desviam abruptamente em um semicírculo, e há muitas histórias e lugares assinalados onde o otimismo progressivo e linear da engenharia do século XIX entrou em choque com a crença nas fadas. Segundo tais lendas, os trabalhadores locais se recusaram a cavar em fortalezas, e os forasteiros trazidos para substituí-los se machucavam misteriosamente. Depois que Bridget Cleary desapareceu e as histórias sensacionalistas começaram a circular, jornais na Irlanda e Grã-Bretanha engrossaram o coro em um clamor de controvérsia sobre o significado de tais relatos. Antes da morte de Bridget, porém, como em quase todas as localidades rurais e muitos distritos urbanos da Irlanda, Ballyvadlea permitiu às fadas existirem na narrativa, e mesmo as pessoas que não eram agentes na contação ou audiência de tais histórias, sabiam algo a respeito delas.[81]

Mesmo o mais habilidoso contador de histórias não imaginaria ser capaz de convencer todas as pessoas o tempo todo. Algumas pessoas na Irlanda rural acreditavam em certos aspectos sobre fadas em pelo menos parte do tempo; entretanto, até mesmo uma suspensão voluntária da descrença oferecia aos ouvintes mais céticos a recompensa estética de se ouvir uma história. E as histórias eram empolgantes, pois a luta contra a descrença aguçava a habilidade dos contadores de histórias, e deste modo os incitava a criar narrativas com mais estrutura, estilo e elegância. Lendas de fadas contadas por Séan Ó Conaill, de Cill Rialaig, condado de Kerry; ou Éamon a Búrc, do condado de Galway; contemporâneos de língua irlandesa de Bridget Cleary; ou por Jenny McGlynn, nascida no condado de Laois em 1939, mostram o deleite evidente de se contar uma história, triunfando sobre o ceticismo dos ouvintes.[82]

A capacidade de contar histórias foi (e é) uma forma de capital simbólico, que na Irlanda dos séculos XIX e XX esteve em repartição complementar com o capital financeiro. Muitas vezes, ficou em explícita oposição à riqueza material, sendo os contadores mais fervorosos de histórias sobre fadas indivíduos cujos bens mundanos eram modestos, enquanto suas histórias celebravam as virtudes da cooperação e da generosidade, criticando a avareza e a ganância. Nos arredores de Ballyvadlea e Kylenagranagh, Jack Dunne, primo de Patrick Boland e Mary Kennedy, era conhecido por sua habilidade de contar histórias sobre fantasmas e fadas. De acordo com o repórter do conservador *Dublin Daily Express*, que visitou a cena após a descoberta do corpo de Bridget Cleary, tanto Dunne quanto a esposa eram descritos como "dotados de poderes extraordinários de adivinhação". Mary

Battle, governanta do tio de Yeats no condado de Sligo e mentora do poeta na lenda das fadas irlandesas, tinha reputação semelhante. O valor de tal capital simbólico, no entanto, estava minguando. A própria construção das novas casas para os trabalhadores em Ballyvadlea, dentro do próprio forte ou próximo a ele, tipifica o contraste entre a visão de mundo da população rural pobre e as posturas progressistas que estavam se tornando cada vez mais difundidas à medida que a prosperidade aumentava. Os agricultores que estavam relutantes em disponibilizar terras agrícolas para a construção de chalés às vezes se comprometiam oferecendo um local que de outra forma não valeria nada.[83] A presença de um forte circular pode ter sido responsável por tornar Ballyvadlea um local disponível, uma vez que era indesejável para a maioria dos fins, e somente uma família que não aderisse às ideias propostas por Jack Dunne estaria disposta a viver lá.

Bridget e Michael Cleary, com os pais de Bridget, se candidataram ao Guardiões da Lei dos Pobres de Cashel para o arrendamento do novo chalé em Ballyvadlea, talvez no final da década de 1880, mas não tiveram sucesso. Foi dito ao jornalista do *Daily Express* que a habitação havia sido dada a outro operário, mas problemas logo surgiram:

> Alega-se que as fadas, que se divertiam muito nas noites de luar em um *rath* bem perto do novo chalé, estavam descontentes com o inquilino, e o incomodavam tanto com gritos e ruídos noturnos que ele acabou fugindo da localidade.

"Isso parece inconcebível", continua o jornalista, "no entanto, muitos camponeses acreditam nessas histórias."

É possível que o jornalista não tenha conseguido decodificar a história: lemos que os Cleary e os Boland se tornaram inquilinos da casa "assombrada", e que as assombrações então cessaram. Parece provável que alguém entre eles fosse responsável — ou assim acreditavam os vizinhos — pelos barulhos que afastaram os rivais e os deixaram na posse do chalé. Vale a pena observar também que os Cleary não tinham direito a uma casa construída sob a Lei dos Trabalhadores (Irlanda). Os chalés eram financiados pelos contribuintes e projetados para abrigar trabalhadores qualificados e suas famílias que, em geral, incluíam numerosas crianças, mas Michael Cleary, um tanoeiro, não tinha disponibilidade para trabalho braçal. Patrick Boland, já com 66 anos, era o único trabalhador agrícola da família, e assim se tornou o inquilino oficial.

Nenhuma de nossas fontes informa quando os Cleary e os pais de Bridget tomaram posse da casa, mas evidências circunstanciais indicam que aconteceu em 1891. A residência deles era o único chalé renovado na cidade, e em 24 de fevereiro daquele ano, William Meagher, de Tober, um dos integrantes dos Guardiões da Lei Pobres de Cashel, leu uma carta solicitando à diretoria que desse instruções para reparos nas cercas da casa em Ballyvadlea. A resolução da diretoria foi de que "o assunto será tratado assim que o inquilino pagar o aluguel devido". Os atrasos no pagamento do aluguel não eram incomuns e os despejos eram frequentes, e esse pode ter sido o momento da transferência, pois William Simpson dissera aos magistrados conhecer os Cleary como vizinhos há quatro anos, e Michael Cleary declarara ter trabalhado em Clonmel até quatro anos antes.

Se esse foi o caso, então as circunstâncias da família melhoraram de modo significativo nesses quatro anos anteriores à morte de Bridget Cleary, permitindo que seu marido morasse com ela de forma permanente e se estabelecesse como tanoeiro em Ballyvadlea. Os jornais *Cork Examiner* e *Daily Express* nos contam que a velha cabana onde os Boland moravam veio a se tornar a oficina de Michael, e que ele tinha um negócio lucrativo. Ele fabricava "barris de manteiga e outros artigos para uma leiteria em Fethard e para os fazendeiros do distrito", segundo o *Daily Express* de 30 de março de 1895, enquanto "em um galpão ao lado de sua casa" o repórter do *Cork Examiner* viu:

> ...uma pequena quantidade de madeira bruta, e no terreno adjacente do outro lado alguns feixes de galhos preparados e arcos de abeto para fazer barris, perto de três pequenas pilhas de milho "espadelado", nitidamente prestes a ser usado para cobrir um chiqueiro recém-construído ao lado do estábulo nos fundos da casa.[84]

Ou os Cleary criavam um porco, ou estavam prestes a adquirir um; os porcos estavam sendo vendidos por uma pechincha naquela primavera.

O jornalista do *Cork Examiner* visitou a casa duas vezes, e em ambos os dias encontrou o cão dos Cleary, Badger, à espera na porta da casa. Na segunda vez, William Simpson abriu a porta para que entrasse. Ele descreve o jovem socorrista como "um homem eminentemente prático... inteligente e prestativo". O cachorro estava com saudade de Bridget Cleary. "Não há uma mulher que venha pela estrada", disse Simpson, "que ele não pense ser ela." O gato do casal também andava à espreita. Simpson disse ao repórter que o nome da gata era Dotey, e que a bichana costumava subir nos ombros de Bridget Cleary.

A porta da frente do chalé tinha uma meia-porta, articulada no mesmo batente, que podia ser deixada fechada enquanto a outra parte estava aberta, protegendo assim a casa de galinhas, animais e detritos levados pelo vento, ao mesmo tempo que deixava entrar luz e brisa. Lá dentro, a cozinha tinha piso de terra batida, mas continha uma mesa, três cadeiras *súgán* com assentos feitos de corda de feno torcida, uma bancada (um banco de madeira), uma pequena despensa e um armário com "muita louça azul comum, e, dentre outros artigos, um livro de orações". Havia também um relógio, "que tiquetaqueava alegremente". Em um canto, o repórter flagrou "duas serras, uma delas do tipo serrote, que eram usadas por Michael Cleary em seu trabalho de tanoaria".

A atenção do repórter foi atraída para a lareira onde Bridget Cleary havia morrido: "A lareira, que atrai um interesse sinistro, é suficientemente espaçosa para que uma pessoa pequena seja pendurada acima dela, mas a grelha é muito pequena, cerca de uns trinta centímetros de comprimento, e não muito larga".

O quarto dos fundos acomodava a cama de madeira bruta, coberta com palha, onde Patrick Boland havia dormido até o momento de sua prisão, e onde Michael Kennedy acordara após o desmaio. A roupa de cama estava espalhada ao redor. No piso de madeira estavam algumas sacas de refeição e uma caixa de ovos; vários quadros pendurados nas paredes. O quarto de Bridget e Michael Cleary estava praticamente tomado por uma cama de ferro, com lençóis, almofadas e cobertores de lã, mas também acomodava "um baú de madeira de estilo antigo, forrado com papel, além de uma máquina de costura e uma caixa coberta com calicô colorido".

O comissário divisional da RIC havia encomendado fotografias da cena, e em 26 de março o policial Thomas McLoughlin viajara de Kilkenny para tirá-las. As fotografias do quarto, hoje presentes no Arquivo Nacional em Dublin, mostram a grande caixa descrita no *Cork Examiner*, com o pano estampado em cima. O baú está embaixo da cama. No dia em que morreu, Bridget Cleary pediu à sua prima Johanna Burke que pegasse o baú, e lhe entregou uma lata com uma grande soma de dinheiro para guardar dentro dele. Também no quarto havia vários artefatos característicos do catolicismo de classe média da Irlanda no final do século XIX: um crucifixo, um rosário, uma fonte de água benta, uma medalha suspensa por um pedaço largo de fita vermelha e quadros de temas religiosos, "um de Nosso Senhor e dois da Sagrada Família". Dois dos quadros no quarto de Patrick Boland eram religiosos.

O repórter observou que o chão do quarto dos Cleary era de madeira, mas que estava "uma desordem completa, com roupa de cama largada e a roupa de baixo retirada da sra. Cleary na noite de quinta para sexta-feira. Em meio à pilha de sujeira estava um lenço azul novo que William Simpson me informara se tratar de um presente da falecida para seu marido alguns dias antes de seu adoecimento". William Simpson sem dúvida conhecia os Cleary muito bem.

A casa era confortável e bem equipada, e os Cleary estavam indo bem. Na verdade, estavam em situação melhor do que seus parentes e vizinhos, alguns dos quais tinham famílias numerosas para sustentar, e vários deles eram analfabetos. Mesmo Patrick Boland, que dividia a casa com o casal, não compartilhava do mesmo nível de conforto, dormindo sobre um montinho de palha em um quarto usado para armazenar ovos e sacas de refeição.

A irmã de Patrick Boland, Mary Kennedy, ainda morava em sua "cabana" de colmo perto da ponte Ballyvadlea. Mary tinha 59 anos e era viúva. Quase todos os comentaristas que a viram no tribunal de Clonmel a descreveram como "uma idosa" ou uma "pobre idosa", embora seu cabelo ainda fosse castanho. Um esboço no *Daily Graphic* a retrata usando um xale ou lenço cobrindo a cabeça e amarrado sob o queixo. De olhos castanhos, com pele amarelada, tinha pouco mais de um metro e meio de altura, pesava apenas 45 quilos e não sabia ler nem escrever. Seu testemunho no tribunal foi descrito como divagante, incoerente e, por vezes, inaudível, mas ela era figura central dos acontecimentos em Ballyvadlea, e a única mulher dentre os julgados pelo assassinato. Seus quatro filhos também foram acusados junto a ela, mas sua filha, Johanna Burke, foi a principal testemunha da Coroa.

Mary Kennedy dividia a casa com os filhos Patrick, James e William, todos trabalhadores rurais, e a neta de 11 anos, Katie Burke, filha mais velha de Johanna. Não era incomum na Irlanda rural, até pouco tempo atrás, que o neto mais velho vivesse com a avó viúva e não com os pais. Katie Burke foi descrita por vários observadores como uma criança muito bonita e de inteligência notável. Era provável que ela compartilhasse a cama de Mary Kennedy, ajudando-a a se manter aquecida no inverno, resolvendo coisas aqui e ali e auxiliando em casa. E em todo caso, sua escola, no convento das Irmãs da Misericórdia em Drangan, era mais próxima da casa da avó do que da casa de seus pais, em Rathkenny. Desde 1892 a frequência escolar se tornara obrigatória para crianças entre 6 e 14 anos.

A mãe de Katie, Johanna Kennedy, às vezes conhecida como Hannah ou "Han", aparentemente já estava grávida de Katie ao se casar com Michael Burke, um trabalhador rural, em agosto de 1884. Sua prima, Bridget Cleary (à época com o nome de solteira Boland), foi a dama de honra. Não sabemos a idade de Johanna Burke, mas é improvável que ela tivesse mais de 34 anos na época da morte de Bridget, pois seus pais não haviam se casado até 1860. Durante todo o processo judicial, ela carregou uma criança nos braços — provavelmente sua homônima Johanna, com apenas alguns meses de idade, batizada em janeiro de 1895. O Registro Batismal de Drangan mostra outras cinco crianças filhas de Johanna Burke com seu marido entre 1888 e 1894, incluindo dois bebês, com um ano de diferença, ambas chamadas Bridget, o que provavelmente indica que a primeira delas faleceu.

Patrick Kennedy tinha 32 anos, era magro e austero, com um bigode escuro e desgrenhado. Os registros prisionais o descrevem como "magricela, porém tonificado". Ele tinha um metro e oitenta de altura, e nem tampouco sabia ler ou escrever. Seu irmão Michael, também analfabeto aos 27 anos, era alto, magro e barbudo, com aquela tonalidade de pele que se enrubesce com facilidade; os documentos oficiais descreviam como "uma tez viçosa". Ele tinha tuberculose e vivia sujeito a crises.

James Kennedy tinha 22 anos de idade. Ao contrário dos irmãos mais velhos, e talvez da irmã, ele sabia ler e escrever. Com quase um metro e oitenta de altura, e de constituição robusta, ele usava bigode assim como seu irmão Patrick, e havia puxado à mãe na aparência, com cabelos e olhos castanhos, e pele escura. William, o irmão caçula, também sabia ler e escrever, e foi descrito por jornalistas como "um jovem alto, bonito e de boa constituição física". Ele tinha 21 anos. A diferença na educação e no físico entre os irmãos mais velhos e mais novos da família Kennedy é marcante e capaz de ilustrar a rapidez das mudanças sociais naquela época.

Em 1895 ainda era costume referir-se aos "trabalhadores" como uma classe homogênea. Quando a história do desaparecimento de Bridget Cleary estourou, jornais unionistas presumiram, e assim escreveram, que ela era a esposa de um agricultor, no entanto a classe trabalhadora vinha mudando e se diversificando, e alguns nascidos nela estavam em plena ascensão. A alfabetização era crucial para o avanço, e tanto Bridget quanto Michael Cleary sabiam ler e escrever. Ambos também tinham profissões lucrativas. O futuro que lhes acenava, e que parecia possível para os Kennedy mais jovens, certamente deve ter sido muito diferente daquele esperado por Johanna e Michael Burke ou Patrick e Michael Kennedy. Até a crise, os Cleary podiam muito bem dominar as ruas iluminadas de Clonmel ou Fethard como seu estilo de vida, mas para aqueles que não sabiam ler ou escrever, o campo ainda era um lugar escuro e assustador nas noites de inverno. John Dunne, desdentado e coxo, com suas histórias de fantasmas e de fortalezas das fadas, ainda tinha autoridade ali.

4
Bridget Cleary adoece

William Gladstone tinha mais de 80 anos quando seu governo liberal chegou ao poder pela quarta vez, em 1892. A terceira administração havia entrado em colapso em 1886, depois de apenas alguns meses, quando o primeiro projeto de lei irlandês sobre o Home Rule foi derrotado na Câmara dos Comuns por 341 votos contra 311. John Morley, secretário-geral para a Irlanda do governo de 1886, ajudou seu líder a redigir o projeto de lei, sendo então nomeado para o cargo mais uma vez.

O nome de Morley não aparece na maioria dos textos sobre a história geral da Irlanda.[85] Os governos aos quais ele serviu foram de curta duração e, em todo caso, há uma convenção na historiografia irlandesa de que a última década do século XIX foi dominada por questões culturais, e não políticas, sobretudo depois da morte de Charles Stewart Parnell em 1891. Como consequência da lei de regularização fundiária de Gladstone, de 1881, os proprietários foram gradualmente induzidos à ideia de vender suas propriedades para os inquilinos, enquanto a Lei de Ashbourne de 1885 e a lei de regularização fundiária de Arthur Balfour de 1891, com a criação do Conselho de Distritos Congestionados, pontuaram uma nova postura do Partido Conservador para com os inquilinos.

Morley era membro do parlamento, representando a cidade inglesa de Newcastle, e discípulo de John Stuart Mill. Um jornalista com ideais e editor da *Fortnightly Review* de 1867 a 1882, ele sempre nutriu grande interesse pela Irlanda ao longo de sua vida; por causa disso, em 1888 recebeu o Freedom of the City of Dublin, a honraria mais alta e prestigiosa que a cidade de Dublin pode conceder a um cidadão. Gladstone apresentou um segundo projeto de lei de Home Rule em 1893, mas foi derrotado na Câmara dos Lordes por 419 votos contra 41 em setembro; no início de março de 1894, Gladstone se aposentou. Morley foi fundamental na escolha de um proeminente liberal escocês como seu sucessor, Archibald Philip Primrose, lorde de Rosebery.

A oposição do secretário-geral à legislação coerciva e sua empatia pela causa dos inquilinos irlandeses ganhou o apoio de nacionalistas, como o membro do parlamento John Dillon, antagonista dos proprietários rurais; no entanto, suas tentativas de apresentar novas legislações sobre a terra acabaram frustradas pela oposição, uma vez que seus apoiadores o criticavam por excesso de zelo, e o ridicularizavam como um defensor mesquinho da disciplina no Castelo de Dublin. A lei dos inquilinos despejados de Morley foi aprovada pelos Comuns em 1894, porém rejeitada pelos Lordes.[86] Esse foi o pano de fundo da sua nova lei de regularização fundiária, projetada para remediar os defeitos na lei de 1881. Na época da morte de Bridget Cleary, os agricultores irlandeses aguardavam ansiosos pela segunda leitura na Câmara dos Comuns.

Em janeiro de 1895, o comissário divisional da RIC, região ocidental, escreveu em seu relatório confidencial ao Castelo de Dublin que, "apesar da temporada ruim, o consenso da opinião expressa pelos agentes fundiários é de que os aluguéis têm sido mais bem pagos do que em muitos outros anos".[87] Um mês depois, lady Gregory, à época alocada em Coole, escreveu à sua amiga Enid Layard: "O jardim é como na Itália, sol quente e muitas flores, goivos, jacintos-uva, violetas e, no bosque, prímulas... Nosso povo está pagando aluguéis e pagando muito bem, e um policial que veio de Gort nas férias para cortar o cabelo dos meninos disse que estava feliz com a distração, pois eles não têm absolutamente nada a fazer agora".[88]

Os "meninos" eram os trabalhadores agrícolas empregados na propriedade de Coole e "nosso povo" eram os inquilinos das fazendas pertencentes à família Gregory, pagando seus aluguéis dentro do prazo, em antecipação à nova legislação. A Divisão do Sudeste, que incluía o condado de Tipperary, estava igualmente calma. No início de 1895, o comissário divisional da RIC, A.E.S. Heard, em Kilkenny, escreveu que "os fazendeiros demonstraram grande interesse na apresentação da nova lei de regularização fundiária pelo secretário-geral, e com isto foram alimentadas fortes esperanças de que tanto meios judiciais quanto extrajudiciais seriam utilizados para reduzir os aluguéis".[89]

À medida que a paz e a confiança se espalhavam pelo campo nos anos de 1890, e os índices de criminalidade caíam, vinham à tona as iniciativas culturais e sociais. O renascimento literário em inglês estava bem encaminhado, e o interesse das pessoas letradas pelo folclore e pela língua irlandesa vinha aumentando em ritmo constante. Em 25 de novembro de 1892, em Dublin, Douglas Hyde deu uma palestra intitulada "The Necessity for Deanglicizing Ireland", e em 1893 se tornou presidente da recém-fundada Liga Gaélica. Em 1894, Horace Plunkett fundou a Sociedade da Organização Agrícola Irlandesa (OSAI), que, ao longo dos anos subsequentes, viria a promover o desenvolvimento de cooperativas de leitarias e bancos de crédito agrícola, e assumiria a liderança na modernização da avicultura e empreendimentos similares.[90]

A segunda leitura do projeto da lei de regularização fundiária feita pelo secretário-geral na Câmara dos Comuns deveria se dar em 2 de abril de 1895. Os jornais nacionalistas aprovavam o projeto — após a primeira leitura, o *Freeman's Journal* o classificou como "um excelente projeto de lei de terras" —, mas ele atraiu comentários editoriais mordazes no *Dublin Evening Mail* e no *Daily Express*, ambos de propriedade do unionista J. P. Maunsell. O *Daily Express* publicou as cartas ao editor enviadas pelos membros da aristocracia latifundiária, elogiando a posição tomada pelo jornal e deplorando a nova legislação. Edward Carson, de 40 anos, uma estrela em ascensão na Câmara dos Comuns e na corte, era o queridinho do *Express*. Unionista irlandês, pupilo de Arthur Balfour e conhecido como "Carson Coação" por sua perseguição contra os Parnellites,* ele se identificou intimamente com a ressalva ao projeto de lei e respondera pela oposição na primeira leitura, no entanto "insinuara obstrução em vez de declarar guerra abertamente",

---

* Apoiadores de Charles Stewart Parnell (1846–1891), político nacionalista irlandês e membro do Parlamento entre 1875 e 1891. Ele emergiu como uma figura carismática e unificadora, tornando-se uma força dominante na política irlandesa, com apoio significativo na segunda metade de 1881. Parnell engajou as massas, promovendo a ilusão de uma política revolucionária, mesmo que sua abordagem fosse, na verdade, mais conservadora. Ele conquistou a confiança dos agricultores católicos, liderando-os a acreditar que poderiam construir um futuro melhor. [NT]

de acordo com o *Freeman's Journal*. Ele havia acabado de se comprometer a defender o marquês de Queensberry contra uma ação de calúnia movida por Oscar Wilde, e estava entre os oradores quando "os unionistas irlandeses residentes comemoraram o Dia de São Patrício sob o mais feliz dos auspícios" em Londres, em 1895.[91] Embora Carson não tivesse muito a dizer no debate sobre a primeira leitura do projeto de lei em 4 de março, ele disse em uma reunião unionista em Cambridge, no dia em que o corpo de Bridget Cleary fora encontrado, que "a lei de regularização fundiária do sr. Morley era um monstro revolucionário, e se oporia energicamente a ela".[92]

Até mesmo em 1895, apesar da relativa tranquilidade interiorana, surtos de violência agrária foram registrados aqui e ali na Irlanda. A maioria dos relatos dos jornais é breve, mas os relatórios da polícia detalham a proteção oferecida aos inquilinos e "zeladores" de algumas fazendas despejadas, uma vez que os invasores disparavam tiros pelas janelas, cortavam a cauda e as orelhas do gado, ou mutilavam outros animais. De tempos em tempos, os avisos impressos colados nas proximidades das capelas católicas exortavam a comunidade a boicotar os chamados grileiros. Os jornais de Maunsell provocaram muitos desses incidentes, escarnecendo da ideia de que uma população que os perpetrasse ou tolerasse poderia ser considerada apta para o Home Rule.[93] Quando Bridget Cleary morreu, e quando sua morte se tornou conhecida, o clima político estava tranquilo em comparação aos dezessete anos anteriores, mas velhos debates não haviam sido solucionados e nem tampouco esquecidos, e a temperatura estava subindo.

Segunda-feira, 4 de março de 1895, foi o dia em que o secretário-geral Morley fez a primeira leitura de seu projeto da lei de regularização fundiária na Câmara dos Comuns. O tempo na Irlanda estava seco e ensolarado, mas muito frio. Havia nevado bastante no dia anterior e as montanhas estavam cobertas por um manto branco. Bridget Cleary desceu a colina até a ponte Ballyvadlea e subiu outra colina até Kylenagranagh, a dois ou três quilômetros de sua casa. O primo de seu pai, Jack Dunne, morava com a esposa, Kate, em uma pequena casa perto do forte das fadas; eles não tinham filhos. Bridget Cleary estava entregando ovos, ou talvez tentando receber o pagamento pelos ovos, mas nenhum dos Dunne estava em casa.[94] Ela começou a sentir os efeitos da friagem enquanto aguardava à porta dos clientes, então caminhou para casa e tentou se aquecer junto à lareira, mas "não adiantou, ela estava gelada", de acordo com sua prima, Johanna Burke.

No dia seguinte, Bridget Cleary reclamou de uma dor de cabeça terrível. Além disso, sentia calafrios violentos e não conseguia sair da cama. A doença persistiu pelo restante da semana, e ela permaneceu em repouso enquanto o tempo ficava mais ameno, porém muito mais úmido. Em algum momento durante a semana, Jack Dunne e a esposa foram visitá-la.

As intervenções de Dunne em todos os estágios desta história foram cruciais. Várias testemunhas o apontaram como o instigador da tortura de Bridget Cleary nos dias que se seguiram, mas os registros subsequentes tenderam a diminuir seu papel. No entanto, ao reunir o que as diversas fontes dizem a respeito dele, encontramos uma figura interessante: um homem que poderia ter sido respeitado em uma geração anterior ou em um lugar mais remoto, mas que havia se tornado marginalizado e isolado em uma sociedade cada vez mais moderna.

Aos 55 anos, Jack Dunne, de acordo com o *Cork Examiner*, "é um velhote guiado pelas fadas. Ele foi perseguido até sua casa por um homem de preto e uma mulher de branco... Ao que parece, ele é versado em encantamentos, amuletos e feitiços, e sabe contar histórias de fantasmas e contos de fadas — é o verdadeiro *shanachie* da Irlanda antiga". "*Shanachie*" é o irlandês *seanchaí*, um contador de histórias, particularmente um especialista em história oral; a palavra chegou ao inglês por conta do renascimento literário irlandês.

O motorista de uma charrete puxada por cavalos contou ao repórter histórias sobre "um dos homens que está na cadeia". O homem não foi identificado, mas apenas Dunne se encaixava na descrição. Enfim... Ele havia reclamado de dores nas costas, segundo o próprio, causadas quando as fadas o levantaram da cama, o levaram ao quintal e o largaram no chão. Ele disse que ouvia fadas nas cercanias de sua casa todas as noites, e que às vezes elas jogavam partidas de *hurling* lá.

Jack Dunne morava perto de um forte, e caminhava com um coxear devido a uma fratura que tinha deixado sua perna direita mais curta do que a esquerda. O conhecimento da tradição das fadas conferia certo prestígio a um contador de histórias, e em decorrência disso também lhe garantia privacidade, ou pelo menos imunidade contra provocações. Pessoas excêntricas, desviantes ou reclusas — ou pessoas com deficiências intelectuais ou físicas — eram descritas com frequência como "alguém no mundo das fadas" ou como alguém que tinha passado algum tempo "fora" entre elas; pessoas que tinham adquirido uma riqueza inexplicável eram igualmente suspeitas. Também diziam que mulheres que alegavam terem sido levadas pelas fadas, ainda que devolvidas mais tarde, muitas vezes ficavam inférteis. Pode ser que a associação dessas pessoas às fadas seja apenas uma metáfora conveniente, ou até levada ao pé da letra, mas em ambos os casos se baseava em uma vasta literatura oral cujas imagens e conceitos estavam densamente inscritos na paisagem — com os fortes das fadas como principais pontos de referência —, e os indivíduos dados como relacionados às fadas sendo sempre tratados com cautela, e se não, com o devido respeito.[95]

Podemos ter uma ideia da perda cultural sofrida por pessoas como Jack Dunne ao compará-las com seus contemporâneos em *Gaeltacht*, ou distritos de língua irlandesa. As intensas mudanças culturais que se seguiram à Grande Fome na Irlanda foram menos sentidas nas regiões mais povoadas das áreas pobres, em especial ao longo da costa atlântica e nas ilhas, onde o irlandês ainda era a língua do cotidiano. A influência de padres e policiais também era menor em *Gaeltacht* do que em outras partes do país; não havia grandes fazendas; as cidades eram pequenas e distantes, e os jovens inquietos miravam os Estados Unidos, e não as cidades irlandesas, em busca de perspectivas de progresso. O canto e a contação de histórias ainda eram grandes veículos de expressão cultural, bem como importantes veículos educacionais, de modo que, quando os colecionadores da Comissão Folclórica Irlandesa começaram a trabalhar, em 1935, eles encontraram uma variedade riquíssima de material.

Assim como os músicos na Irlanda muitas vezes eram cegos, os contadores de histórias frequentemente eram coxos. Na sociedade rural, certas ocupações e preocupações atraíam (e abrigavam) pessoas com deficiência. Tadhg Ó Buachalla, o famoso "Alfaiate Buckley" de Gougane Barra, condado de Cork, e Éamon Liam a Búrc eram alfaiates. Ambos compensavam suas limitações físicas com a narrativa virtuosa, o que atraía visitantes de distâncias consideráveis só para escutá-los.[96] Aos 9 anos de idade, Tadhag Ó Buachalla perdeu o movimento da perna direita da noite para o dia devido à poliomielite, e aos 13 anos iniciou um aprendizado na alfaiataria, o qual durou cinco anos. Éamon a Búrc tinha 14 anos quando sua família emigrou para o Minnesota, nos Estados Unidos; aos 17, perdeu uma perna ao pular de um trem em St. Paul. Voltou para o oeste da Irlanda, aprendeu alfaiataria e se tornou o melhor contador de histórias de sua geração.

As histórias contadas por esses dois homens, diferente das de Jack Dunne, foram amplamente documentadas, pois ambos falavam irlandês e viveram o suficiente para serem reconhecidos e celebrados por pesquisadores de folclore. No repertório, o tema principal era a resistência à cultura dominante, além de um ceticismo para desmentir a credulidade muitas vezes atribuída àqueles que falavam das fadas. Ambos os contadores de histórias também mantiveram um vívido, ainda que não convencional, interesse nas notícias internacionais da época.

Homens como esses, juntamente a algumas mulheres, como Peig Sayers, da Grande Ilha Blasket, do condado de Kerry, ou Sorcha Mhic Grianna (Sorcha Chonaill), de Rinn na Feirste, condado de Donegal, eram os artistas e intelectuais de uma tradição pouco afável às regras dos lógicos e letrados séculos XIX e XX.[97] Sua cultura era oral, seu conhecimento armazenado na memória humana, em forma recuperável, em histórias de atividade humana. Eles recorriam a imagens vívidas e repetições para torná-las fatos, técnicas e ideias memoráveis, e empregavam enigmas, paradoxos e humor para ensinar a disciplina mental na qual eles mesmos se distinguiam. Suas histórias muitas vezes dependem do que ficou conhecido como "pensamento lateral", a solução de problemas por meios indiretos, ou aparentemente ilógicos. A questão se tais contadores de histórias "realmente acreditavam" nas fadas sobre as quais tanto falavam é menos importante do que o uso que faziam delas como andaimes para a construção e a manutenção de toda uma visão de mundo.[98]

Tadhg Ó Buachalla e Éamon a Búrc residiam em áreas onde contavam com um público bem-informado e apreciador dos seus talentos, e onde a dicotomia entre a cultura dominante e a vernácula encontrava expressão nas trocas entre as duas línguas em uso diário. Entretanto, Jack Dunne também pode ter vivenciado seu mundo de forma bilíngue.

Jack nasceu no baronato de Middlethird, e quando ele tinha 11 anos, em 1851, havia um velho solitário, com mais de 80 anos, que falava apenas irlandês; ali, outras 7.237 pessoas — mais de 20% da população — falavam tanto irlandês quanto inglês. As partes menos prósperas do condado de Tipperary tinham muito mais falantes de irlandês (quase dois terços da população em Iffa e Offa West, por exemplo), mas entre 1851 e o final do século os números caíram drasticamente, fato muitas vezes atribuído à influência das Escolas Nacionais.

E havia mesmo uma Escola Nacional em Cloneen no início de 1846, mas, a julgar pelo seu nível de alfabetização, é possível que Jack Dunne tenha passado um período considerável sem frequentar a escola.[99] Muitos daqueles que cresceram nos arredores de Drangan e Ballyvadlea, na segunda metade do século XIX, teriam ouvido conversas em irlandês aqui e ali, mas pequenas pistas indicam que, ao contrário de quase todas as pessoas que o cercavam, Jack Dunne, já adulto, pode ter sido um falante do idioma. Este poderia ter sido o caso se, por exemplo, ele tivesse crescido em uma casa de pessoas com mais idade.[100]

O *Cork Examiner* relatou, a partir de rumores, que Jack Dunne era "versado (...) em encantamentos, amuletos e feitiços", chamando-o de "o verdadeiro *shanachie* da Irlanda antiga", porém mais sugestiva é a citação do seu nome no censo de 1901. Dados do censo mostram um John Dunne de 60 anos de idade, trabalhador rural, falando irlandês e inglês, na casa de James Skehan, 35 anos, fazendeiro em Ballyhomuck, condado de Tipperary. Ballyhomuck é a cidade entre Ballyvadlea e Cloneen, adjacente a Kylenagranagh, e Skehan era o nome do fazendeiro em cujas terras se encontrava o forte das fadas. Jack Dunne cumpriu pena de três anos de prisão por sua participação no assassinato de Bridget Cleary, mas a tradição local de Ballyvadlea diz que ele retornou à região e trabalhou como agricultor.[101] Registros prisionais mostram que sua esposa foi dada como morta durante seu encarceramento. Como viúvo sem filhos, ele não teria tido opção senão procurar trabalho em uma fazenda onde também receberia acomodações.

Os "encantamentos, amuletos e feitiços" referidos pelo *Cork Examiner* poderiam muito bem ser fórmulas tradicionais em irlandês. Os encantamentos ainda podem ser encontrados como rimas no folclore infantil, e alguns adultos fazem uso deles em determinadas situações.

Antiquários do século XIX os coletaram em grandes quantidades, juntamente a orações tradicionais, em especial nas regiões europeias não afetadas pela Reforma Protestante. Conforme o esperado, é mais comum encontrar esse material em irlandês do que em inglês. Alguns encantos são muito antigos, e estão ligados à arcaica tradição indo-europeia, mas a maioria consiste em fragmentos de narrativas sobre temas cristãos que circularam originalmente no período medieval, recitados palavra por palavra, mesmo quando truncados e incompreensíveis, e em geral sussurrados ou recitados de modo muito rápido.[102] Eles eram usados para prevenir e curar dores de dentes e de cabeça, como hemostático, e para tratar entorses e outras doenças, e a maioria exigia o desempenho de certas ações em conjunto. Muitos deles talvez tivessem o simples efeito de acalmar o paciente, fosse humano ou animal, e com certeza não causavam mal algum; no entanto, seu uso, e o ritual que os cercava, também servia para dramatizar as relações sociais.[103] Assim como as histórias, os encantos eram um modelo de capital simbólico, capazes de aumentar o prestígio das pessoas pobres, idosas ou de outro modo vulneráveis que tivessem conhecimento deles. A maioria eram segredos bem guardados.

Do ponto de vista das autoridades centralizadas, tanto seculares quanto religiosas, os encantos eram anátemas. Para os administradores, e para a instituição médica, os encantos — e a medicina popular em geral — eram o que o colonizador britânico chamava de "mumbo-jumbo", isto é, conversa fiada. Para a Igreja Católica, por outro lado, os encantos representavam uma apropriação de parte de sua própria especialidade e uma subversão de sua autoridade. Diferentemente das orações, que apelam à divindade a fim de produzir vários efeitos, supõe-se que os encantos sejam diretos, sem intervenção divina, embora isso raramente seja dito de forma explícita.[104]

Se Jack Dunne de fato falasse irlandês, isto teria conferido mais credibilidade ao seu suposto conhecimento sobre fadas, pois as fadas estavam associadas a tudo o que estava sendo varrido pela modernidade. Compare o relato de lady Gregory sobre a "sra. Sheridan", que costumava afirmar que as fadas tinham o hábito de tirá-la de casa. "Que língua elas falavam?", perguntou lady Gregory, ao que a sra. Sheridan respondeu: "Irlandês, é claro — o que mais elas falariam?".[105]

• • •

Após vários dias doente na cama, do que poderia ser pneumonia, a aparência de Bridget Cleary estava muito diferente do que costumava ser, quando estava com suas roupas elegantes e arrumadas. Jack Dunne não enxergava muito bem e, em todo caso, não estava acostumado a ver Bridget acamada, mas ainda assim sua manifestação foi dramática. "Esta não é Bridget Boland", disse ele quando a viu. Suas palavras poderiam ter sido interpretadas como um julgamento social, um modo de falar, como se ele tivesse dito: "Hoje ela está diferente", mas, como escreveu mais tarde o repórter do *Cork Examiner*, "aquela observação foi responsável por acionar todo o maquinário das fadas".

Vizinhos ou parentes que não gostavam de Bridget Cleary, ou que sentiam inveja dela, como de fato devia acontecer, poderiam facilmente ter expressado preocupação com sua súbita perda de saúde relacionando o ocorrido com especulações sobre fadas, em especial dada a recente prosperidade material dela e a ausência de filhos em seu casamento. Jack Dunne, entretanto, fez outra observação, mais explícita, relatada pelo *Daily Express* e pelos jornais conservadores na Irlanda e na Inglaterra — mas não pelo *Nationalist*, pelo *Freeman's Journal* ou pelo *Cork Examiner*, talvez por medo do ridículo: ele disse que a mulher na cama era uma fada e que, por alguma razão inexplicável, uma de suas pernas era mais longa do que a outra.

Na crença popular, humanos que passam algum tempo "fora com as fadas" voltam à vida cotidiana com alguma marca física. Em uma história contada por Éamon a Búrc em 1937, o redeiro Seoirse Lap, cuja casa fica ao lado de um forte das fadas, retorna de uma longa estadia com as criaturas para descobrir que, embora tenha sido mais esperto do que elas, uma de suas pernas agora está quinze centímetros mais curta do que a outra.[106] Medições com um fio ou uma fita aparecem tanto em histórias sobre intervenções das fadas quanto na medicina popular: talvez Jack Dunne, cuja perna direita era mais curta do que a esquerda, tenha medido Bridget Cleary enquanto ela estava acamada. Michael Cleary, no entanto, parece ter assimilado essa ideia de uma forma menos tradicional. Quando ele e Dunne estavam procurando por Bridget Cleary nos arredores de Kylenagranagh, na manhã seguinte ao desaparecimento, Michael Cleary teria dito a Jack Dunne: "Ela não era minha esposa. Ela estava bem demais para ser minha esposa; ela era cinco centímetros mais alta do que minha esposa". No caso, a palavra "bem" parece ser equivalente à palavra irlandesa *breá*, aqui significando "atlética" ou "alta".

No sábado, 9 de março, o estado de saúde de Bridget Cleary piorou. Ela acreditava, disse Johanna Burke, ter pegado uma gripe forte. A despeito do que Jack Dunne possa ter dito sobre fadas, Bridget, seu marido e seu pai estavam determinados a consultar um médico com formação universitária. Choveu muito naquela manhã, mas Patrick Boland caminhou os mais de seis quilômetros até Fethard para pedir ao dr. William Crean que fosse à casa.

A população de Fethard em 1891 era praticamente a mesma de cem anos depois — cerca de 1.600 habitantes. Desde 1880, a cidade tinha uma linha ferroviária direta, via Thurles, com Dublin, a 166 quilômetros de distância. Cork ficava ainda mais próxima, e havia quinze charretes disponíveis para aluguel na cidade para aqueles que desejassem viajar até os vilarejos e campos vizinhos, tal como fizeram os repórteres do *Cork Examiner* e do *Daily Express* de Dublin no final daquele mês de março. As ruas de Fethard eram iluminadas por 27 lamparinas a óleo, e, além disso, a cidade tinha abastecimento de água por bombeamento, correios e telégrafos, um quartel da RIC, serrarias, duas leiterias, dois hotéis e um dispensário.

A assistência médica estava disponível para os *"pobres indigentes"* na Irlanda sob as disposições da Lei de Caridades Médicas de 1851, por meio de uma rede de 723 dispensários criados sob os vários Sindicatos da Lei dos Pobres.[107] Por volta da época da Grande Fome, a Lei dos Pobres Irlandesa havia evoluído para um sistema de saúde nacional embrionário, de modo que ao final do século XIX a Irlanda tinha um dos serviços de saúde pública mais amplos da Europa. O dr. William Crean era o médico titular do Distrito Dispensário de Fethard desde 1885. Seu salário de 120 libras anuais, com um adicional de 20 libras para despesas administrativas, era pago pelos Guardiões da Lei dos Pobres de Cashel. O dr. William Heffernan trabalhava em Killenaule em uma posição semelhante.[108] Os médicos de dispensários eram eleitos pelos Guardiões da Lei dos Pobres, que por sua vez eram eleitos pelos contribuintes locais, o que resultava, com frequência, em nomeações políticas, mas eles eram obrigados a atender qualquer pessoa doente em seu distrito que tivesse um tíquete de dispensário: preto para atendimento na enfermaria, vermelho para visitas domiciliares.

Patrick Boland deve ter procurado um dos guardiões que viviam na região — provavelmente Edmond Cummins, de Brook Hill, a caminho de Fethard — para conseguir um tíquete vermelho. Ele então foi até o dispensário, apresentou a ficha e pediu ao dr. Crean que visitasse sua filha. Depois retornou a Ballyvadlea e aguardou, mas o médico não apareceu. O dia seguinte, domingo, 10 de março, estava úmido e sem graça. Na segunda-feira de manhã, a chuva havia parado, e até duas da tarde não havia nem sinal do dr. Crean, e Bridget Cleary continuava doente. As descrições dos sintomas sugerem que ela pode ter tido alguma modalidade de febre. Dessa vez, seu marido caminhou até Fethard.

Dez anos depois, na prisão de Maryborough, condado de Queen (agora Portlaoise, condado de Laois), Michael Cleary escreveu seu relato pessoal daqueles dias:

> O Requerante* [sic] deseja declamar que o Médico do Distrito foi notado [notificado] para atender a falecida seis dias antes de sua morte; Patrick Boland pai da falecida notificou o Doutor Crehan [sic] com um tíquete Vermelho para... atender a falecida amediatamente** às dez da manhã o médico não foi naquele dia ou no dia seguinte então o Requerante foi às duas da tarde do dia seguinte e teve de retornar sem ele deixando Recado para que o médico o visitasse se pudesse ser encontrado o mais rápido possível.[109]

---

* A palavra *petitionar* foi traduzida como "requerante" a fim de manter um paralelismo entre a palavras *petitioner*, em inglês, e "requerente", em português. Ela se repetirá ao longo do texto e será sinalizada com [sic] apenas em sua primeira ocorrência. [NT]

** Michael Cleary, mesmo considerado alfabetizado, escrevia com muitos erros de grafia e gramática. A tradução manteve o estilo do original aqui e em outros registros oficiais citados. [NT]

Neste momento, fazia uma semana desde que Bridget Cleary tinha pegado uma gripe do lado de fora da casa de Jack Dunne, e seu estado de saúde estava gerando muita preocupação.

Na cultura oral da Irlanda rural, conforme já vimos, a lenda das fadas era comumente invocada em casos de enfermidades, então, quando Bridget Cleary dissera à prima Johanna que a doença havia começado como um "tremor vindo de Kylenagranagh", isso fora interpretado como uma referência ao forte das fadas. Mesmo com a decisão de convocar o médico do dispensário, o "maquinário das fadas" seguia a todo vapor.

O dr. William Crean não visitou Bridget Cleary após a ida de Michael Cleary ao dispensário na segunda-feira; nem tampouco na terça-feira. Na quarta-feira de manhã, 13 de março, Cleary retornou a pé até Fethard para buscar o médico, enquanto um mensageiro foi até Drangan para solicitar a visita de um dos sacerdotes à casa. O padre Con Ryan declarou o seguinte aos magistrados em Clonmel: "Não vi quem chamou, mas ouvi dizer que foi um dos criados de Simpson".

O fato de William Simpson, um protestante, ter mandado uma empregada ou servente buscar um padre para Bridget Cleary, sublinha a estreita ligação entre as duas casas. Também ilustra a disparidade entre elas, pois é óbvio que os Cleary não tinham criados. Na posição de socorrista, Simpson administrava uma fazenda, e por isso empregava pessoas, isso quando conseguia encontrar trabalhadores e serviçais dispostos a trabalhar para ele. Os Cleary, ao contrário, eram artesãos, e seus parentes eram trabalhadores rurais. A diferença de classe entre os fazendeiros que arrendavam terras e os trabalhadores que para eles trabalhavam era enorme, mas os Simpson mal podiam se dar ao luxo de ser esnobes. Para os Cleary, tal amizade certamente representava subir na vida, mesmo que não os fizessem queridos pelos seus vizinhos agricultores. Cem anos mais tarde, quando a maioria dos fazendeiros irlandeses já era proprietária das próprias terras, a desconfiança de seus antepassados ante os socorristas e seus respectivos funcionários ainda seria lembrada na região de Ballyvadlea.[110]

Michael Cleary saiu de casa às cinco da manhã de quarta-feira, quase duas horas antes do nascer do sol, deixando a esposa e o sogro em casa. Eis o que ele escreveu dez anos depois:

> Às três da manhã o Requerante saiu às 5 horas da madrugada estando Fethard a quaze [sic] seis quilômetros e meio da casa do Requerante em seu caminho o Requerante relatou a conduta do médico ao sr. Edmond Cummins de Book Hill perto de Fethard o Requerante recebeu uma ordem escrita do sr. Cumins, sendo ele um G[uardião] da L[ei] dos P[obres] para o distrito que me disse para lhe entregar o papel e se você não conseguir ver ele volte até mim amediatamente [sic] e ele iria telegrafar para Clonmel para um médico se custa 20 libras você terá um Médico em duas horas em sua casa. ele não estava lá quando o Requerante foi à sua casa o criado me disse que ele saiu com um homem chamado OBrienne cerca de meia hora atrás e deixou a notícia de que iria atender minha esposa antes de voltar.

A persistência de Michael Cleary valeu a pena; antes de deixar Fethard naquele dia, o dr. Crean enfim visitou Bridget. No inquérito sobre a morte de Bridget Cleary em 23 de março, perguntaram ao médico se ele havia sido chamado poucos dias antes para vê-la. "Sim, no dia 11 de março", respondeu ele, "mas só pude ir vê-la na manhã do dia 13." Ele não mencionou o tíquete vermelho de Patrick Boland na sexta-feira anterior. "Eu a encontrei sofrendo, senhor", disse ao legista John J. Shee, de Clonmel, "de uma simples agitação nervosa e bronquite leve." Ele perguntara à sua paciente, dissera ele, o que havia causado a agitação nervosa, mas não conseguira obter nenhuma explicação. Ele então prescreveu medicação, mas não soube se Bridget chegara a adquirir os remédios.

Na audiência preliminar contra os detidos em Clonmel, quase duas semanas depois, o magistrado residente, coronel Richard Evanson, perguntou ao dr. Crean: "Você pode dizer aos magistrados se Bridget Cleary era uma pessoa saudável?".

"Ela era perfeitamente saudável. Tinha um corpo com bom físico e bem nutrido. A única coisa que posso dizer é que ela estava muito nervosa."

"Você pode explicar o que quer dizer por muito nervosa?"

"Ela vinha se consultando comigo nos últimos oito ou nove anos, e eu sempre a achei um tipo de mulher nervosa e irritável."

O dr. Crean não disse por qual razão Bridget Cleary vinha se consultando com ele. Um século depois, a população local afirmava que ela sofria de tuberculose, e até mesmo que ela frequentava uma clínica de TB em Clonmel.[111] Isso explicaria parte do tratamento recebido nos dias anteriores à sua morte, mas os relatos da época insistem que sua saúde era boa: "Eu nunca soube que Bridget tinha qualquer fragilidade na mente ou no corpo", declarou William Simpson, e outras testemunhas concordaram com ele. O exame post mortem constatou apenas que seus pulmões estavam "ligeiramente congestionados".

Ao ser deixado a sós com a filha doente naquela manhã, Patrick Boland desceu a colina até onde morava sua irmã, Mary Kennedy, e pediu-lhe que visitasse Bridget Cleary. Em 5 de abril, Mary Kennedy testemunhou o ocorrido aos magistrados de Clonmel:

> Foi o pai de Bridget Cleary que veio até mim na quarta-feira e disse: "Vá até Bridget; ela quer você, Mary".
> Eu perguntei: "O que há com ela?".
> "Oh, ela está muito mal", respondeu ele, "com uma dor na cabeça." Então subi, entrei no quarto e perguntei a ela como estava se sentindo. Ela disse que estava muito mal, com dor na cabeça e nas têmporas. Eu disse que não seria nada de mais, com a ajuda de Deus.
> "Não sei", contrariou ela, "estou muito mal. Ele está fazendo de mim uma fada agora."
> Eu disse: "Não dê atenção a ele".
> "Oh", comentou ela, "ele pensou em me queimar há cerca de três meses, mas se eu tivesse minha mãe comigo, não estaria assim."
> Eu disse: "Não se incomode, e isso vai passar logo, logo".
> "Eu tenho umas roupas para lavar, se eu tivesse mãos para lavá-las", disse ela.
> "Vou até a casa da Hanney e ela as lavará", respondi. Fui então até Hanney, que veio comigo.

"Hanney" era Johanna Burke, a filha de Mary Kennedy, que vivia com o marido e a maioria dos filhos em Rathkenny, a um quilômetro e meio a oeste da casa dos Cleary.

A conversa de Bridget Cleary com sua tia, repassada ao tribunal nas palavras vívidas de alguém que não sabe escrever, corrobora o testemunho do médico a respeito da "agitação nervosa", de que Bridget estava não só doente, mas também angustiada, e de que obviamente havia alguma dificuldade entre ela e o marido. "Ele está fazendo de mim uma fada" parece significar que Michael havia se afastado dela, fosse porque tinha entrado em pânico com seu estado, como parece ter acontecido, ou por ter se juntado a Jack Dunne e outros que insistiam em rotulá-la como fada.

"Fazer de alguém uma fada" significa isolá-lo e repudiá-lo. "Ele pensou em me queimar há cerca de três meses" significa que aquela não tinha sido a primeira crise do casal. Bridget Cleary "não estaria assim" se tivesse a mãe, dissera ela, e pedira para que a tia, sua parente do gênero feminino mais próxima, a visitasse.

Alguns comentaristas interpretaram as palavras de Bridget Cleary, "ele pensou em me queimar há cerca de três meses", como indicação de que Michael Cleary há muito planejava matar a esposa, e que a história da intervenção das fadas não passava de um estratagema. Outros o viam como um supersticioso incorrigível, convencido desde o início de que sua esposa *estava* com as fadas. Entretanto, seu comportamento, incluindo a queixa a Edmond Cummins, e mesmo o tom apaixonado de suas petições, mais de dez anos depois, sugerem que a verdade não é tão simples. A forma despretensiosa como Mary Kennedy transmitiu essa informação sugere que a queima em questão era relativamente desimportante. É possível que Michael Cleary tenha tentado queimar a esposa, para puni-la por alguma ofensa real ou imaginária, e que tenha sido ela quem encaixara a atitude dele em um paradigma de crença nas fadas ao dizer: "Ele está fazendo de mim uma fada". Bridget Cleary, bem versada na tradição das fadas, teria encontrado naquelas histórias uma linguagem através da qual poderia resistir à avaliação negativa que o marido vinha fazendo dela. Uma esposa que pudesse persuadir um marido violento de que ela era um *changeling* de fada seria capaz até mesmo de convencê-lo de que ele estaria prejudicando suas chances de ter sua esposa "verdadeira" de volta.

A mãe de Bridget Cleary decerto já havia falecido naquela época, mas há repetidas pistas no registro da corte e no folclore moderno de Tipperary de que ela, assim como Jack Dunne, era reconhecida por seu conhecimento sobre fadas e ervas. Talvez a dinâmica da casa dos Cleary tenha mudado com sua morte. Pode ser que o jovem casal tenha ficado mais íntimo, e que Bridget Cleary tenha assumido algumas das funções da mãe, como detentora de conhecimentos esotéricos, de modo que começou a deixar o marido nervoso. Sem outra mulher em casa, em todo o caso, a responsabilidade de cuidar dela deveria recair ou sobre seu pai idoso e ineficaz, ou sobre Michael Cleary: "O Requerante atendeu aos desejos de sua esposa durante sua doença anoite [sic] e dia até que ele mesmo virasse um cadáver como a falecida".

É provável que Michael Cleary não tenha dormido ou se alimentado adequadamente entre 4 e 14 de março; quando foi preso, em 21 de março, ele pesava setenta quilos. A ilustração do *Daily Graphic*, feita quando ele estava no banco dos réus do tribunal de Clonmel, mostra uma figura abatida e exausta. Pouco mais de três meses depois, em sua transferência de Clonmel para a prisão Mountjoy, em Dublin, seu peso era de 75,8 quilos, e permaneceu estável em oitenta quilos por mais seis anos. Seu histórico médico prisional o descreve como "robusto e forte", portanto, ele deveria estar bem abaixo do peso no momento da morte da esposa, como era de se esperar de alguém sob forte estresse.[112]

Quando Bridget Cleary disse que o marido estava fazendo dela uma fada, Mary Kennedy lhe disse apenas para não se importar com ele. Essa mulher, descrita por todos os comentaristas como idosa, analfabeta e frágil, ao que parece, uma candidata perfeita para não questionar a crença em fadas, as rejeita quando elas são invocadas contra alguém que ela conhece bem. Ela evidentemente também se alia à sobrinha contra o marido desta. Seu testemunho a mostra como alguém que encarou os problemas práticos causados pela doença de Bridget Cleary. Ela foi buscar sua filha Johanna para lavar os lençóis de Bridget, que eram pesados demais para serem enxaguados e torcidos à mão, e aparentemente mais do que ela mesma daria conta de fazer; ela tranquilizou a mulher doente e, no tribunal, afirmou ter retornado à casa mais tarde naquela mesma noite e preparado uma canja. O frango naquela época era, é claro, um alimento de luxo: Mary Kennedy teria tido de capturar e matar uma das aves de Bridget, depená-la e limpá-la antes de cozinhá-la sobre a fogueira.

Johanna Burke foi com a mãe à casa dos Cleary por volta da hora em que o médico partiu: "Vi o dr. Crean vindo da casa dela", relatara ela aos magistrados; "[Bridget Cleary] perguntou por que ele não tinha vindo quando foi chamado". Essa compreensível ansiedade pode explicar por que o médico descrevera a paciente como "irritável".

Enquanto isso, em Fethard, Michael Cleary é quem estava irritado — "perturbado" é a palavra — enquanto aguardava o médico. O dr. Crean por fim voltou, tendo visitado Bridget Cleary, mas ficou visivelmente aborrecido por Michael tê-lo denunciado a um dos Guardiões da Lei dos Pobres. Michael Cleary se refere a si mesmo na terceira pessoa como "Requerante", mas volta à primeira pessoa quando relata que o médico gritara com ele:

> Por ser um Despençario Requerante ele sabeia [*sabia*] [sic] que deveria voltar logo quando voltou sua esposa estava com ele e ele estava bêbado e ele berrou comigo que ele foi ver minha esposa pois ele sabia que o Requerante estava muito perturbado com ele pela maneira como ele foi tartrado [*tratado*] [sic] com relação a sua esposa. ele disse ao Requerante que sua esposa estava muito fraca e nervosa, ele proscreveu [sic] o remédeo [sic] e pediu vinho que o Requerante levou pra casa com ele e disse ao Requerante para dizer a Edmond Cumins que ele tinha cabado [sic] de atender sua esposa e também para devolver o Pidido [sic] que ele tinha recebido dele o Requerante fez como era desejado devolveu o Pedido a Edmond Cummins e foi para casa.

Michael Cleary tinha saído de casa às cinco da manhã, e levara quase onze horas para retornar. Ele passara o dia todo ausente, no que fora demonstrado em sua petição como uma missão bastante direta, embora frustrante. Todavia, os testemunhos dados em tribunal por Jack Dunne e Johanna Burke, que estavam na casa quando ele voltou, revelam que Michael Cleary tinha trazido algo além dos remédios e do vinho de dr. Crean, pois ele lhes dissera que havia adquirido ervas de uma mulher em Fethard.

O padre Con Ryan também estava na casa quando Michael retornou. O coadjutor disse aos magistrados que Bridget Cleary estava na cama quando ele a visitou, por volta das três e meia da tarde de quarta-feira, 13 de março. Ele também relatou que ela parecia estar muito tensa e "possivelmente histérica". Sua escolha de linguagem nos lembra a etimologia e a história da histeria: até o século XX, a ideia persistente era a de que a histeria era uma doença, e reservada somente às mulheres; já muito antes, no século IV a.C., Hipócrates havia identificado sintomas de loucura nas mulheres como sendo originários do excesso de sangue acumulado no útero.[113] O padre Ryan imaginou estar testemunhando o início de uma desordem mental, apesar de ele ter ficado com Bridget Cleary por apenas vinte minutos. A regra do celibato o proibia de estender o contato com mulheres por mais do que o necessário e, deitada em seu quartinho de teto baixo, a paroquiana não teria conversado muito com ele, "exceto como padre". Ele não a considerava gravemente doente, disse ele, mas pensava que a doença dela poderia se agravar mais tarde, e talvez avançar para uma meningite ou algo do tipo, de modo que decidiu administrar a extrema-unção da Igreja.

Michael Cleary falou com o padre:

> Quando o Requerante chegou em casa ele descobriu que a esposa tinha sido prepairada [sic] para a receber a morte por um Padre chamad [sic] Padre Ryan o Requerante teve uma convrsa [sic] com o Padre e ele me disse que preparou minha esposa para a morte que ela estava muito fraca, e também perguntou se o Médico estava bêbado e o Requerante lhe tisse [sic] que estava ele também ezaminou [sic] o remédeo [sic] e não o apovou [sic] mas disse que o médico nunca estava sóbrio.

Nem na investigação, nem no inquérito dos magistrados, nem mesmo no julgamento do assassinato que aconteceu em julho, foi feita qualquer menção à bebedeira do dr. Crean, até onde os registros mostram, e os jornais também não fazem qualquer referência ao evento. Na verdade, o *Cork Examiner* se refere ao dr. Crean como "um médico muito estimado e que tem feito parte da presidência do Conselho da

Comissão da Cidade de Fethard durante os últimos oito anos de forma ininterrupta". Michael Cleary, entretanto, por conta própria, apresentara sua queixa sobre o médico a Edmond Cummins e os Guardiões da Lei dos Pobres de Cashel, que por sua vez não tiveram opção senão discutir o assunto quando reclamações semelhantes lhes foram apresentadas. As atas das semanas e meses que se seguiram mostram que a acusação de Michael Cleary não era infundada, mas também testemunha a relutância dolorosa dos guardiões em registrar informações arrasadoras sobre um homem de sua própria classe, indicado ao cargo por eles mesmos e talvez até um amigo pessoal.[114] Em 1910, uma Comissão Real sobre as Leis dos Pobres e Assistência à Miséria publicou um memorando do comissário médico do Conselho do Governo Local, que detalhava as fraquezas do sistema de dispensários. "Em muitos casos", observou o autor do documento, "o padrão de sobriedade está abaixo do que deveria ser."[115]

Na reunião de 2 de maio de 1895, apenas seis semanas após a morte de Bridget Cleary, os Guardiões de Cashel avaliaram uma resolução aprovada pelo Comitê de Gestão de Dispensários de Fethard em 15 de abril. Uma carta havia sido recebida, datada de 9 de abril, da Diretoria do Governo Local, ordenando a demissão do dr. Crean em virtude de que ele estava bêbado quando foi visitado por um fiscal. A decisão foi a seguinte:

> Pedimos respeitosa e sinceramente ao Conselho do Governo Local que revogue o documento recebido pelo nosso secretário de honra dr. Creane [sic], pois no dia da visita do dr. Browne, o dr. Creane tinha enfrentado [cumprido] uma manhã de trabalho pesado, e naquela mesma manhã também havia realizado uma cirurgia complexa, não tendo sequer tomado café da manhã, quando o inspetor chegara, ao meio-dia. Todos sabemos que o dr. Creane não tem estado muito forte nos últimos tempos, consequentemente, uma pequena porção de estimulantes o deixaria irritável e agitado...

Os Guardiões de Cashel apoiaram a resolução do Comitê Dispensário e propuseram "que uma advertência do CGL resolveria o caso".

O Conselho do Governo Local, criado em 1872, controlou os serviços de saúde na Irlanda até depois da independência, quando então suas funções foram assumidas pelo Departamento de Governo Local e Saúde Pública. No que diz respeito ao dr. Crean, eles não se deixaram influenciar e, em 10 de maio, o Comitê Dispensário de Fethard publicou um anúncio no jornal em busca de um médico titular devidamente qualificado para o distrito. A renúncia do dr. Crean foi oficializada em 2 de maio.

Quatro meses mais tarde, quando Michael Cleary, Jack Dunne, Patrick Boland e os quatro irmãos Kennedy já estavam na prisão, os Guardiões da Lei dos Pobres analisaram uma moção do Comitê Dispensário de Fethard, datada de 2 de setembro, "para conceder uma pensão ao dr. William Creane [sic], antigo médico titular do Departamento Médico do Distrito de Dispensários de Fethard, que devido a problemas de saúde ficou incapacitado de desempenhar suas funções e teve de renunciar ao cargo". Junto ao pedido foram anexados laudos clínicos: um do dr. C. Moloney, de Mullinahone, declarando que o dr. Crean estava "sofrendo de fraqueza generalizada e [estava] inapto para o serviço", e o outro assinado pelo dr. William Heffernan, de Killenaule, afirmando que ele estava "há algum tempo sofrendo de fraqueza, bronquite crônica e reumatismo muscular, incapacitado de desempenhar suas funções".

Mais uma vez, os Guardiões de Cashel endossaram a orientação do Comitê Dispensário e votaram em favor do dr. Crean para que este recebesse uma pensão anual de 45 libras, sujeita à aprovação do Conselho do Governo Local. Mas a diretoria não aprovou. Em 5 de outubro, com efeito, os Guardiões receberam uma carta: o Conselho do Governo Local fora "incapaz de anuir com a concessão de qualquer pensão de aposentadoria ao dr. Crean". Não se sabe o que aconteceu com o médico após tal desonra. O censo de 1901 não mostra ninguém chamado Crean como chefe de família em Fethard.

Depois de ter conversado com Michael Cleary na tarde de quarta-feira, o padre Con Ryan foi embora da casa em Ballyvadlea. Michael tinha chegado trazendo o vinho, os medicamentos e as ervas de Fethard, e lá encontrara Mary Kennedy com Johanna Burke, que tinha ido lavar os lençóis. Jack Dunne chegaria pouco depois. Ele disse em testemunho o que aconteceu. "Ele é um homem velho, mas falava de forma inteligente", escreveu o *Irish Times*:

> [Dunne] disse que foi até a casa de Michael Cleary na quarta-feira e lhe perguntou como estava sua esposa. Cleary falou que ela estava bem mais ou menos, e que o padre e o médico estavam com ela. Ele (Dunne) subiu para vê-la na cama, e comentou com Michael Cleary que ela não estava tão mal assim.
> Cleary respondeu: "Eu tenho algo aqui para dar a ela, que vai deixá-la melhor".
> "O que é?", perguntou ele (Dunne).
> Cleary explicou: "São ervas que peguei com uma mulher em Fethard".
> Ele (Dunne) viu as ervas dadas a Bridget. Ele permaneceu por cerca de uma hora, e depois foi para casa.

Dunne afirma ter ido para casa depois de ver Michael Cleary administrar as ervas. Johanna Burke também disse ao tribunal que viu Cleary dar alguma coisa à esposa, mas que a princípio não soube o que era. "Ele me disse que tinha dado ervas para ela, ervas que ele adquiriu de uma mulher em Fethard", contou Johanna. No entanto, seu testemunho na audiência de julho mostra Jack Dunne em um papel mais ativo:

> Cleary então disse a Dunne: "Tenho aqui algo que vai fazê-la melhorar".
> Dunne comentou: "Não é hoje que você [deveria] estar [se achando] no direito de adquirir algo para ela; não era em Fethard que você tinha o direito de buscar um médico. Há três dias você tinha o direito de passar dos limites com Ganey, pois o médico não tinha nada a ver com ela. Não é a sua esposa que está lá. Você vai ter muitas tarefas a fazer para trazê-la de volta. Estamos no oitavo dia, e você tinha o direito de ter ido até Ganey no quinto dia".
> Ele acrescentou que as ervas deveriam ser dadas a ela no quinto dia.

Ao ouvir os relatos, o juiz William O'Brien advertiu o júri naquela audiência do mês de julho que Johanna Burke poderia ter sido influenciada a testemunhar contra Dunne devido aos seus laços familiares com Michael Cleary, o marido de sua prima. Ele não parece ter levado em conta que, na verdade, ela era mais próxima a Dunne, que por sua vez era primo de primeiro grau de sua mãe.

As palavras de Jack Dunne, como citadas, equivalem a um nítido diagnóstico consoante com a crença em fadas: a verdadeira Bridget Cleary tinha sido levada e deveria ser resgatada; a mulher na cama não é Bridget, mas algo deixado pelas fadas para substitui-la: um *changeling*. Em vez de sugerir, portanto, que Bridget Cleary teria convivido com as fadas no passado e que de alguma forma está "diferente", Dunne parece estar dizendo que sua condição é aguda, não crônica, e que uma atitude deve ser tomada sem demora.

No exame cruzado feito no tribunal por John Boursiquot Falconer, advogado de Michael Cleary, Johanna Burke citou Jack Dunne mais uma vez:

> "Ele mencionou o nome da erva? Ele disse que era '*lusmore*'? [Em irlandês *lus mór,* dedaleira, *Digitalis purpurea*]."
>
> "Não, ele disse que era o sétimo irmão da sétima irmã, ou a sétima irmã do sétimo irmão, ou algo assim; ele disse que era a última erva que poderia ser dada a ela, e disse que ou a mataria ou a curaria; ele estava segurando as ervas, e deu instruções a Michael Cleary para fervê-las, fazer o sinal da cruz e dar a volta pela casa fazendo *pishrogues*. Michael Cleary perguntou a Dunne se ele estava fazendo certo, e Dunne confirmou que sim. Então Michael deu a volta na casa usando *pishrogues* e encantos. Dunne sussurrou para Michael que eu não deveria ouvir qual era o encanto."

"*Pishrogue*" vem do irlandês *pisreog*. A palavra significa "encanto", "feitiço" ou, no plural, "superstição", e pode ser muito pejorativa. O *Daily Express* afirma que a erva que Michael Cleary adquirira com a mulher de Fethard era chamada de "a cura dos sete", mas que não funcionara. A sétima filha de uma sétima filha, ou o sétimo filho de um sétimo filho era (e em muitos lugares na Irlanda ainda é) amplamente reconhecido por possuir poderes especiais de cura. Ao que parece, também era comum contar os dias de uma doença.[116]

O próprio Jack Dunne tinha algum conhecimento sobre ervas e insistira que Denis Ganey, de Kyleatlea, e não o dr. Crean, de Fethard, deveria ter sido consultado sobre a doença de Bridget Cleary. Ganey era o herborista ou médico das fadas, a nona pessoa presa quando Bridget Cleary desapareceu. Ele não chegou a visitar Bridget Cleary, mas prescreveu uma fórmula fitoterápica. Segundo o jornal *Cork Examiner*, ele era popular no trato de doenças de animais e humanos, incluindo a tal "influência maléfica", nome dado a uma série de doenças repentinas, que normalmente eram explicadas como ataques das fadas. Ele nunca prescrevia duas vezes para o mesmo caso.

Lady Gregory, fascinada pelos médicos herboristas, certa vez repetiu a citação de um informante, a quem ela chamava de "Velho Heffernan", com vocábulos que nos lembram que Denis Ganey, assim como Jack Dunne, caminhava com um coxear:

> O melhor herborista que já conheci foi Conolly, em Ballyturn. Ele conhecia cada erva que crescia na terra. Dizia-se que certa vez ele saiu com as fadas e, quando o vi pela primeira vez, ele tinha os dois polegares dobrados para dentro, e diziam que esse era o sinal que elas haviam deixado nele.

Dois anos depois da morte de Bridget Cleary, lady Gregory partiu de sua casa em Coole e atravessou as montanhas em direção ao condado de Clare em busca de histórias sobre a médica herborista mais famosa de todas, Biddy Early. Naquela época uma viúva de 45 anos, Augusta Gregory pegou seu pônei, Shamrock, o atrelou a uma carruagem *phaeton* antiga, um presente de casamento recebido dezessete anos antes, atravessou "dois rios sem ponte", encontrou a casa da curandeira e conversou com várias pessoas. O relato a seguir, do "sr. McCabe" sobre seus negócios com Biddy Early, resume muito da autoridade e do carisma da "médica das fadas":

Biddy Early? Ela viveu não muito longe daqui; logo acima, em Feakle. Eu mesmo fui curado por ela uma vez. Veja só este polegar — uma vez eu o machuquei, e depois fui para o campo, lavrei o dia todo, eu era tão ganancioso por trabalho. E quando entrei em casa, tive de me deitar na cama de tanta dor, e o polegar inchou e o braço também, até ficar do tamanho da coxa de um cavalo. Passei dois ou três dias acamado por causa da dor, e então minha esposa foi ver Biddy Early e contou a ela sobre meu problema, e ela voltou para casa e no dia seguinte o dedo rebentou, e você não pode nem imaginar todas as coisas que saíram dele. Um bom tempo depois, eu mesmo fui até ela, porque não estava completamente curado, e ela disse: "Você teria perdido tudo se sua esposa não tivesse sido tão rápida em vir". Ela me levou para uma salinha, pronunciou palavras sagradas, aspergiu água benta e me disse para acreditar. Os padres estavam contra ela, mas estavam errados. Como aquilo poderia ser obra do diabo se era apenas caridade, bondade e cura?[117]

Caridade, bondade e cura são aqui categoricamente opostas ao mal social de se trabalhar duro a ponto de negligenciar outras necessidades.

As medidas tomadas pelos médicos das fadas eram muitas vezes descritas, nas palavras de Johanna Burke, como "*pishogues*" ou "*pish[e] rogues*" (*piseog* ou *pisreog*). Esta palavra aparecerá novamente antes de Bridget Cleary, por fim, encontrar a morte. Por enquanto, porém, vamos deixá-la repousando no chalé em Ballyvadlea naquela noite de quarta-feira, angustiada, infeliz e febril. É provável que ela tenha comido um pouco da canja que a tia havia cozinhado, mas "seu rosto estava muito vermelho, e ela estava suando", relatou Johanna Burke nos depoimentos de julho em Clonmel. "Seu marido lhe deu vinho clarete para beber", acrescentou ela.

A Fogueira da
BRUXA

5
Parte da cura

A cabana dos Cleary em Ballyvadlea, com a colina de Tullowcossaun atrás dela, está virada para o sul do vale Anner, em direção a Slievenamon. Abaixo da montanha, o rio flui de leste a oeste, da esquerda para a direita, antes de virar para o sul e se juntar ao Clashawley, de Fethard, e fluir no Suir, acima de Clonmel. A manhã de quinta-feira, 14 de março, estava nublada, porém muito mais quente do que na véspera. De pé à porta da frente, Michael Cleary teria visto a encosta da montanha à sua direita, com o vale se abrindo para além dela em direção à próspera e moderna Clonmel, a dezoito quilômetros de distância. À esquerda estava o caminho de volta ao vale, em direção a Kyleatlea, onde vivia Denis Ganey, o médico das fadas, na encosta norte de Slievenamon.

"Há três dias você tinha o direito de passar dos limites com Ganey", Jack Dunne teria dito a Michael Cleary na noite de quarta-feira. Ele quis dizer que Cleary deveria ter consultado o médico das fadas até o quinto dia da doença de sua esposa. Por volta da quarta-feira, Michael Cleary e o sogro, com a ajuda de Mary Kennedy e Johanna Burke, já estavam cuidando de uma Bridget febril há mais de uma semana, vendo sua condição se deteriorar. Ao total, eles haviam feito três tentativas para buscar o dr. Crean em Fethard, mas mesmo quando o médico finalmente chegou, eles não ficaram lá muito satisfeitos. Ele não levou o estado de saúde dela a sério; Michael Cleary não estava presente na consulta e, quando conheceu Crean, ambos estavam furiosos, e o médico, ao que parecia, havia bebido. O padre Con Ryan tinha vindo de Drangan para visitar Bridget Cleary também, mas fora incapaz de lhes dar qualquer garantia. Na verdade, ao administrar a extrema-unção, ele parecia inclinado a entregar sua paroquiana aos mortos.

Enquanto isso, Jack Dunne continuava a falar de fadas. Por motivos óbvios, a fé de Michael Cleary na medicação do dr. Crean estava severamente minada na quarta-feira à tarde, quando consultara uma herborista em Fethard. Naquela noite, ele medicara sua esposa com a prescrição da tal mulher, embora não o mencione no próprio relato:

> A esposa do Requerente ficou doente e foi atendida pelo Doutor do Distrito, mas o tratamento não a beneficiou ela ficou disanimada [sic] e emaciada, ela também foi visitada pelo Clérigo, e nenhuma esperança foi, [sic] dada sobre sua recuperação. Amigos vieram até a casa para ver ela, um Homem chamado Dunne primo em primeiro grau do pai dela veio e teve uma conversa com o Pai e os outros parentes que estava [sic] presentes e estes lhe deram a opinião de que ela estava sofrendo de uma doença comum ele disse que era um caso de bruxaria eles então escutaram o que ele tinha a dizer e depois de um tempo deram crédito à sua história.

Foi o que escreveu Michael Cleary em 8 de novembro de 1902, na prisão de Maryborough. Ele estava inflexível ao afirmar que foi Dunne quem insistira em consultar Denis Ganey:

> Acreditava-se na localidade que Dunne tinha conhecimento no uso de Ervas, E disse ao Requerente que ele livraria a esposa do encanto se o tratamento perscrito [sic] fosse realizado, então Dunne e os outros Amigos e o sogro do Requerente insistiram que o Requerente fosse a um médico charlatão ou das fada [sic] a cinco quilômetros da casa do Requerente para obter dele as Ervas que ninguém mais poderia pegar só o marido da mulher doente. O Requerente na época era tolo o suficiente para fazer qualquer

coisa que lhe mandassem fazer especialmente quando fosse pelo bem-estar de sua esposa. Então ele trouxe as Ervas para Dunne e elas foram perscritas [sic] por ele como foi provado na corte.

Em outra petição endereçada ao lorde-tenente três anos depois, em 28 de junho de 1905, Michael Cleary reiterou a história, acrescentando o detalhe de que ele teria partido para Kyleatlea ao amanhecer da manhã de quinta-feira:

> Quando o Padre deixou a casa [na quarta-feira]. Patrick Boland e a sra. Kennedy a sra. Burke e John Dunne stavam [sic] na casa e disseram ao Requerante que se ele não fizesse o que eles diziam sua esposa iria morrê [sic] em um ou dois dias Dunne disse ao Requerante que não era um caso para o Doutor de formalguma [sic]. Na manhã seguinte às seis horas o Requerante foi a um dotô [sic] curandeiro de nome Geainy [sic] a cerca de sete quilômetros da casa do Requerante ele fez como lhe mandaram fazer e trouxe as ervas que recebeu do médico curandeiro...

Antes de sair de Ballyvadlea, em 14 de março, Michael Cleary foi até a casa de Mary Kennedy e lhe pediu para visitar Bridget. Ele também pediu a um vizinho que fosse buscar Jack Dunne, e enviou um mensageiro a Drangan, solicitando ao padre que voltasse à casa. O padre Ryan disse aos magistrados que, "Na [quinta-feira de] manhã, por volta das sete horas, ele foi chamado para vê-la, mas disse ao mensageiro que, tendo administrado a extrema-unção da Igreja na ocasião anterior, não haveria por que vê-la tão cedo de novo".

De acordo com o testemunho de Jack Dunne, "uma menina chamada Mary Smith" veio à sua casa com um recado de que Michael Cleary solicitava sua presença; "que ele não podia aguentar o peso que recaía sobre ele". Dunne caminhou um quilômetro e meio de Kylenagranagh até Ballyvadlea, e estava na casa dos Cleary quando Michael voltou de Kyleatlea. Mais uma vez, ao testemunhar, Dunne minimizou seu papel no episódio:

Eu não me demorei muito lá antes de ele chegar. "Eu trouxe uma coisa", disse ele, "que vai curá-la."

"O que é?", perguntei.

"Tenho ervas que trazem nove curas nelas; será muito difícil fazê-la tomar isto. Você precisa me ajudar, e então ela será curada."

Demos as ervas a ela, então eu me sentei na frente do fogo por alguns minutos.

Talvez Johanna Burke também estivesse na casa àquela altura. Ela havia ido a Cloneen entre quatro e cinco horas da tarde, "para buscar pão para meus filhos", disse ela aos magistrados, mas voltou à casa dos Cleary ao cair da noite, por volta das sete horas. Em algum momento ela saiu outra vez, e voltou mais tarde com a filha, Katie. Mary Kennedy, a mãe de Johanna Burke, também esteve lá mais de uma vez durante o dia.

Na quinta-feira à noite, Michael Cleary estava demonstrando sinais de tensão. Ele tinha levantado e saído cedo naquele dia e no anterior, e tinha passado boa parte da semana insone. Ele havia tido uma discussão com o médico do dispensário; o padre tinha recusado seu apelo para visitar Bridget uma segunda vez; ela continuava doente, e agora, para coroar tudo, chegara a mensagem informando o falecimento de seu pai em Killenaule. Como vimos, o velório estava sendo realizado em Killenaule, mas Michael Cleary não fez qualquer movimentação para ir até lá.

Em dado momento da tarde ou da noite, William Ahearne foi até a casa. Ele era de Kylenagranagh: um vizinho de Jack Dunne. Com 16 anos de idade, e descrito como "delicado", ele havia sido enviado pela mãe para saber notícias da saúde de Bridget Cleary, e ele pode ter estado presente quando Michael Cleary e Jack Dunne administraram as ervas pela primeira vez. Quando a noite caiu, Ahearne sugeriu a Dunne que eles caminhassem juntos para casa. Dunne concordou, mas Michael Cleary protestou: "Michael Cleary me pediu para ficar mais um pouco, pois ele precisava de mim para dar mais uma dose a ela [outra vez]; isso foi perto das oito ou nove da noite".[118]

Após as nove da noite, os filhos de Mary Kennedy, Patrick e James chegaram à casa, seguidos, pouco depois, pelo irmão caçula, William, que perguntou se eles iriam ao velório. Eles responderam que sim, mas Michael

Cleary lhes disse que ainda não podiam ir. Então comentou com James Kennedy que "a esposa estava melhor depois de ele ter lhe dado as ervas que havia adquirido com Ganey, na montanha, que elas haviam feito bem a ela; ele disse que sofria muito pela esposa e que iria sofrer mais". William Kennedy o viu junto ao fogo com uma caçarola e "com algumas coisas verdes e leite fresco". Michael Cleary lhe disse que "tinha algumas ervas que queria dar a Bridget, e que deveria dá-las antes que todos fossem embora".

Michael Kennedy, o quarto irmão, que havia caminhado de Drangan e acompanhado sua mãe até a casa, chegou mais ou menos nessa hora. Ele também perguntou se seus irmãos iriam ao velório, mas eles lhe responderam que ainda não podiam ir, e ele então viu Michael Cleary trancar a porta. Eis o relato de Dunne:

> "Eu acho então", disse [Michael Cleary] ao começar, "é hora de lhe dar isto." Ele segurava uma caneca contra o peito, contendo a tal bebida de ervas; nós quatro seguramos Bridget e eu a firmei pelo pescoço; foi um sacrifício fazê-la beber aquilo; Cleary me disse que, depois de beber, a esposa deveria ser levada ao fogo; então a levamos ao fogo; nós a levantamos acima do fogo, mas não a queimamos; achei que fizesse parte da cura; ele me afirmou isso.

Naquele momento, havia nove pessoas na casa com a enferma Bridget Cleary: o marido dela, Michael; o pai, Patrick Boland; a tia, Mary Kennedy; os quatro primos, Patrick, Michael, James e William Kennedy; Jack Dunne, e William Ahearne.

Pouco antes das dez da noite, o socorrista William e sua esposa, Minnie Simpson, saíram de casa para visitar Bridget Cleary. A cerca de trinta metros do chalé, eles encontraram Johanna Burke, também a caminho de lá, junto a Katie, de 11 anos. Johanna Burke lhes disse que estavam ministrando algumas ervas a Bridget Cleary, ervas que o marido havia adquirido "com Ganey da montanha". Ela mesma estava trazendo um novo suprimento de "leite fresco" para a casa.

O primeiro leite secretado pela vaca após o parto também é conhecido como "colostro" ou "crosto", *nús* em irlandês. Esse leite tem cheiro e sabor fortes, e é rico em nutrientes e anticorpos. Dizia-se que era particularmente atraente para as fadas, que deixariam de roubar as vacas caso o colostro fosse despejado em um forte das fadas, ou nas raízes de um espinheiro de fada — uma árvore de espinheiro solitária pertencente ao "povo bom" — ou se pudesse ser derramado no solo. Após o parto, a vaca deveria ser ordenhada em um balde contendo uma moeda ou outro pedaço de metal. A cura prescrita por Denis Ganey — ou por Jack Dunne, talvez — aparentemente exigia a fervura de certas ervas nesse leite, para então serem ministradas a Bridget Cleary.[119]

Quando os Simpson e as Burke, a mãe e a filha, chegaram à casa, encontraram a porta trancada; os homens lá dentro tentavam obrigar Bridget Cleary a beber a mistura de ervas. Ouvia-se uma gritaria oriunda do quarto da frente, cuja janela dava diretamente para a entrada da casa. "Toma lá, sua condenada!", dizia a voz de um homem, mas como as persianas de madeira estavam fechadas por dentro, não era possível ver nada. Eles então bateram à porta, no entanto, Michael Cleary berrara lá de dentro que ninguém poderia entrar ainda, e assim eles esperaram por quase cinco minutos. Parados do lado de fora, ouviram palavras que soavam como "Toma, sua vagabunda, ou eu te mato!" ou talvez "Toma, sua bruxa!".

Por fim, Michael Cleary abriu a porta, e os quatro entraram. William Simpson ouviu alguém gritar "Lá vai ela! Lá vai ela!". Ele não soube afirmar quem dissera isto, mas entendera que a porta fora aberta para deixar a fada ou as fadas saírem. Michael Cleary disse a Simpson que a casa estava cheia de fadas.

Patrick Boland estava na cozinha, onde a imensa lamparina a óleo queimava, mas quase todos os outros estavam no quarto. Bridget Cleary encontrava-se deitada na cama, usando uma camisola de flanela rasgada sobre um chemise de calicô, e Jack Dunne, que não era alto, mas pesava oitenta quilos, estava sentado na cama ao lado dela, agarrando suas orelhas para obrigá-la a ficar deitada. Patrick Kennedy, de 32 anos, estava do outro lado da cama, também sentado ou deitado em cima dela, segurando seu braço direito, enquanto seu irmão James segurava o braço esquerdo. O caçula dos Kennedy, William, de 21 anos de idade, estava deitado sobre as pernas de Bridget Cleary para impedir que ela esperneasse. Michael Cleary permanecia ao lado da cama, segurando uma pequena caçarola — o que Jack Dunne chamou de "caneca" — e uma colher. O jovem William Ahearne também se encontrava no quarto, segurando uma vela, enquanto Mary Kennedy, ansiosa, rodeava perto da porta.

Bridget Cleary lutava e protestava enquanto seu marido tentava lhe forçar o "remédio" goela abaixo. William Simpson ouviu quando ela "gritou um pouco" e disse que ela parecia estar sentindo dores. Ela pedia aos homens que a largassem. Queixava-se de que o remédio era amargo, e cerrava a boca para resistir a tomá-lo.

Quando Michael Cleary estava sendo julgado pelo assassinato da esposa, em julho, foi assim que o *Irish Times* relatou a descrição feita por Johanna Burke da cena do crime:

> Cleary estava dando remédio a ela — algumas ervas em uma colher. Bridget Cleary relutava. Ela dizia que era amargo demais. Quando Cleary colocou o leite na goela de Bridget, tapou sua boca em seguida para evitar que ela o cuspisse. Ele dizia que, se o leite caísse no chão, ela não poderia ser trazida de volta das fadas. Cleary lhe perguntava se ela era Bridget Cleary ou Bridget Boland, esposa de Michael Cleary, em nome de Deus. Ele perguntou a ela mais de uma vez. E ela respondeu três vezes até que ele se desse por satisfeito.

William Simpson, que permaneceu junto ao fogo na cozinha, ouviu as perguntas serem feitas repetidas vezes, e disse que a enferma respondeu apenas em algumas delas. Por fim, Michael Cleary conseguiu forçar um pouco da mistura de ervas pela garganta da esposa.

Já era a terceira dose. Antes da chegada dos Simpson com Johanna Burke e Katie, Bridget Cleary tinha sido forçada a engolir a mistura duas vezes. William Simpson e a esposa também notaram uma leve marca de queimadura na testa de Bridget. O grupo alegou ter brandido um atiçador de fogo em frente ao rosto dela na primeira ocasião em que tentaram incitá-la a tomar a mistura. Ao que parece, Johanna Burke estava presente quando isso aconteceu, pois no julgamento de julho ela se lembrou de que Jack Dunne tinha aquecido o atiçador no fogo da cozinha e o levado até a cama.

Ferro e fogo são armas bem conhecidas contra as fadas. Outra delas é a urina humana, muitas vezes misturada a excremento de galinha, mencionada com frequência, embora de forma breve, em coleções publicadas de folclore irlandês e nos arquivos da Coleção do Folclore Irlandês — algumas versões especificam que a urina e a titica de galinha deveriam ser jogadas na mulher raptada pelas fadas a fim de completar o resgate. Além disso, os homens que foram ao Forte Kylenagranagh após a morte de Bridget Cleary para vê-la passando a cavalo também estavam munidos de facas de cabo preto.[120] Alguns jornais replicaram as falas de testemunhas, as quais disseram que "vinho e água" foram jogados em Bridget Cleary enquanto ela estava deitada na cama, outras mencionaram "um líquido nocivo", e alguns citam urina em específico. Certamente eles se referiam à urina. William Simpson disse que Mary Kennedy levou água para o quarto quando Cleary a chamou, mas eis seu testemunho, conforme relatado no *Cork Examiner*:

> Havia uma velha caneca preta ao lado da cama. "Mary", disse ele, "pegue aquela caneca para mim."
> "Você quer isto para quê; é para afogá-la?" Eu estava entregando a caneca a ele, quando ele a arrancou da minha mão. Ele jogou então no rosto dela e a afogou [encharcou].

De acordo com William Simpson, Bridget Cleary foi molhada assim três ou quatro vezes enquanto ele estava na casa. Depois que engoliu as ervas pela terceira vez, um homem a segurou de cada lado da cama, a ergueu e se pôs a sacudi-la para frente e para trás:

> As pernas [dela] ainda estavam sobre a cama, e os homens agarraram seus braços e sua cabeça de ambos os lados, levantaram seu corpo e danaram a retorcê-lo para frente e para trás.[121]

Enquanto tudo isso era feito, todos gritavam juntos: "Vá embora; volte para casa, Bridget Boland, em nome de Deus!". Os homens estapeavam as mãos dela, ou a faziam bater palmas. Bridget Cleary "berrava, apavorada".

Ao longo dessa ação brutal, e da violenta alimentação forçada com ervas e colostro, os homens que estavam reunidos ao redor da cama de Bridget continuavam a perguntar: "Você é Bridget Boland, esposa de Michael Cleary, em nome de Deus?". Ela provavelmente não conseguiu responder ou não foi efusiva o bastante, porque tanto Johanna Burke quanto William Simpson testemunharam que Jack Dunne teria dito: "Aumentem o fogo e nós faremos com que ela responda".

O fogo ardia lentamente na grelha da cozinha. Nenhum combustível foi acrescentado à chama, mas os homens que estavam imobilizando e depois "sacolejando" Bridget Cleary na cama logo a levantaram e a levaram até a lareira: Jack Dunne ainda a segurava pela cabeça, mas agora James Kennedy, que tinha estado o tempo todo ao lado da cama, a pegava pelos pés. Michael Cleary acompanhou o grupo munido da colher e da caçarola, e o pai de Bridget mudou de posição para segurar o corpo da filha longe do gradeado da grelha. Bridget Cleary estava consciente e, ao que tudo indica, tinha noção dos acontecimentos: Minnie Simpson e o marido a ouviram dizer aos homens para "não fazer dela um arenque defumado", e para "dar-lhe uma chance". Era quase como se ela estivesse zombando deles. William Simpson se recordou:

> Eu me lembro da posição em que ela estava; consigo ver tudo na minha frente agora; a cabeça estava à esquerda da grelha, e o quadril direito repousava no gradeado; as pernas estavam um pouco projetadas para fora.

Ele ainda disse que, quando colocada na grelha, "não demonstrou estar sofrendo. Ela não gritou".

Simpson ouviu as pessoas dizerem que, se as perguntas não fossem respondidas até a meia-noite, a "verdadeira" Bridget Cleary estaria perdida para sempre. Àquela altura, já passava das onze e meia. Junto à lareira, Patrick Boland soltou o corpo da filha por tempo suficiente para perguntar-lhe mais uma vez: "Você é a filha de Patrick Boland, esposa de Michael Cleary? Responda, em nome de Deus".

"Eu sou, papai", respondeu Bridget Cleary, de acordo com os depoimentos de Simpson. Seu marido então fez uma pergunta semelhante e ela respondeu outra vez: "Eu sou a filha de Pat Boland, em nome de Deus!". Ela ficou na lareira por cerca de dez minutos no total. Então a carregaram de volta para a cama.

Passava da meia-noite, e a atmosfera na casa tinha mudado. Bridget Cleary continuava aflita: agora ela revirava os olhos. Minnie Simpson disse que a mulher estava "delirando, falando coisas sem sentido", enquanto William Simpson a ouviu dizer algo sobre "sair dali e voltar para casa". Johanna Burke descreveu sua prima como "selvagem e enlouquecida", mas os homens estavam mais relaxados. "Eles estavam satisfeitos por terem conseguido o que queriam", de acordo com William Simpson — o que significava que a mulher diante deles era Bridget Cleary, e não um *changeling*. "Todos eles estavam encantados com isso", disse ele, enquanto os homens asseguravam um ao outro que o tratamento havia funcionado.

Se o objetivo do exercício era destruir a determinação de uma mulher que não seguia as expectativas sociais, então parecia ter funcionado: de volta à cama, Bridget Cleary devia ser uma visão patética, com a camisola e o chemise cheios de fuligem e urina. Os homens agora estavam contidos, enquanto as mulheres se movimentavam para ajudá-la. William Simpson ouviu Mary Kennedy e Johanna Burke dizerem que deveriam colocar roupas secas nela. A tortura tinha dado lugar à domesticidade, pois Johanna Burke providenciou uma nova camisola, a qual ela secara às pressas na frente do fogo, e Minnie Simpson ajudou Mary Kennedy a remover a roupa suja de Bridget Cleary e a vesti-la com a peça limpa.

Quando a roupa de Bridget foi trocada, os homens se reuniram de novo ao redor da cama, mas menos ameaçadores desta vez. Michael Cleary apontou para eles, um a um, perguntando a sua esposa se ela os reconhecia, e ela foi capaz de responder com clareza. "As pessoas então começaram a consolá-la", contou Minnie Simpson, "dizendo que agora ela ficaria bem." Mas William Simpson se lembra de que Bridget Cleary perguntou-lhe "o que a polícia estava fazendo lá, e por que a cozinha estava cheia de fumaça?". "Eu disse que eles tinham vindo para vê-la; ela me perguntou quem eram eles, e eu respondi que eram o sargento de Cloneen e o policial Morgan. Ela então fez um comentário a respeito deles, dizendo que eram homens simpáticos ou algo assim." O coronel Evanson, magistrado residente em Clonmel, ficou intrigado com o depoimento. "Se eles não haviam estado lá", perguntou Simpson, "o que você pretendia ao dizer a ela que estavam?"

"Acalmar a mente dela", respondeu Simpson.

De acordo com o testemunho de Jack Dunne, os homens que levaram Bridget Cleary para o fogo da cozinha e a seguraram acima dele "não a queimaram". Tal declaração foi corroborada por várias pessoas que estiveram presentes: testemunha após testemunha confirmou que o fogo era fraco, e que segurar Bridget Cleary acima dele não lhe causou nenhum dano físico. Johanna Burke afirmou que tinha feito o fogo com cepos verdes de espinheiro-branco, que não incineravam rapidamente, a menos que estivessem secos, e que ela não tivera qualquer intenção de queimar sua prima; ela só queria fazer chá. Minnie Simpson apontou que a parte inferior da fogueira estava acesa, mas a parte superior não: "Acho que não seria suficiente nem sequer para ferver uma chaleira", disse ela. Katie Burke viu tudo o que se passou: "Michael Cleary e John Dunne levaram-na para a fogueira para assustá-la. Eles a deixaram lá apenas alguns minutos. Quase não havia mais fogo". Uma pequena marca de queimadura foi encontrada na camisola de flanela de Bridget, a peça foi devidamente apresentada no tribunal, e William Simpson causou frisson quando mencionou ter sentido cheiro de queimado. William Kennedy havia esfregado a camisola entre os dedos na lareira, talvez para apagar uma faísca, mas não houve outras evidências de queimaduras na noite de quinta-feira.

Tais testemunhos horrorizaram os leitores dos jornais publicados em Clonmel, Cork, Dublin, Londres e Manchester, que leram a respeito nos dias 25, 26, 27 e 28 de março, não muito depois de o corpo grotescamente queimado de Bridget Cleary ter sido descoberto em uma cova rasa. Os relatos dos jornais transmitiam o terror que Bridget Cleary deve ter sentido. A imagem pintada foi de crueldade, mas também de uma premeditação arrepiante por parte dos homens que conduziram o tratamento, e uma apatia incompreensível dos presentes. Ao saber que a pobre infeliz tinha morrido devido a queimaduras, só restou aos leitores — e aos jornalistas — interpretar que ser segurada sobre a grelha fazia parte da causa de seus ferimentos fatais: uma sádica e sistemática tortura com fogo. Um editorial no *Dublin Evening Mail* de 25 de março deu o tom:

[A] História da Bruxaria não contém nada mais horripilante do que as crueldades praticadas contra Bridget Cleary por um grupo de pessoas que agiu sob a impressão de que a coisa gritante que elas estavam queimando com ferros fumegantes e segurando em cima do fogo, e, além disso, maltratando, não era um ser humano nem a mulher que elas conheciam bem, e sim um demônio que tinha tomado posse de seu corpo. Onze pessoas estão detidas por tal crime, dentre elas o marido da vítima, Michael Cleary, e um médico chamado Ganey, responsável pelas ervas que a infeliz foi brutalmente obrigada a engolir. No dia 14 deste mês, uma longa série de atos cruéis culminou em atrocidades que se revelaram fatais, e que foram testemunhadas por uma multidão de "vizinhos", dos quais nenhum interferiu, fosse por atitude ou palavra, para oferecer auxílio à vítima da superstição.

Como sabemos, Bridget Cleary ainda estava viva até a noite de sexta-feira, 15 de março. Na véspera, quinta-feira, ela foi manejada de forma cruel, e a declaração "queimando [a coisa gritante] com ferros fumegantes" parece dar um tom exagerado ao drama que se desenrolou, mas é difícil imaginar que alguém pudesse ter previsto o que ainda estava por vir.

Todas as testemunhas foram assertivas e unânimes sobre os atos daqueles homens e reconheceram que ninguém tentara detê-los, mas diferiram fortemente sobre quem estava dando as ordens. Jack Dunne se colocou como alguém que apenas seguiu as instruções de Michael Cleary, enquanto a maioria das outras pessoas no grupo alegou que Dunne era o líder, mas pode ser que qualquer uma delas, ou todas, possam ter optado por fazer com que ele, ou mesmo Michael Cleary, fosse o bode expiatório em diferentes momentos. A presença na casa implicava a todos no que pode ter começado como uma provação defensável, ainda que deveras cruel, mas que acabou em assassinato, e cada um ali obviamente ansiava para se desvencilhar da responsabilidade.

Em retrospectiva, sabíamos que não era o fim da história, mas, para aqueles presentes, parecia que a coisa toda havia chegado a uma conclusão satisfatória por volta da meia-noite de quinta-feira. Bridget Cleary tinha sido severamente maltratada, e parte da linguagem adotada no evento mostra que seu marido estava um tanto descontrolado, mas, apesar de tudo, um processo ritualístico de cura havia sido concluído três vezes, e assim uma espécie de catarse foi alcançada. Muitos procedimentos da medicina ortodoxa no final do século XIX teriam exigido a imobilização forçada do paciente; a mistura de ervas pode ter tido algum efeito sobre a condição respiratória de Bridget Cleary, e até mesmo o ritual sombrio de segurá-la sobre o fogo poderia ter origem em alguma terapia tradicional para a febre. No entanto, é certo que Michael Cleary estava envolvido em uma espécie de batalha psicológica, embora seja difícil dizer contra quem. Ele pode ter pensado que a esposa, doente como estava, era sua adversária, mas pode muito bem ter enxergado Jack Dunne, ou Johanna Burke, ou mesmo William Simpson como seu algoz.

Michael Cleary não tinha parentes por perto, até onde os registros mostram; aliás, seu pai tinha acabado de falecer, e o local ficava a duas horas de caminhada. Por mais de uma semana os parentes de sua esposa ficaram entrando e saindo de sua casa, balançando a cabeça pesarosamente e fazendo insinuações sombrias sobre o estado de saúde de Bridget. A sugestão de que ela estaria com as fadas era uma grave censura a ele e ao seu casamento, que era, lembremos, desprovido de filhos. Era também um casamento incomum, visto que durante anos Cleary continuara a trabalhar em Clonmel, visitando a esposa apenas nos fins de semana. Em uma explosão diante dos magistrados em Clonmel, Michael Cleary negou que a prima de Bridget, Johanna Burke, tivesse sido amiga dele ou de sua esposa, e descreveu como ela e o pai, Richard Kennedy, foram grande fonte de irritação para ele naquele período:

> Trabalhei aqui na cidade de Clonmel quatro anos atrás, e o pai dela, que agora está morto, e ela mesma não faziam outra coisa senão sujar a minha reputação para a minha esposa pelas minhas costas. O pai de Johanna costumava dizer: "Ah, duvido que ele volte para casa agora; ele tem muitas mulheres onde está. Duvido que ele vá fazer um esforço para vê-la".

Mas Michael Cleary não era o único cuja fidelidade estava em xeque. Havia rumores, ainda lembrados na região de Ballyvadlea, de que Bridget Cleary tinha um amante. Jornais relataram que seu marido declarara que "ela costumava encontrar um entregador de ovos na estrada de baixo". Patrick Power, fazendeiro local que havia sido criança quando uma geração mais velha ainda se lembrava de tais eventos, ouvira fofocas de que Bridget, na verdade, estava "envolvida" com o socorrista William Simpson. Quando os comerciantes locais se recusaram a servir Simpson, diz-se que Bridget Cleary começou a fazer as compras por ele, por isso todos estavam convencidos de que o relacionamento tinha algo mais. Tanto William Simpson quanto Bridget Cleary estavam na casa dos 20 anos; ambos foram descritos por várias fontes como sendo ambiciosos, inteligentes, sexualmente atraentes e altivos; pode ser que ambos também estivessem insatisfeitos no casamento. A esposa de Simpson era dez anos mais velha do que ele e, em uma sociedade que valorizava os filhos homens, tinha tido apenas duas meninas, enquanto Bridget Cleary era casada com um homem nove anos mais velho, e seu casamento era desprovido de filhos. Para a bela jovem modista, o socorrista, com o bigode bem aparado e que vestia uma camisa de gola engomada em ocasiões formais, pode ter sido mais atraente do que seu marido tanoeiro.

Uma história contada a Edmund Lenihan, no condado de Clare, sobre a famosa curandeira Biddy Early, nos dá outra pista sobre o significado das atividades daquela noite. Biddy Early, ao que parece, não era popular entre as mulheres, que se ressentiam do tempo que os maridos passavam bebendo uísque com ela:

> Os maridos saíam e bebiam, e voltavam para casa embriagados. E com isso fizeram com que as mulheres a seguissem e a queimassem; quando ela se casou pela quarta vez, elas levantaram suas roupas e a queimaram nas nádegas. Eles causaram isso, fizeram as mulheres tomarem asco dela.

Talvez queimá-la nas nádegas tenha sido um castigo pela má conduta sexual?[122]

Sem dúvida o comportamento de Michael Cleary na cama de sua esposa naquela noite de quinta-feira teve algum tipo de desvario. As pessoas falavam de Bridget Cleary; ela era uma mulher atraente e assertiva, que desfrutava de um nível mais alto de independência pessoal e econômica do que a maioria de seus pares. Aqueles que tinham inveja dela ganhavam certa satisfação ao vê-la castigada por doenças, enquanto as histórias sobre seu sequestro pelas fadas poderiam ter sido mero eufemismo para apontar suas atividades extraconjugais. O sucesso de Michael Cleary como tanoeiro, e sua prosperidade econômica, seriam de pouca utilidade para ele caso não fosse capaz de convencer os vizinhos e os parentes de sua esposa de que ele era homem suficiente para sustentá-la e até mesmo para controlá-la.

A casa ficou quieta depois que Bridget Cleary foi colocada de volta na cama por volta da meia-noite; finalmente o chá estava pronto, e Jack Dunne bebeu um pouco. Michael Kennedy acordou no quarto de Patrick Boland e então se juntou aos irmãos e aos demais vizinhos na cozinha, onde ele se sentou sobre a mesa por um tempo, pois não havia cadeiras desocupadas. Os visitantes ficaram até perto da uma hora da manhã, quando os quatro irmãos Kennedy enfim partiram para o velório em Killenaule. Michael Cleary se recusou a acompanhá-los, mas pediu que dissessem à sua mãe que ele "tinha resgatado sua esposa das fadas". Jack Dunne e o jovem William Ahearne partiram em seguida, por volta das duas da manhã, mas os Simpson permaneceram, assim como Mary Kennedy, Johanna Burke e Katie Burke. E assim todos ficaram sentados conversando até o amanhecer, por volta das seis da manhã, "falando com a sra. Cleary e lhe dando bebidas quando ela chamava... tentando colocá-la para dormir", conforme testemunhou William Simpson. "Ela estava nervosa e não concatenava ideias", lembrou Johanna Burke, e não dormiu em momento nenhum.

Simpson e a esposa foram para casa antes do nascer do sol. Mary Kennedy também foi para sua casa na ponte Ballyvadlea, levando consigo a exausta Katie, e Michael Cleary foi a Drangan para chamar o padre Ryan mais uma vez. Como disse William Simpson: "Eles pensavam haver alguns espíritos malignos na casa e queriam a celebração de uma missa para bani-los".

6

Ela queima

Por volta das sete da manhã de sexta-feira, 15 de março, Michael Cleary chegou a pé à casa do padre Con Ryan, em Drangan. O padre havia ministrado a extrema-unção a Bridget Cleary dois dias antes, mas ele se recusara a comparecer uma segunda vez quando convocado na manhã de quinta-feira. Agora ele recebia novos apelos para que fosse a Ballyvadlea.

"Ele me disse que a noite dela havia sido muito ruim, e me pediu para ir à casa para rezar uma missa", contou o padre ao coronel Evanson, o magistrado titular, em 1º de abril.

"Você foi?"

"Sim. Eu o segui a cavalo e cheguei por volta das 8h15. Meu cavalo foi levado para a casa do sr. Shea, de Garrangyle, na vizinhança." Os fazendeiros, diferentemente dos agricultores e artesãos, tinham cavalos. Os chalés dos novos trabalhadores, embora equipados com chiqueiros e banheiros, não tinham estábulos. Nem os padres costumavam fazer visitas sociais, somente pastorais, a tais casas. Garrangyle, ou Garrankyle, é a cidadela logo ao sudoeste de Ballyvadlea. A declaração do censo de 1901 não mostra nenhum Shea vivendo lá além de um Thomas Shea, fazendeiro, de 71 anos. De acordo com os dados, ele compartilha uma casa de segunda classe em Ballyvadlea com sua esposa, Anne, de 73 anos, e a filha Bridget, solteira, de 30 anos. Todos eram católicos e sabiam ler e escrever; na moradia também vivia Edmond Connors, de 28 anos de idade, empregado da família, solteiro.

O padre Ryan celebrou a missa no quarto de Bridget Cleary e lhe deu a Sagrada Comunhão. Ele contou ao coronel Evanson e aos demais magistrados que, embora ela parecesse "mais nervosa e agitada" na manhã de sexta-feira do que na quarta-feira quando ele a visitara, "a conversa da sra. Cleary foi coerente e inteligente, apesar do evidente estado de agitação e desvario". No total, ele passou menos de uma hora na casa. Antes de concluir sua visita, ele disse que a "srta. Shea" chegou para chamá-lo para descer e tomar o café da manhã. Aqui ele devia estar se referindo a Bridget Shea, então com 24 anos, que tinha aparecido para oferecer ao padre a hospitalidade de seu lar, que embora fosse uma construção de barro com teto de palha, era uma moradia robusta, com cinco quartos e sete dependências.[123]

Ao deixar o chalé, o padre perguntou a Michael Cleary se ele estava ministrando à esposa o remédio receitado pelo médico. Cleary respondeu que não tinha fé na prescrição do médico. "Eu disse que era uma pena", lembrou o padre Ryan, "fazer o médico ter esse trabalho todo e não usar o remédio dele. Eu lhe disse que achava que o remédio era bom. Eu o provei e o cheirei, e disse que ele deveria dar a ela. Cleary então falou: 'Às vezes as pessoas têm remédios melhores do que o remédio do médico', ou algo assim."

Em seu apelo escrito na prisão, citado no Capítulo 4, Michael Cleary alegou que o padre não aprovava o remédio que o dr. Crean prescrevera, e que se referira ao médico como um "bêbado constante". O testemunho do próprio padre Ryan parece contradizer o de Cleary, mas pode ser que a classe média tenha se unido a fim de proteger a reputação do médico do dispensário, assim como os Guardiões da Lei dos Pobres tentaram fazer nos meses seguintes. A solidariedade da classe média explicaria também o relato do padre Ryan ao tribunal em relação a sua visita de sexta-feira, e à afirmação de que ele aconselhara Michael Cleary a ministrar o medicamento à esposa conforme prescrito. Mas isso não significa que ele não tivesse mencionado a embriaguez do dr. Crean a Michael Cleary na quarta-feira, conforme o próprio Cleary afirmava. De qualquer modo, é evidente que entre quarta e sexta-feira, Michael Cleary havia perdido toda fé outrora existente no poder do remédio prescrito pelo médico do dispensário para curar sua esposa. Depois que o corpo de Bridget foi descoberto, o jornalista do *Cork Examiner* encontrou uma garrafa de água mineral em um canto do chalé vazio.

> Estava manchado com um líquido espesso e amarelado; medicamento prescrito pelo médico das fadas, mas nunca usado — assim me disse William Simpson. A posologia no rótulo impresso era: "Quatro colheres de chá diluídas em um pouco de água, três vezes ao dia".

Mas é claro que esse deve ter sido o medicamento prescrito pelo dr. Crean, e não por Denis Ganey. Os doutores das fadas não usavam rótulos impressos, e o remédio de Ganey — ervas fervidas em leite fresco — tinha, como vimos, sido ministrado na quinta-feira, um dia antes da morte de Bridget Cleary, enquanto a "cura dos sete", adquirida em Fethard, tinha sido administrada na quarta-feira.

Enquanto o padre Ryan celebrava a missa no quarto dos Cleary na sexta-feira de manhã, Johanna Burke estava na cozinha; ao que tudo indica ela havia ido à casa depois que os outros saíram de madrugada, tendo ficado com sua prima enquanto Michael Cleary ia a Drangan buscar o padre. Em março de 1895, ela estava cuidando de sua filhinha de apenas oito semanas, a mesma criança que, como vimos, ficou aconchegada em seus braços durante todo o inquérito dos magistrados. Os registros sobreviventes não fazem nenhuma menção a um bebê naquele momento, mas é de se imaginar que a criança, que também se chamava Johanna, assim como a mãe, estava com ela na casa dos Cleary. O padre Ryan mencionou ter visto Michael Cleary, Patrick Boland (que já deveria ter voltado de Killenaule) e uma vizinha chamada senhorita ou senhora Nagle na casa durante sua visita.

Assim como o padre Ryan, Johanna Burke relatou aos magistrados que a mulher doente "parecia nervosa".

"E ela se levantou durante a missa?"

"Não, ela estava distraída. Eu sei que ela não engoliu a hóstia consagrada. Eu a vi tirá-la da boca. Foi por isso que percebi que ela não estava em sã consciência."

Durante o inquérito dos magistrados, Michael Cleary e Denis Ganey foram assistidos por um advogado de Clonmel, Richard J. Crean, de Abbey Street. Talvez fosse parente do médico do dispensário de Fethard, mas o sobrenome não é incomum. Ele realizou o exame cruzado do padre Con Ryan sobre ter administrado a Sagrada Comunhão. O padre respondeu que não havia ninguém no quarto naquele momento além de Bridget Cleary, ele mesmo e o rapaz que auxiliava na missa.

"Seria verdade se uma testemunha jurasse que Bridget Cleary tirou a Santa Comunhão da boca e não a engoliu?"

"Eu não gostaria de jurar que é inverídico, mas não creio que seja verdade", respondeu o padre Ryan. Ele prosseguiu dizendo que nunca tinha ouvido nada que desabonasse Michael Cleary. O inspetor distrital de Wansbrough interveio naquele momento para ressaltar que a porta do quarto estava aberta durante a missa. O padre teria ficado de costas para sua pequena congregação, sendo assim não estaria em uma posição favorável para ver quem estava lá, ou o que estariam fazendo; entretanto, os que estavam na cozinha conseguiam visualizar o que estava acontecendo no quarto. "Se algum católico visse Bridget Cleary retirar a Santíssima Eucaristia da boca", lembrou o padre Ryan aos magistrados, "ele teria de me dizer imediatamente, para que eu pudesse salvar a Espécie Sagrada da profanação."

Nas audiências de verão, em julho de 1895, o juiz William O'Brien, um dos sete únicos juízes católicos no banco irlandês, interrogou Johanna Burke a respeito da Sagrada Comunhão: "Você viu alguma coisa que a levou a acreditar que a sra. Cleary não tinha engolido a hóstia sagrada?".

> Não, mas ela me disse: "Padre Ryan colocou algo em minha boca para me salvar", e então colocou o dedo na boca e falou: "Olhe, Han", tirando alguma coisinha de dentro da boca e esfregando-a no cobertor. Depois perguntei a Mike Cleary se o padre Ryan havia comungado com Bridget, e ele me contou que o padre Ryan o havia chamado lá fora e perguntado se a missa era para Bridget. Ele respondeu "Sim", e o padre Ryan disse: "Se sim, eu darei a comunhão a ela".

Essa era uma prova circunstancial de que Bridget Cleary havia retirado a hóstia da boca com os dedos — algo estritamente proibido pelos ensinamentos católicos —, mas também poderia ser indicativo de um sacrilégio muito maior, e um que cheirava a ritual de magia.

O testemunho de Johanna Burke foi crucial para o caso contra Michael Cleary e vários outros acusados, incluindo a mãe e os quatro irmãos dela. No entanto, esse testemunho deve ser encarado com cautela, pois frequentemente soou confuso, e, por vezes, um tanto deliberado. Johanna Burke era apenas alguns anos mais velha do que Bridget Cleary, mas levava uma vida muito diferente de sua prima, e tinha todos os motivos para ter inveja dela, como de fato as explosões de Michael Cleary no tribunal sugeriram que tivesse. Seu depoimento, prestado perante William Walker Tennant, do Castelo Ballinard, logo após o desaparecimento da prima, continha pelo menos uma mentira gritante, pois afirmara que Bridget Cleary havia passado por ela para sair de casa na sexta-feira à noite e não tinha sido vista desde então. Por isso, quando o corpo foi encontrado, Johanna Burke foi presa. É provável que a polícia tenha aproveitado a ocasião para informar as possíveis consequências para ela e para seus filhos caso ela fosse considerada culpada, bem como a proteção e outros incentivos que poderiam ser oferecidos se ela aceitasse colaborar, pois eles precisavam de uma testemunha. Johanna Burke logo virou testemunha de acusação e comprou a própria imunidade, à custa da própria família e dos vizinhos.

Claro, as inconsistências nos depoimentos que Johanna Burke prestou no tribunal podem ter acontecido por medo, mas mesmo enquanto Bridget ainda estava viva, na quinta e na sexta-feira, Johanna Burke parece ter se comportado de forma dissimulada. Houve, por exemplo, confusão e discordância significativas em torno da questão se ela havia ou não sido paga pelo leite levado para a casa. Sua sugestão de que Bridget Cleary tinha "esfregado algo no cobertor" depois de receber a Sagrada Comunhão lembra um pouco dessa discussão. Em suas declarações, ela falou que Bridget lhe surrupiara um xelim na sexta-feira, o qual havia sido dado por Michael Cleary, e colocado a moeda debaixo dos cobertores antes de devolvê-la. Michael Cleary havia acusado a esposa naquela noite de esfregar o xelim na coxa — insinuação que Bridget Cleary rebatera com raiva, dizendo que "Não havia feitiçaria sobre ela!" — para se referir a feitiçaria, ela utilizou o termo *pishogue*.

Embora aqui a conexão não pareça explícita, *piseog* é uma forma diminutiva da palavra irlandesa para vulva, *pis* ou *pit*. O termo *piseog* também pode carregar o significado muito específico de magia simpática malévola, quando algo orgânico é escondido e deixado para apodrecer no terreno de um terceiro. Essa crença, amplamente defendida e que ainda prevalece em alguns lugares, diz que, como resultado, o bem-estar da pessoa alvo do feitiço iria se deteriorar. Assim como acontece no caso dos bonecos vodu, não é difícil entender o efeito psicológico arrasador que essa prática teria, ao mesmo tempo que, obviamente, ela também serviria para espalhar infecções e doenças entre animais e pessoas.

A conexão semântica do *piseog* com os lugares escondidos e tabus do corpo feminino é sublinhada na descrição abaixo, com base em um trabalho de campo antropológico realizado no final do século XX no norte do condado de Cork, não muito distante do sudeste de Tipperary:

> A prática consiste em fazer um *piseog*, que costuma ser um ninho de feno ou palha no qual é colocado um pedaço de carne ou ovos apodrecidos, ou um absorvente higiênico usado. Ele é então escondido no terreno da pessoa contra a qual se deseja usá-lo. A lógica da crença é que, à medida que o *piseog* apodrece, a boa sorte do agricultor também decairá. Quando esses *piseogs* são descobertos — e pode ser que, em alguns casos, eles sejam destinados a serem descobertos —, certos procedimentos são recomendados para descartá-los. O mais típico deles é bastante representativo. Primeiro, água benta é aspergida sobre o *piseog*, antes de se tocar nele, depois ele é erguido com uma pá improvisada, depois a pá e o *piseog* são queimados em uma vala ou no canto de um campo. Acredita-se que, ao ser queimado, um *piseog* desprenda chamas intensas e um fedor horrível. Por fim, é feita uma oração para os autores do feitiço e mais água benta é borrifada sobre a área. Em alguns casos de *piseogery*

muito ruim ou persistente, evoca-se São Bento para reforçar a proteção. Muitas vezes as medalhas de São Bento são abençoadas pelo padre ou pelos missionários e penduradas na casa e nas dependências da fazenda, ou enterradas nos campos. Em ataques ainda mais severos, o padre poderá ser chamado para rezar uma missa e abençoar a fazenda, seus anexos e os animais para assegurar proteção. Nesta área do condado de Cork acredita-se que as famílias que praticam *piseogery* morrem após uma ou duas gerações.[124]

O ritual de purificação, usado aqui em combinação com os adereços do catolicismo, oferece um contexto para o medo que Bridget Cleary inspirou com seu comportamento e sua doença, justificando assim a convocação do padre Ryan para rezar uma missa no quarto da enferma. Lembremos que aqueles acusados de confraternizar com as fadas em geral eram indivíduos excêntricos ou à margem da sociedade, e que muitas vezes não podiam ter filhos, de modo que o sobrenome de sua família acabava perecendo. O enorme repertório oral da narrativa irlandesa sobre as fadas reforça a ideia de que é um erro sacrificar a estabilidade a longo prazo no intuito de obter ganhos a curto prazo, ou colocar os interesses individuais acima dos comunitários. As pessoas invejosas que chegavam a ponto de esconder matéria podre na terra de um vizinho eram consideradas perigosas para todos, mas também eram consideradas um perigo as pessoas egoístas, ou impacientes, ou materialistas em demasia, ou que agiam, pelo motivo que fosse, com desprezo pelas gerações passadas e futuras. A descrição fornecida acima sugere também que a sexualidade das mulheres, quando não controlada dentro das progressões ordenadas de casamento e gravidez, era vista como terrivelmente poderosa.

Dizem que o predecessor do padre Con Ryan, padre John Power, era o sacerdote citado na seguinte anedota sobre Bridget Cleary, a qual foi contada ao historiador Thomas McGrath em duas ocasiões distintas em 1979. Esse relato sublinha a independência e a altivez pelas quais Bridget Cleary é lembrada, mas também evoca um cenário bem conhecido na tradição oral, que apresenta um confronto, muitas vezes envolvendo um cavalo, entre um padre e uma mulher reconhecida por ter poderes especiais.[125]

> A história conta que a sra. Cleary estava amassando batatas em seu quintal quando o padre local passou. O cão da sra. Cleary então atacou o cavalo do padre, que pediu a ela que detivesse o cão, mas ela sequer demonstrou reação, então o padre chutou o cão do seu caminho. A sra. Cleary então reagiu jogando a água fervente das batatas nele. Quando isso aconteceu, o padre lhe disse para tomar cuidado, pois ela teria uma morte violenta — uma morte por fogo.[126]

O padre era o ministro de uma religião cujas doutrinas eram ditadas por Roma, mas também era creditado com poderosa magia e autoridade moral. Nas histórias sobre fadas, elas muitas vezes terminam sendo banidas por um padre, e uma missa ministrada em casa certamente poderia ser comparada ao poder de um exorcismo. Era uma forma decisiva de restabelecer a normalidade, um ritual de purificação. Em termos de dinâmica social, representava também um investimento substancial, simbólico e grande visibilidade na conformidade, pois as pessoas não sonhariam em pedir a um padre para rezar uma missa, em especial em uma casa particular, sem dar a ele uma bela recompensa financeira. Os cínicos comentavam sobre a natureza quase comercial dessas transações, e sobre a preferência que alguns padres demonstravam por aqueles que melhor poderiam gratificá-los, entoando o seguinte refrão: "Dinheiro alto, missa solene; dinheiro parco, missa mambembe; dinheiro zerado, missa inexistente!".[127] As tarifas para as missas eram bem conhecidas e estavam além dos recursos dos pobres, mas os Cleary não eram pobres e, ao convocar o padre em casa pela segunda vez, não esconderam o fato dos vizinhos.

William Simpson, adepto do protestantismo, amigo e suposto amante de Bridget Cleary, chegara a visitá-la novamente no final da manhã de sexta-feira, após a saída do padre. Ela estava na cama. Parecia mais fraca, de acordo com o relato dele, e ele havia achado a sua aparência mudada. Ela estava bebendo leite, Johanna Burke estava com ela, e o marido, Michael, estava do lado de fora da casa com Jack Dunne. Simpson perguntou a Bridget se ela o reconhecia. Ela disse que sim, então ele apontou para o cão dele, o qual ela também reconheceu. Essa foi a última vez que ele a viu com vida.

Quando outro vizinho, Thomas Smyth, chegou à casa de Bridget Cleary, Simpson já havia saído, mas Michael Cleary, Jack Dunne e Johanna Burke permaneciam lá. Ele era um fazendeiro, mas evidentemente de pequeno porte, pois, na época do censo de 1901, ele ainda morava em uma casa de colmo sem janelas em Ballyvadlea, as quais dividia com a filha de 23 anos, por coincidência, também chamada Bridget. Smyth, com 54 anos em 1895, estava lavrando em um campo perto da casa dos Cleary quando ouviu falar da doença de Bridget Cleary, então fez uma pausa no trabalho para visitá-la. Ele a conhecia desde bebê. "O rosto dela estava pálido e apagado", enquanto ela estava na cama, disse ele. "Perguntei-lhe como ela estava, e não consegui entender a resposta."

Vale a pena notar aqui que por vezes se acreditava que um lavrador chamado às pressas de seu arado tinha poderes especiais. Em um artigo sobre obstetrícia tradicional na Irlanda publicado em maio de 1849 no *Monthly Journal of Medical Science*, sir William Wilde escreveu:

> Em algumas localidades, quando o trabalho de parto era muito fatigante, não era incomum conseguir que dois ou três homens robustos sacudissem a paciente de um lado para o outro com violência; e, por alguma razão que sou incapaz de explicar, um lavrador era escolhido com mais frequência para tais propósitos; mas, para se mostrar eficaz, ele deveria ser tirado diretamente de seu arado.

O mesmo relato observa que "em casos de falta de atividade uterina... a urina do marido era considerada muito eficaz".[128] Bridget Cleary não estava em trabalho de parto, mas na noite anterior havia sido molhada com urina, e vários homens robustos se reuniram ao redor de sua cama para sacudi-la. É bem possível que quem quer que tenha contado a Thomas Smyth sobre a doença dela tivesse algo desse tipo em mente, pois os perigos do parto frequentemente eram relacionados à interferência das fadas, e a mortalidade materna poderia ser interpretada como um sequestro pelas fadas. Uma prática tradicional boliviana, notada por Jo Murphy-Lawless, sugere o porquê de as mulheres irlandesas serem sacudidas durante um parto complicado:

> Em um trabalho de parto lento... quando a demora está associada à posição errada do bebê, adota-se uma técnica de nascimento chamada *manteo*. A mulher é colocada sobre um cobertor, que é então segurado com firmeza nas quatro pontas pelo marido e outros três, e é gentilmente rolada para a frente e para trás no cobertor, um movimento que solta o bebê na pélvis e permite assim que ele gire espontaneamente ou seja virado por uma *partera* para uma posição mais favorável para o nascimento.[129]

Thomas Smyth permaneceu apenas dez minutos na casa dos Cleary, mas perguntou se a enferma estaria se alimentando, e lhe foi dito que sim. Ele "viu uma papa de aveia sendo preparada no fogo" para ela, e declarou no tribunal que "ela estava querendo um pouco".

Provavelmente era Johanna Burke quem devia estar preparando o tal mingau. Em algum momento, ela também lavou roupa. Os jornais unionistas — o *Irish Times* e o *Clonmel Chronicle*, por exemplo — disseram que ela "lavou algumas camisas", enquanto o *Freeman's Journal* e outras publicações nacionalistas falaram em "lençóis". A diferença não é relevante, mas serve para sublinhar as fontes distintas ouvidas pelos jornalistas das duas principais filiações políticas da época.

Por volta do início da tarde daquela sexta-feira, Johanna Burke testemunhou perante os magistrados:

> Eu vi Michael Cleary com uma latinha de café e ele me disse que havia 20 libras ali dentro; naquele momento, ele estava de pé ao lado da cama da esposa, e então entregou o recipiente a Bridget; ela tirou a tampa e eu vi as notas de dinheiro; ela amarrou o barbante em volta delas e me deu para colocá-la na caixa debaixo da cama; ela disse ao marido: "Mike, cuidado com isto; você não saberá a diferença

até ficar sem"; ela me pediu para tirar a caixa de debaixo da cama, o que eu fiz, e depois para colocar a lata no fundo da caixa e empurrá-la bem para o fundo.

Bridget Cleary se dirigia ao marido como "Mike", e mais tarde as provas demonstraram que ele a chamava de "Bridgie". A caixa mencionada por Johanna Burke provavelmente era o "baú de madeira de estilo antigo, forrado com papel", que o repórter do *Cork Examiner* vira na casa duas semanas depois, e que aparece debaixo da cama em uma das fotografias da RIC. No entanto, a lata de café cheia de cédulas não chegou a ser mencionada outra vez.

Em 1895, vinte libras era uma soma significativa para uma mulher da origem de Bridget Cleary ou de Johanna Burke. Representava dois meses de salário para um médico de dispensário, dez meses para um agricultor, até um quarto do custo de construção de um chalé de trabalhadores na zona rural, ou quatro passagens de barco para os Estados Unidos. Michael Cleary devia ter sacado a lata com as economias do casal para pagar o padre por ter celebrado a missa em sua casa. Agora ele estava devolvendo o dinheiro ao seu esconderijo. Mesmo na doença, Bridget aparentemente era a mais minuciosa. Econômica e engenhosa, com suas galinhas e sua máquina de costura, as roupas elegantes e o chapéu de penas, era nítido que ela é quem administrava o orçamento doméstico do casal. E no início da tarde de sexta-feira, sua força parecia estar voltando; ela não estava mais febril e tinha se alimentado. Suas instruções ao marido e à prima sobre a lata cheia de dinheiro contradizem os relatos de divagação e incoerência apontados pelos visitantes na noite anterior e mais cedo naquele dia. Mas, em algum momento da tarde, de acordo com Johanna Burke, "a sra. Cleary perguntou ao marido se eu tinha sido paga pelo leite. Eu disse que sim e lhe mostrei o xelim, que ela pegou e colocou debaixo dos cobertores, devolvendo-o um minuto depois".

Esse xelim, que seria objeto de um desentendimento desastroso entre Bridget e Michael Cleary, era muito mais do que o valor de mercado do leite que Johanna Burke havia levado para a casa nos dias anteriores. Por coincidência, enquanto os eventos em Ballyvadlea estavam sendo investigados, a Comissão Real de Agricultura em Londres vinha acompanhando relatórios detalhados sobre as atividades da recém-criada Sociedade de Organização Agrícola Irlandesa e as tarifas dos produtos agrícolas. As novas cooperativas de laticínios eram capazes de fabricar quase meio quilo de manteiga a partir de dois galões e meio (vinte quartilhos) de leite, em oposição a uma média de três galões (24 quartilhos) para laticínios caseiros — porém, em 1893, o preço de meio quilo de manteiga havia caído de $11^{1/2}$d (pouco menos de um xelim) para pouco mais de 10d em 1894. Os toucinhos dos porcos irlandeses estavam sendo vendidos por pouco mais de $3^{1/2}$d a 4d por meio quilo.*

A parte relevante aqui é que Johanna Burke havia levado não apenas leite comum, e sim colostro, um leite mais caro e mais raro, e foi paga com um xelim, que era cunhado em prata, um metal nobre. Isso significa que a transação era incomum, e representava uma troca e alocação de poder simbólico. Acredita-se que o gesto de Bridget Cleary de esfregar o xelim na coxa, ou mesmo na vulva, antes de entregá-lo à prima, poderia ser interpretado como uma tentativa de reter ou desviar a "sorte" que deveria acompanhar o pagamento. Tal iniciativa, porém, não tinha necessariamente uma intenção sinistra: pode ter sido por mero instinto, do mesmo jeito que alguns católicos fazem o sinal da cruz com objetos dotados de importância emocional ou simbólica. Diferentemente do sinal da cruz, no entanto, o gesto de Bridget, especialmente diante da situação, poderia ser interpretado como uma prática pouco ortodoxa — *piseogery* — e, portanto, não passou batido.

No final da tarde de sexta-feira, Johanna Burke deixou a casa dos Cleary para retornar à própria casa em Rathkenny a fim de buscar mais leite, a pedido de Bridget Cleary. Ao chegar em frente à casa, encontrou sua mãe, Mary Kennedy, e sua filha Katie subindo a colina com uma vizinha, Johanna Meara. Tempos depois a criança viria a prestar depoimento perante os magistrados a respeito desse dia:

---

* A Libra Esterlina, moeda oficinal do Reino Unido, só adotou o sistema decimal em 1971. Antes disso, uma libra (£) equivalia a 20 xelins (s), e cada xelim, a 12 pences (d). Assim, uma libra era equivalente a 240 pences. Na escrita, são representados em ordem decrescente, com seus respectivos símbolos ou com os números separados por pontos. [NT]

> Eu fui lá na noite seguinte. Fui com Johanna Meara, e encontrei minha avó; ela subiu comigo; não sei que horas eram, mas ainda era dia; minha mãe estava saindo da casa dos Cleary, e então fui com ela para sua casa; depois nós voltamos para a casa dos Cleary e entramos.

O pôr-do-sol naquela sexta-feira à tarde se deu às 18h28. Mary Kennedy testemunhou que ela e Johanna Meara entraram na casa juntas, e se sentaram ao lado da cama de Bridget Cleary:

> A sra. Burke tinha ido buscar leite e a criança estava com ela. Johanna Meara entrou, e nós duas nos sentamos ao lado da cama com Bridget Cleary, e quando Johanna Burke chegou com o leite, ela e a criança, deixou a garrafa na janela, e Bridget Cleary perguntou: "Você vai me dar um gole?".
> Michael Cleary estava sentado e respondeu que não daria, que ela poderia tomar um copo de água.
> Eu falei: "Que sustança um gole d'água dará à pobre criatura?". Então ele tirou a garrafa de leite da janela e a levou para longe, e não deu nem um pouco para Bridget.
> "Deixe para lá, Bridgie", comentei. "Hanney lhe dará um gole mesmo assim."
> Então ela não disse mais nada, mas comentou com Hanney: "Se eu tivesse Tom Smyth e David Hogan aqui, eles acertariam as coisas entre mim e Mick".

Thomas Smyth era o fazendeiro que havia interrompido seu trabalho no arado para visitar Bridget Cleary no início do dia. David Hogan aparece no censo de 1901 como sendo outro fazendeiro da região, ele tinha 40 anos de idade, era solteiro e alfabetizado. Morava em Garrangyle com a mãe viúva e duas irmãs. Tanto ele quanto Smyth eram católicos. A tensão agora envolvia a questão do leite na casa dos Cleary, e a relação entre Bridget e Michael estava nitidamente tensa. Como no encontro anterior descrito por Mary Kennedy, quando ela foi chamada pela primeira vez para visitar Bridget Cleary, na quarta-feira, não houve nenhum tipo de confronto aberto com o marido da sobrinha; em vez disso, Mary tentou reduzir a tensão e tranquilizar Bridget. Mais uma vez, a narrativa de seu testemunho, descrito pelos jornalistas como "divagante" ou "incoerente", tem uma vividez igualada apenas à de Jack Dunne. Não é coincidência que os dois, além de Patrick Boland, fossem os menos modernos de todos os envolvidos nos acontecimentos em torno de Bridget; eles ainda viviam em um mundo onde os significados eram expressos por meio da narrativa oral, não por abstrações fomentadas pela escrita.[130]

Michael Cleary não queria permitir que sua esposa bebesse o leite comprado pela prima. Comentaristas do caso, tanto na época quanto depois, ignoraram tal fato, tomando-o apenas como mais um exemplo do comportamento indelicado e irracional que levou Bridget Cleary a uma morte terrível. No entanto, ao levarmos em conta o severo desgaste psicológico sofrido por Michael Cleary durante muitos dias e noites, e a suspeita com a qual ele via Johanna Burke, em especial sobre a questão do xelim, fica mais evidente o temor específico de que sua esposa bebesse daquele leite.

Bridget Cleary, no entanto, parece ter ficado mais frustrada do que assustada com o comportamento do marido. Ela então pediu à prima que buscasse Thomas Smyth e David Hogan, dois homens que talvez pudessem fazer com que Michael Cleary ouvisse a voz da razão.

Por volta das oito horas da noite de sexta-feira, Johanna Burke caminhou até a casa de Smyth com a filha, Katie, e disse ao sujeito que Bridget Cleary pedia por sua presença. Elas não ficaram aguardando por ele, apenas prosseguiram para chamar David Hogan. Por volta das 20h30, os quatro chegaram juntos à casa dos Cleary. Johanna Meara e Mary Kennedy ainda estavam lá, e outro vizinho, Patrick Leahy, tinha chegado. O pai de Bridget Cleary, já um idoso, também se encontrava na casa naquele momento. Ele havia passado a noite anterior em claro, pois tinha ido e voltado a pé do velório do pai de Michael Cleary em Killenaule, então é possível que naquele momento ele estivesse na cama, no próprio quarto.

Michael Cleary levou Smyth e Hogan até o quarto da frente, onde Bridget estava apoiada em alguns travesseiros. "Tom Smyth e David Hogan chegaram", anunciou ele.

Na presença dos dois homens, Michael Cleary sacou um frasco, o qual ele afirmou conter água benta, e pediu que a esposa bebesse "em nome do Pai, do Filho e do Espírito Santo". Então — depois que ela aceitou tomar a água benta — deu a ela um copo de leite. Bridget voltou a ficar agitada, e talvez irritada. Smyth testemunhou a cena, embora não tenha observado nenhum tipo de marca no corpo dela. Nas palavras dele, "ela parecia estar muito perturbada e não parecia bem da cabeça". Fisicamente, no entanto, estava muito melhor. Depois que Smyth e Hogan deixaram o quarto, Michael Cleary os acompanhou até onde todos estavam sentados, perto do fogo na cozinha, e lhes disse que, "como tinha companhia, sua esposa iria trocar de roupa e se levantar".

O próprio Cleary entregou algumas roupas a Bridget, e Johanna Burke e Mary Kennedy ajudaram-na a se vestir:

> Ele deu a ela duas anáguas, e ela as colocou. Daí lhe entregou uma saia azul-marinho, um casaco azul-marinho e um xale branco de tricô. Então lhe deu os sapatos e a meia-calça.
>
> Eu perguntei [este é o testemunho de Mary Kennedy]: "Bridgie, você consegue se vestir sozinha?".
>
> "Sim", respondeu ela, saindo da cama, levantando-se e se vestindo.

Johanna Burke tinha o olhar mais aguçado para cores e tecidos do que sua mãe. Ela contou aos magistrados que, quando a prima se levantou naquela noite, ela vestira "uma anágua vermelha, uma anágua listrada, um vestido de flanela azul-marinho, um espartilho *stays* cinza (ou verde), um casaco de caxemira azul-marinho, meias e botas pretas", e que ela também usava um chemise comum de calicô.

Johanna Burke disse ainda que, enquanto trocava de roupa, Bridget parou de repente e gritou: "Os *peelers* estão na janela. Eles estão chegando; que se lembrem de mim agora", então Michael Cleary "pegou o penico [do quarto] e jogou o conteúdo sobre a cabeça e o peito dela; ele também jogou um pouco na janela onde Bridget disse ter visto os *peelers*". A testemunha pode, entretanto, ter confundido os acontecimentos de sexta-feira com os de quinta-feira à noite, pois cita quase as mesmas palavras que Bridget teria dito na quinta-feira, e nenhum dos outros presentes na casa na sexta-feira fez qualquer menção a esse incidente.

Quando Bridget Cleary enfim se vestiu, agora com a ajuda das outras mulheres, foi a primeira vez que se arrumava e se levantava desde o início da doença, onze dias antes. Perguntada pelos magistrados o porquê de sua prima ter trocado de roupa, Johanna Burke respondeu que era "para ganhar ânimo de se juntar às outras pessoas". Bridget Cleary usava ainda um par de brincos de ouro. Ela estava voltando a mostrar sua imagem habitual aos vizinhos — a imagem de uma jovem de sucesso e cheia de estilo.

Michael Cleary levou a esposa do quarto para a cozinha, junto à lareira, onde os visitantes estavam sentados. De acordo com Mary Kennedy:

> Ele a colocou sentada em uma banqueta, daí Bridget pegou a banqueta e a carregou um pouco [para mais perto da lareira]. Tom Smyth então perguntou a ela como estava se sentindo, e ela respondeu que estava mais ou menos, que o marido estava fazendo dela uma fada e um caso perigoso [acusando-a de ser um *changeling*].
>
> "Não ligue para ele, Bridgie", eu respondi a ela. "Não fique assim."
>
> "Depois", continuou ela, "eu mandei Han buscar leite, e Michael não quis me dar um gole, e eu nunca pedia por leite", disse ela, "sem que eu mesma fosse comprá-lo."
>
> Então eu falei a ela para segurar a língua e não dar atenção a ele, que não haveria de ser nada, que ela poderia beber mesmo assim. Ela não disse mais uma palavra.

De todos os aspectos da vida humana e do comércio tocados pelas crenças, narrativas e práticas tradicionais, nenhum foi capaz de manter sua conexão com a magia e o sobrenatural por mais tempo do que a produção de leite e manteiga. Em 1895, as novas cooperativas e leiterias privadas começaram a apresentar métodos científicos para a higienização de laticínios, regulando a temperatura e medindo o teor de gordura do leite. Mas os métodos do sistema vernacular para salvaguardar o leite e tentar controlar a alquimia da produção de manteiga eram articulados por meio de histórias e da prática ritualística. Já observamos alguns costumes associados ao parto e ao primeiro leite da vaca. O processo de batedura da manteiga também era cercado de precauções, algumas das quais eram práticas, enquanto outras tinham nítida função mnemônica ou de marcação. Por exemplo: o hábito de se amarrar uma fita vermelha ou um raminho de tramazeira na cauda da vaca, ou de mergulhar a pá de madeira para cima e para baixo na batedeira para agitar o creme, eram um lembrete para se tomar cuidado no procedimento, ao mesmo tempo em que tranquilizava ou advertia os outros sobre a vigilância da leiteira; também estimulava a contação de histórias cheias de lições para as crianças ou outros que pudessem perguntar por que a fita ou o raminho de planta estariam ali.

Muito depois que se tornou normal desprezar essa ideia de rapto por fadas, ainda se acreditava que certas mulheres poderiam adquirir poderes mágicos para roubar o "lucro" da manteiga feita pela leiteria de seus vizinhos. A véspera do mês de maio[*] — o ponto oposto ao Halloween no calendário — era o foco temporal da ansiedade em relação ao leite e à manteiga, e por isso a ocasião em que a maioria das precauções eram tomadas. As mulheres espalhavam prímulas nas portas de casa ou amarravam fios, trapos ou fitas vermelhas no rabo das vacas, entretanto o mais importante era que nada utilizado ali — ferramentas, equipamentos ou produtos agrícolas, e principalmente leite, produtos lácteos, fogo ou mesmo uma centelha para acender um charuto — poderia sair das instalações. Conta-se histórias sobre uma lebre vista mamando leite de vacas à noite; então um homem com uma arma atira na lebre e a deixa ferida, e ele a acompanha até uma casa onde encontra uma mulher velha sentada junto à lareira, sua perna sangrando. Para conseguir atirar em uma dessas bruxas que roubam leite, o caçador deve usar uma bala de prata — em geral feita de meio xelim de prata.[131]

---

[*] *May Eve* ou 30 de abril. Os antigos celtas reconheciam apenas duas estações do ano, verão e inverno, e o início de cada uma é marcado por dois festivais centrais, Beltane e Samhain respectivamente. No hemisfério norte, o Beltane é celebrado na virada de 30 de abril a 1º de maio, e o Samhain tem seu início no dia 31 de outubro. [NT]

Esse é o pano de fundo contra o qual Bridget Cleary justificara com tanta indignação que nunca havia pedido leite sem pagar por ele. Ainda faltavam mais de seis semanas para a véspera de maio, mas as vacas estavam parindo, e um novo ano de ordenha estava prestes a começar. Bridget Cleary não tinha vacas, mas vivia em uma região onde grande parte da terra era usada para a ordenha. Qualquer sugestão de que ela não estivesse cumprindo suas obrigações em relação ao leite seria equivalente a uma acusação de comportamento profundamente antissocial. Um tema recorrente das tradições orais em torno do leite é a violência (muitas vezes com simbolismo fálico) empregada na descoberta de uma pretensa bruxa, normalmente na forma de uma vizinha que nutre uma aversão secreta por seus contíguos.[132] Quando um atiçador de lareira em brasa era mergulhado na mistura do leite, "acreditava-se [que] a encantadora de amuletos que havia roubado a manteiga sofreria a agonia de um ferro quente sendo enfiado em sua genitália e assim teria de desfazer o encanto".[133]

No inquérito dos magistrados realizado após a descoberta do corpo de Bridget Cleary, e de novo no julgamento de verão em Clonmel no mês de julho seguinte, Johanna Burke foi questionada sobre a conversa ocorrida em frente à lareira da cozinha dos Cleary entre sua prima, Bridget, e o marido dela, Michael. Foi assim que ela respondeu às perguntas do coronel Evanson em 26 de março sobre as palavras ditas na ocasião:

> "O que ela disse?"
> "Ela começou a falar de várias coisas, e fez uma observação sobre um xelim que eu havia recebido."
> "Quando ela falava, suas ideias eram claras?"
> "Ele comentou que ela havia esfregado o xelim na própria perna, e ela pareceu aborrecida com isso; ela disse: 'Se eu dei o xelim a Hanna, não o esfreguei na minha perna. Não fiz *pishogues*. Eu já dei mais xelins a Hanna do que você pode imaginar'."

Johanna Burke afirmou apenas ter ouvido a conversa, mas Thomas Smyth se lembrou de ter havido uma disputa por causa de uma garrafa de leite e um xelim, e que Johanna Burke havia participado ativamente dela. Questionado pelo inspetor distrital Wansbrough sobre menções a *"pishogues"*, Smyth respondeu o seguinte:

> Acredito que sim. Bridget disse que nunca recebeu uma garrafa de leite nem nada, mas que pagou por ela. Daí perguntou a Johanna Burke: "Eu te dei um xelim?", e Johanna Burke respondeu que não. Bridget Cleary repetiu a pergunta e Johanna Burke negou pela segunda vez. Bridget Cleary então falou: "Deus seja louvado; não adianta eu dizer nada agora" e "Não há '*pishogues*' em mim", ou algo do tipo.

Tecnicamente, Johanna Burke pode ter querido dizer que Michael, e não Bridget, tinha pagado pelo leite, mas era nítido que cresciam as cismas em torno da mulher doente, e, à luz das sugestões feitas na noite anterior, de que ela era um *changeling* de fada, a negação de Johanna Burke poderia ser lida como um ato de repúdio desumano à prima. Sua ambivalência em relação a essa mulher que era apenas alguns anos mais jovem do que ela, porém muito mais independente, parecia estar expressa na vontade de cuidar da integridade física de Bridget Cleary, enquanto lhe negava o tipo de apoio psicológico concedido por sua mãe, Mary Kennedy.

Enquanto Thomas Smyth e David Hogan ainda estavam na casa, Bridget Cleary disse algo no sentido de que "eles me deixaram sozinha na estrada diante do quintal do Skehan". O forte circular de Kylenagranagh estava localizado nas terras cultivadas por um homem chamado Skehan. Ninguém parece ter reagido à afirmação de Bridget, embora tenha atraído a atenção do tribunal tempos depois.

Por volta das onze da noite, os irmãos de Johanna Burke — Patrick, James e William — voltaram do velório do pai de Michael Cleary e se juntaram à mãe, à irmã e à jovem sobrinha na residência dos Cleary. Ao entrar na casa, Patrick Kennedy viu sua prima próxima à lareira, usando o casaco e a saia azuis-marinhos, e o xale de lã branco. Ele caminhou até onde ela estava sentada, apertou sua mão e disse: "Bridgie, estou muito feliz em vê-la de pé". Os outros também a saudaram, e os três irmãos se sentaram, dois deles à mesa, o terceiro no canto sobre um banquinho baixo.

A casa se tornava cada vez mais cheia. Patrick Boland estava agora na cozinha junto da filha, do marido dela, da própria irmã, Mary Kennedy, quatro dos filhos dela e uma neta, além de vários vizinhos. Smyth e Hogan tinham ido embora pouco antes da meia-noite, junto a outro vizinho chamado Tom Anglin, que tinha estado na casa durante parte da noite. Patrick Leahy também havia passado lá mais cedo, na companhia do irmão e da mulher chamada Johanna Meara. Quando os homens partiram, a mesa estava livre. Johanna Burke então fez chá e cortou pão sob a luz da lamparina a óleo. Ela colocou um pote de vidro de geleia junto das xícaras azuis robustas dos Cleary.

Em depoimento, Burke disse que, pouco antes de fazer o chá, ouviu a continuação de uma discussão entre Bridget e Michael Cleary sobre *piseogs* e fadas. Nenhuma outra testemunha relatou ter ouvido algo assim, mas havia várias conversas em paralelo, e a maioria dos presentes estavam cansados. Bridget "pareceu ter ficado irritada" com a sugestão do marido de que ela havia esfregado o xelim na perna, então falou: "Sua mãe tinha ido com as fadas. É por isso que você diz que eu vou lá agora".

"Ela lhe disse que ia lá?", perguntou ele.

"Sim, disse; ela disse que deu [passou] dois dias com elas", foi a resposta.

Para Michael Cleary, foi arrasador ouvir tal acusação. O diálogo certamente virou a mesa sobre qualquer estratégia que ele pudesse estar empregando: ou para isolar a esposa e trazê-la de volta à linha, ou para restabelecer a normalidade de sua posição como um casal aos olhos dos vizinhos. Todos os seus esforços com a visita do padre e a garrafa de água benta que ele fizera a esposa beber na presença de Thomas Smyth não valeriam de nada se ele mesmo terminasse prejudicado pela associação a uma mãe que havia passado algum tempo com as fadas. Michael Cleary era um forasteiro: uma pessoa de outra comunidade cujo status entre os vizinhos de sua esposa era incerto, e, além disso, ele e Bridget não tinham filhos. Dizer que sua mãe tinha estado com as fadas lançaria dúvidas sobre tudo o que dizia respeito ao seu passado, desde a virtude até a sanidade de sua mãe a até mesmo sua própria fertilidade. A notícia da morte de seu pai havia chegado na noite anterior, e Michael Cleary não dormia há vários dias. A doença da esposa estava sanada, mas a tensão entre o casal permaneceu enquanto eles se sentavam à lareira em sua casa invejavelmente "moderna" durante a última hora da vida de Bridget Cleary.

Quando o chá ficou pronto, Bridget Cleary deu alguns poucos passos da banqueta junto ao fogo até uma cadeira junto à mesa. Todas as três cadeiras baixas de palha do tipo *súgán* que estavam na cozinha estavam ocupadas pelos visitantes quando ela entrara na sala pela primeira vez, e não era esperado que nenhum deles fosse lhe oferecer um assento. Agora ela estava sentada à mesa com o marido e Johanna Burke, ambos tentando convencê-la a comer e beber alguma coisa. Michael Cleary tinha o braço em volta do pescoço da esposa "como se nutrisse carinho por ela", declarou Johanna Burke.

Patrick Kennedy tomou uma xícara de chá, assim como seu tio, Patrick Boland, mas seu irmão James, cansado após a noite no velório e a longa caminhada desde Killenaule, resolveu se deitar na cama de Patrick Boland. Quando terminou seu chá, Patrick Kennedy se juntou a ele. Mary Kennedy também estava cansada; então ela se retirou e se esticou na cama dos Cleary. Mas Katie viu tudo o que se sucedeu:

> Quando o chá ficou pronto, minha mãe serviu um pouco para Bridget Cleary, ela então encheu uma xícara para Pat; Bridget Cleary sentou-se ao lado de Michael Cleary, e ele queria que ela comesse três pedaços [de pão com geleia] antes que ela tomasse o chá; ela comeu dois pedaços, mas não comeria o terceiro; ele disse que, se ela não engolisse o terceiro pedaço, ela iria ver; ele então a nocauteou quando ela não quis comer; ele botou a mão na boca de Bridget, então pegou um toco em brasa e disse a ela que o enfiaria goela abaixo caso ela não comesse o pedaço.

Patrick Boland corroborou o relato da criança:

Estávamos tomando uma xícara de chá e Michael pediu que ela comesse um pouco de pão com ele, e ela disse que comeria. Ele lhe deu um pouquinho, e ela comeu dois pedaços; ela não queria comer o terceiro, então ele a agarrou e bateu nela; ele pensou em enfiar o pão na boca da esposa mesmo com a recusa dela.

Mais uma vez, a descrição de Johanna Burke é a mais detalhada:

> Eu preparei o chá e ofereci uma xícara a Bridget Cleary. O marido dela pegou três pedaços de pão com geleia, e disse que ela deveria comê-los antes de tomar um gole de chá. Ele lhe perguntou três vezes: "Você é Bridget Cleary, minha esposa, em nome de Deus?". Ela respondeu duas vezes, e comeu dois pedaços de pão com geleia. Quando ela não respondeu na terceira vez, ele a obrigou a comer, dizendo: "Se não comer, você vai ver". Então ele a jogou no chão, colocou o joelho no peito dela, agarrou seu pescoço com uma das mãos e forçou o pedaço de pão garganta abaixo, dizendo: "Engula. Já engoliu? Já engoliu?".

O inspetor distrital Wansbrough perguntou a Johanna Burke se ela teria dito alguma coisa ao ver a prima ser atirada ao chão e segurada de forma tão ameaçadora pelo marido.

> Eu disse: "Mike, deixe ela em paz, você não vê que é Bridget que está aí?", o que significava que era Bridget, a esposa dele, e não a fada, pois ele desconfiava ser uma fada, e não sua esposa ali. Michael Cleary então tirou a roupa da esposa, exceto o chemise, e pegou um toco em brasa da lareira. Bridget ainda estava caída no chão, e a madeira ardente foi colocada bem perto de sua boca.

Há um certo pudor nos depoimentos dados ao longo do caso. Todas as testemunhas fizeram questão de reiterar que Bridget Cleary estava vestida o tempo tudo. É como se nada de impróprio tivesse ocorrido durante todo o abuso e a violenta manipulação por ela sofridos, contanto que os homens presentes não vissem ou tocassem seu corpo desnudo. Mesmo ao relatar como fizeram Bridget Cleary beber as ervas fervidas em colostro na quinta-feira, William Simpson enfatizou que o jovem William Kennedy se *deitara em paralelo* aos pés da cama para impedir que ela se mexesse, mas que ele jamais tocara as pernas dela.

No entanto, não há dúvidas de que a violência sofrida por Bridget Cleary antes de sua morte teve caráter irrevogavelmente sexual. Na quinta-feira, ao utilizar uma colher de metal, e de novo na sexta-feira, ao escolher um toco de madeira em brasa como arma, as ações de Michael Cleary equivaleram a uma espécie de estupro oral. Em ambas as ocasiões, Bridget Cleary foi imobilizada e impedida de lutar para se libertar enquanto uma substância era inserida à força em seu corpo. No inquérito realizado após a morte, o dr. William Crean e o dr. William Heffernan relataram ter encontrado evidências de ferimentos na boca da vítima:

> Havia uma abrasão no interior do lábio, no lado direito da boca, e a língua desse lado também estava levemente lacerada. Ao abrirmos o pescoço, encontramos os tecidos ligeiramente descoloridos, o que pode ser causado pelo fato de alguém ter segurado o pescoço da vítima, no entanto não havia grandes sinais de violência.

A violência adotada para imobilizar Bridget Cleary não foi suficiente para matá-la, mas o grau e a ferocidade empregados teriam sido suficientes para aterrorizá-la, e para mostrar a ela e a qualquer um que estivesse por perto quem é que estava no comando.

No que diz respeito às narrativas sobre fadas, é importante lembrar que toda a tradição irlandesa está imersa na questão dos limites, inclusive os do corpo humano. As visitas ao reino das fadas podem ser apresentadas como penetrações ilícitas dos orifícios da terra, quando a curiosidade e a ausência de cuidado fazem com que personagens humanos, geralmente jovens e homens, explorem cavernas, falhas geológicas ou outras aberturas secretas que aparecem de modo inesperado na paisagem familiar. As jovens mulheres levadas pelas fadas trazem no corpo as marcas de suas aventuras: algumas não conseguem falar até que o *biorán suain* das fadas, uma espécie de dardo tranquilizante ou "pino do sono", seja encontrado e removido; outras são imobilizadas por um inchaço doloroso, causado pela invasão de sua carne por algum corpo estranho, e curadas somente quando a matéria ofensiva é expulsa.[134]

Uma das formas mais recomendadas de se proteger, por exemplo, é recusar qualquer alimento oferecido por estranhos. Histórias de interferência das fadas falam de sequestros frustrados quando a protagonista se recusa a comer; os contadores de histórias explicam que, uma vez que os alimentos das fadas são ingeridos, a pessoa fica entregue ao esquecimento e, assim como a "criança roubada" do poema de Yeats, há o risco de permanecer para sempre com seus captores. Na lenda das fadas encontramos um manual vernacular sobre pertencimento: uma forma de ensinar sobre os muitos limites que a vida social impõe, sobre o perigo de transgredi-los e a necessidade de revisá-los.

As implicações e repercussões emocionais de tais transgressões e revisões são servidas através da sutileza das histórias. A dor de pais enlutados ou abandonados, de parentes e amigos é expressada, assim como o medo sentido pelo jovem que decide ser o primeiro a transgredir e ignorar a rede de segurança das regras. O mais importante, talvez, é que a ambivalência ganha um palco para se apresentar. O *changeling*, que se diz ser o substituto de um humano sequestrado, tem um comportamento antissocial, mas também reflete o comportamento do ausente. A recusa em comer é, portanto, não só um comportamento coerente quando sob ameaça de estranhos, como uma expressão sintomática de alienação grave quando em casa. A louca insistência de Michael Cleary para que sua esposa engolisse os três pedaços de pão com geleia antes que lhe fosse permitido beber qualquer coisa, teria tido sua origem no sentido de que a recusa de Bridget em comer o que ele lhe dava tinha implicações ameaçadoras para o corpo político dentro do qual eles viviam. Em seu significado, não diferia da alimentação forçada de sufragistas e outros prisioneiros por parte de autoridades estatais em anos posteriores.[135]

Bridget Cleary, ainda fraca por causa da bronquite, estava deitada no chão de terra da própria cozinha, depois que o golpe repentino do marido a nocauteara. Ao lado dela, o fogo ardia na grelha, e a chaleira havia acabado de ferver. "Oh Han, Han!", chamou ela, mas sua prima não interveio quando Michael Cleary rasgou seu xale, saia e anáguas, bem como o casaco e o espartilho, largando-a deitada no chão apenas com o chemise. Ele pode ter usado de violência contra ela antes; a maioria das testemunhas disse que eles se davam bem como casal, mas Johanna Burke disse já ter presenciado desentendimentos entre os dois. Michael estava agora ajoelhado em cima de Bridget, brandindo o toco de lenha fumegante perto do rosto dela, e firmando o joelho em seu peito ao mesmo tempo que ameaçava enfiar a lenha ardente em sua garganta.

"Me dê uma chance!" foi tudo o que Johanna Burke ouviu Bridget Cleary dizer. Ela interpretou aquilo como um pedido para beber alguma coisa antes de engolir o pão. Johanna Burke afirmou no tribunal que ouviu a cabeça de Bridget Cleary batendo no chão, e depois ouviu o seu grito. A cozinha devia estar um pandemônio. Diz-se que Michael Cleary costumava ser um homem calado, mas, ali, ele estava fora de si, pairando sobre o corpo da esposa, berrando e gesticulando com a lenha em brasa. Deve ter levado apenas alguns poucos segundos para que o chemise de calicô de Bridget pegasse fogo.

Era pouco depois de uma hora da manhã quando as chamas subiram de onde Bridget Cleary estava deitada. Mary Kennedy testemunhou que tinha cochilado por pouco tempo no quarto quando ouviu um rugido, e seu filho William gritando: "Mãe, mãe, Bridgie está queimada!". Ela correu para a porta do quarto, dizendo: "O que vos aflige?".

Bridget Cleary estava deitada na lareira, com as roupas ainda em chamas, quando Michael Cleary comentou: "Hannah, creio que ela está morta". Johanna Burke viu a cabeça da prima pendendo — o que pode significar que Michael tinha tirado o corpo da esposa do chão — e os olhos fechados. Johanna também acreditava que Bridget Cleary estava morta — ou assim ela disse durante os depoimentos colhidos no verão, embora suas declarações diante dos magistrados na primavera tivessem sido ambíguas. Ela então viu Michael Cleary pegar a lamparina da mesa e jogar óleo parafínico sobre a esposa. Mais tarde, ele negou ter jogado o óleo, mas os depoimentos das testemunhas e as evidências do exame post mortem parecem irrefutáveis. Provavelmente o horror diante da morte da esposa tenha sido tão grande que ele não pensou mais nela como uma pessoa: esse parece ter sido o momento em que ele se convenceu de que ela realmente era um *changeling* deixado pelas fadas. O óleo de candeeiro estava à mão. Jogá-lo nas chamas foi um ato imprudente e apavorado; o próprio Cleary e os outros ocupantes da casa poderiam ter morrido caso a mobília pegasse fogo — a porta estava trancada, afinal —, mas para um homem descontrolado, foi quase como um impulso higiênico, um ato necessário e violento para expulsar do coração de sua casa uma coisa poluidora e repugnante.

Patrick e James Kennedy, que estavam dormindo no quarto de Patrick Boland, ouviram seu irmão William gritar que "Bridgie" estava queimada. Patrick ouviu a mãe e a irmã dizerem a Michael Cleary: "Não a queime!". Mary Kennedy correu em direção à lareira e perguntou: "O que você está fazendo com a criatura? Está se pondo a assá-la, por acaso?". Ao sair do quarto dos fundos, James Kennedy viu Michael Cleary empurrar Mary e bater as costas dela contra a mesa para que caísse de lado. Johanna Burke a socorreu e a levou de volta para o quarto da frente.

"Quando ele a jogou no chão, minha mãe, meus irmãos e eu queríamos sair daquela casa", contou Johanna Burke aos magistrados,

> mas Michael Cleary havia colocado a chave no bolso, dizendo que a porta não seria aberta até que ele recuperasse sua esposa. Meus irmãos e eu ameaçamos arrombar a porta e chamar os *peelers*, mas ele disse que ninguém iria sair até que ele tivesse sua esposa de volta. Quando ele segurou a brasa perto da boca de Bridget, exigiu que ela respondesse o próprio nome três vezes. E afirmou que a queimaria caso ela não respondesse. Ela respondeu, mas ele não se deu por satisfeito, e então pegou uma lamparina a óleo e a jogou sobre a mulher. Em poucos minutos, eu a vi em chamas.

"Pelo amor de Deus", disse James Kennedy a Michael Cleary, de acordo com seu próprio testemunho, "não queime sua esposa!"

"Ela não é minha esposa", respondeu Cleary. "Ela é uma velha enganadora enviada no lugar da minha esposa. Ela me enganou durante os últimos sete ou oito dias, e enganou o padre hoje também, mas ela não enganará mais ninguém. Assim como comecei com ela, vou terminar com ela!" Patrick Kennedy também o ouviu dizer: "Você logo a verá subir a chaminé".

Segundo James Kennedy, "nós pedimos a Michael que nos desse a chave e nos deixasse ir embora; fomos até a porta, mas ele não quis entregar a chave para minha mãe; ele sacou uma faca do bolso, dizendo que tiraria nossas vidas caso tentássemos sair antes que ele recuperasse sua esposa; então voltamos para o quarto [da frente]".

O caçula dos Kennedy, William, desmaiou assim que Michael Cleary ameaçou "estripá-lo com a faca" caso ele tentasse sair de casa. Sua mãe e seus irmãos então o levaram para o quarto e o deitaram na cama, e Mary Kennedy jogou água benta sobre o filho. Ela olhou novamente para a cozinha, mas Michael Cleary falou: "Se você sair, eu vou assá-la tão bem quanto essa aqui". Ela então sentou-se em uma cadeira perto da porta e ficou observando Bridget Cleary "queimar com óleo de candeeiro".

De acordo com os testemunhos, todos os presentes protestaram com Michael Cleary, mas nenhum deles tentou impedi-lo fisicamente. Eles não conseguiram, alegaram, pois Bridget Cleary tinha "queimado toda em um minuto", e as chamas passaram direto através da cozinha até a porta do quarto onde eles estavam amontoados e aterrorizados.

Ao que tudo indica, Michael Cleary ficou a sós na cozinha com o corpo da esposa. Seu impulso original ao derrubá-la no chão e forçar o pão goela abaixo parece ter se originado da frustração e da raiva, mas suas ações posteriores foram mais deliberadas. Um dos magistrados, Thomas Cambridge Grubb, o dono da serraria Quaker, em Clonmel, pediu a Johanna Burke para descrever com mais detalhes como Cleary jogara o óleo em Bridget. "Ele jogou várias vezes em cima dela", respondeu Johanna. "Quando o óleo incinerou, ele se afastou e jogou mais um pouco. Ele jogou o combustível em cima dela por três vezes." Ela acrescentou que o vira pegar uma lata de óleo que estava entre a mesa e a cômoda.

Quando Michael Cleary entendeu que sua esposa estava morta — seja porque ela havia batido a cabeça, seja porque suas roupas e pele haviam pegado fogo —, o choque deve ter sido enorme. Por mais zangado que ele estivesse, ou independentemente do que o público fosse pensar mais tarde, não parece que era sua intenção, ou mesmo que ele se sentisse capaz, de assassinar Bridget. Ao vê-la inconsciente — aparentemente morta — no chão, no entanto, ele voltou ao drama da noite anterior. Aquela não era sua esposa, e sim uma substituta que as fadas lhe impuseram, e era preciso se livrar dela. Suas ações ao jogar o óleo de candeeiro repetidas vezes sobre o corpo de Bridget, que ardia em chamas, foram uma tentativa de destruí-lo por completo; uma tarefa repugnante, mas algo que ele devia estar acostumado a fazer com animais de fazenda já mortos.[136]

Em julho de 1895, Johanna Burke lembrou que, enquanto o corpo de Bridget queimava, Cleary acusou os parentes dela: "Vocês são imundos. Preferem tê-la com as fadas em Kylenagranagh do que tê-la aqui comigo". Ela continuou:

> Patrick Boland, o pai de Bridget Cleary disse: "Se eu puder fazer qualquer coisa para salvar minha filha, farei". Michael Cleary comentou que iria enterrá-la com a mãe dela e que iria ao Forte Kylenagranagh na noite do domingo seguinte. Lá ele a veria montada em um cavalo branco. Disse também que levaria uma faca para cortar as cordas, e assim a resgataria das fadas.

Esta era a história que viajaria interior afora no dia seguinte, quando Michael Cleary começou a afirmar que a própria Bridget havia lhe dito que estaria em Kylenagranagh.

Após cerca de vinte minutos no quarto, Mary Kennedy abriu a porta:

> Quando olhei para fora de novo, ele a pegou pela cabeça e a jogou no chão como se fosse um nabo passado, depois pegou um saco e um lençol velhos e a colocou dentro. Um dos pés de Bridget estava levantado assim (levantando a mão) — Deus me perdoe —, e ele deu um chute no pé dela.

O choque ecoou por toda a casa, e quase morri com ele. Então ele a enrolou no saco e no lençol velho, e a deixou largada no chão.

De acordo com Johanna Burke, enquanto o corpo de Bridget Cleary queimava na lareira "a casa foi tomada pela fumaça e mau cheiro":

> Eu tive que subir até o quarto. Eu não conseguia nem ficar de pé. Quando olhei para a cozinha, vi o que restava do corpo de Bridget Cleary, deitado sobre um lençol. Ela estava deitada com o rosto de lado, e suas pernas viradas para cima, como se tivessem se contraído nas chamas. ["Para cima" e "para baixo" se referem aos movimentos de aproximação e afastamento da lareira. O "quarto" ficava no andar térreo.]

Nas sessões menores, o coronel Evanson a questionou sobre tal testemunho: "Você fala de restos mortais — ela estava morta naquele momento?".

"Ela estava, e queimada."

Michael Cleary por fim saiu da casa, trancando a porta por fora e deixando o sogro e todos os Kennedy, incluindo Johanna e Katie Burke, na residência com o corpo carbonizado de Bridget.

Os Kennedy, os Burke e Patrick Boland então se ajoelharam e rezaram o Santo Rosário. Eles ficaram aguardando por cerca de uma hora, ainda atrás da porta do quarto, até que ouviram Michael Cleary voltar.

"Oh, Deus nos ajude!", lamentou Mary Kennedy, "ele vai nos estripar a todos com aquela faca de cabo preto."

Michael Cleary se aproximou da porta do quarto com a faca na mão e falou através dela: "Você está aí, Patsy Kennedy?".

Patrick, o mais velho dos irmãos Kennedy, não respondeu.

"Vou chamar seu nome três vezes, e se você não vier até mim e me responder, vou enfiar a faca até o cabo em você", ameaçou Cleary.

"Oh, Patsy", disse a mãe de Patrick, "responda-lhe, *chroí* [coração], ou ele vai te esfaquear!"

Patrick Kennedy finalmente respondeu.

"Venha aqui fora agora", ordenou Michael Cleary. "A cova está praticamente pronta. Como não consegui expulsar o diabo pela chaminé, vou expulsá-lo pela porta."

Alguém no quarto abriu a porta e Patrick Kennedy foi para a cozinha. Johanna Burke descreveu Michael Cleary como "muito agitado": "Ela está queimada agora", disse ele, "e Deus sabe que eu jamais faria isso, se não fosse por Jack Dunne. Eu jamais teria enfiado minha esposa no fogo, a não ser por Jack. Foi ele quem me disse que minha esposa era uma fada".

Patrick Kennedy, a princípio, se recusou a ir com Michael Cleary para enterrar Bridget:

> Ele disse que, se eu não fosse, ele me mataria. Eu disse que iria se ele fosse para o pátio da igreja, para um terreno consagrado, para enterrá-la junto da mãe. Ele falou que tinha um lugar pronto para ela, e a enfiou em um saco e em um lençol velhos. Ele me perguntou se eu iria com ele, e eu respondi que iria, antes que acabasse morto. Fui atrás dele, e ele pegou uma pá cortadeira e uma pá de bico de debaixo do tojo. Ele a jogou de lado e a ajeitou com o pé. Eu não tenho mais nada a dizer. Eu não me sinto equilibrado dessa vez [por ora]. Estou destruído depois de tudo, ver minha pobre prima queimada. Tenho estado sob os cuidados do dr. Crean há seis anos; isso é tão verdadeiro quanto Deus está acima de mim.

Patrick Kennedy foi condenado a cinco anos de prisão pela participação na morte de Bridget Cleary, em especial por ter ajudado "na remoção e ocultação do cadáver". Ele e Michael Cleary carregaram o resquício carbonizado da mulher morta quinhentos metros morro acima, para a cova rasa onde o grupo de busca da RIC encontrou a vítima uma semana depois, um buraco pantanoso "com quase um metro de comprimento, e meio de largura e profundidade". Eles cobriram o corpo com nacos do solo e jogaram alguns galhos sobre a terra nivelada.

Conforme observou o jornalista do *Cork Examiner* em 30 de março de 1895: "Deve ter sido um enterro horrível às duas horas da madrugada do dia 16 de março".

Michael Cleary e Patrick Kennedy voltaram para o chalé por volta das cinco da manhã e Cleary destrancou a porta da frente. "Agora vocês não podem contar onde a coloquei", disse ele à Mary Kennedy.

"Ele tirou a faca do bolso", contou ela aos magistrados.

> "Vou fazer com que me prometam agora", disse ele, "façam o juramento ou atravessarei todos com a faca."
>
> "Oh, não precisa se dar ao trabalho", disse eu, "de nos atravessar com qualquer faca."
>
> "Não temo qualquer um aqui", afirmou ele, "a não ser Hanna."
>
> "Ah, você não precisa ter medo da Han", falei, "porque nem Han nem nós vamos descobrir [informar] o que você fez, pois é certo que, onde quer que você a tenha colocado, Deus mostrará ao povo." Eu e os dois rapazes [James e William] descemos [do quarto], e Michael Cleary continuou raspando de suas roupas o sangue da pobre criatura.

Por insistência de Cleary, Johanna Burke e Patrick Boland se ajoelharam e juraram não contar o que havia acontecido. Cleary falou sobre emigrar para os Estados Unidos, sobre ir para Cloneen e fingir que estava louco, e sobre tirar a própria vida. Mary Kennedy, em seu testemunho, disse que tentou convencer o filho Patrick a se entregar:

> "Patsy", disse eu, "vá até a polícia e conte-lhes o que você fez."
>
> "Oh não, mãe", discordou ele, "porque as pessoas chamariam um promotor para me julgar."
>
> "Bem, não dê importância a elas", continuei. "Deus julgará ele depois", Eu não disse mais nada. Terminei aí, até que Michael Cleary veio até mim. "Mike", disse eu, "se você estava limpando e tirando as manchas de sangue de suas roupas, Deus nunca deixará de vê-las."

"Oh, Mary", disse Michael Cleary, "ela não era minha esposa, e esta noite nós iremos ao Forte Kylenagranagh e cortaremos as cordas, e a traremos para casa."

Horas depois, na manhã de sábado, Johanna Burke viu Michael Cleary raspando as bainhas das calças de tweed cinza e lavando-as em água:

Havia manchas parecidas com graxa em suas roupas, e ele disse: "Oh Deus! Hannah, essa é a substância do corpo da pobre Bridget". Ele então recolheu em um balde as cinzas e o resquício da fogueira na qual sua esposa havia sido queimada, e enterrou tudo no amontoado de esterco no pátio.

Mais tarde, na mesma manhã, Michael Cleary e Jack Dunne caminharam até Drangan, onde Michael Kennedy os encontrou, e foi com eles até a capela.

Nos dias subsequentes, os rumores se espalharam, os policiais realizaram buscas e Michael Cleary passou três noites em Kylenagranagh Hill, aparentemente sob a crença de que sua esposa apareceria a cavalo emergindo do forte das fadas. William Simpson e Johanna Burke prestaram depoimento a William Walker Tennant, e na quarta-feira, 20 de março, foram emitidos mandados de prisão. No dia seguinte, Johanna Burke revelou outro detalhe tenebroso:

No dia em que Michael Cleary foi preso, eu estava passando por sua casa, e o vi cutucando as cinzas que ele havia enterrado. Ele me chamou e contou: "Hannah, estou com um dos brincos da pobre Bridget". Ele me mostrou o brinco, e disse para não me aproximar da casa, pois isso levantaria suspeitas.

Aquele era o brinco de ouro que Bridget Cleary usava na orelha direita: o outro permanecia em seu corpo.

7

A investigação e o inquérito

Quando o corpo de Bridget Cleary foi encontrado na sexta-feira, 22 de março de 1895, os jornais foram informados por telegrama, e o médico-legista distrital foi alertado. O médico era John J. Shee, também juiz de paz, de Abbey View, Clonmel, e em 23 de março ele viajou a Ballyvadlea para conduzir o inquérito. Este ocorreu em uma casa vazia de propriedade de um fazendeiro chamado John Anglin, de Tullowcossaun, e ocupada anteriormente pelo predecessor do padre Con Ryan como coadjutor em Drangan.[137] O corpo havia sido guardado durante a noite pela polícia e estava deitado sobre uma mesa em um anexo da casa. Os policiais estavam por toda parte já que os repórteres aguardavam o veredicto. Ventava muito naquele dia, mas não fazia frio, e a tradição local se lembra dos meninos pequenos subindo nos parapeitos das janelas para espiar lá dentro — até serem desalojados pela bota de um policial.

O legista Shee se dirigiu ao júri: "[Ele] disse que, se o que tinha ouvido falar sobre o caso era verdade, era uma das coisas mais terríveis já ocorridas no país em anos. Dentre os Hottentots, jamais se esperaria ouvir falar de tal ocorrência".

Em 1895, se falava muito sobre os "hottentotes"* — termo holandês que se refere ao povo nama, ou khoikhoi, originalmente caçadores-coletores

---

* Termo pejorativo e desatualizado usado historicamente para se referir aos khoikhoi, povo indígena do sul da África. O termo foi criado por colonizadores europeus e deriva da palavra holandesa "hottentot", ligada ao termo "stotteraar", que significa "gago" em holandês, devido à percepção dos colonizadores sobre a língua dos khoikhoi. [NE]

desabrigados por colonos holandeses em uma grande área da África Austral; seus descendentes vivem, em especial, no oeste da África do Sul e na Namíbia. Para os europeus do norte, no final do século XIX, seu nome era sinônimo de "selvagem". A exemplo do tratamento inadequado dado a estes povos, temos um evento em Paris, quando foi medido o esqueleto de uma mulher africana conhecida como a "Vênus Hotentote" e usado de modelo nas atividades de uma nova disciplina chamada "antropologia criminal" por uma sucessão de cientistas franceses, um dos quais pronunciou: "Nunca vi cabeça humana mais parecida com um símio do que a desta mulher".[138] Os estados europeus estavam retalhando o continente africano em colônias e justificando suas intervenções apelando às obras *A Origem das Espécies* (1859) e *A Descendência do Homem* (1871), de Charles Darwin. Aos "hotentotes", cuja linguagem inclui cliques não vocais como sons de fala, foi atribuído um lugar na base da "árvore evolucionária" humana, cujos ramos mais altos foram ocupados, sem surpresa, por europeus de origem teutônica.[139]

Era notável que o médico-legista, um católico, fosse mencionar os "hotentotes" no contexto da morte de Bridget Cleary.[140] Esse termo tinha sido um tanto provocador na Irlanda desde a época do primeiro projeto de lei do Home Rule de Gladstone, em 1886. Depois que o projeto foi derrotado, Robert Cecil, terceiro marquês de Salisbury, foi o sucessor de Gladstone como primeiro-ministro. Durante os debates, ele argumentara que os irlandeses não tinham a maturidade necessária para conquistar autonomia, e enfureceu os Parnellites ao observar: "Você não confiaria instituições representativas livres aos hotentotes, por exemplo".[141] A observação do legista Shee foi a primeira de uma longa série de analogias feitas — ou repudiadas — entre o povo irlandês e diversas civilizações africanas nas semanas seguintes. Mas o importante é que, naquele momento, a morte violenta de Bridget Cleary precisava ser investigada.

O médico-legista disse ao júri que ele os pouparia da angústia de indagar sobre as circunstâncias completas do caso: "Sua ideia era de se fazer cumprir a justiça, uma vez que o inquérito dele apuraria apenas a causa da morte". Fazia exatamente uma semana que o desaparecimento de Bridget Cleary havia se tornado de conhecimento público.

As notícias tinham se espalhado rapidamente pelo boca a boca e pela imprensa; os dois jornais de Clonmel que tinham dado o furo de reportagem na quarta-feira aguardavam os acontecimentos mais recentes, e em Dublin e Cork a imprensa nacionalista tinha começado a tomar conhecimento do caso. O *Freeman's Journal* de 23 de março trazia um artigo intitulado "The Mysterious Disappearance of a Woman; The Body Discovered; Nine Persons Prested and Remanded" [O misterioso desaparecimento de uma mulher; O corpo descoberto; Nove pessoas detidas e presas], no qual fornecia a informação, ausente dos jornais unionistas, que William Simmons (*recte* Simpson), a testemunha mais importante até aquele momento, era "zelador de uma fazenda despejada". O *Cork Examiner* anunciou: "Desaparecimento de uma Mulher; Fatos Extraordinários; Numerosas Prisões".

O envolvimento de Denis Ganey no caso foi alvo de muita especulação, assim como o efeito das ervas que ele teria prescrito. Ganey foi um dos presos, e o inquérito teria de determinar o papel de suas ervas na morte de Bridget Cleary, se é que haviam desempenhado algum.

Até o sábado, onze pessoas estavam sob custódia, dado que após a descoberta do corpo na sexta-feira à noite, William Kennedy, o mais jovem dos irmãos, também havia sido preso, assim como sua irmã, Johanna Burke. Estavam na prisão de Clonmel: Michael Cleary, o marido da vítima; o pai dela, Patrick Boland; Jack Dunne, de Kylenagranagh; o vizinho de 16 anos, William Ahearne; Denis Ganey, o herborista; e os quatro irmãos Kennedy. Johanna Burke e a sua mãe, Mary Kennedy, estavam na prisão feminina de Limerick, embora Burke viesse a ser libertada dentro de alguns dias. O legista Shee não estava disposto, como ele mesmo assumiu, a fazer o inquérito pelas costas das pessoas acusadas pelo crime. Ele propôs, portanto, apenas ouvir depoimentos para identificação e analisar os resultados do exame post mortem, deixando todo o inquérito adicional para os magistrados em Clonmel.

O júri foi conduzido ao anexo onde estava o corpo para vê-lo formalmente. Os jornalistas descreveram o que viram:

> Estava embrulhado no mesmo lençol em que fora descoberto, e tinha uma aparência horripilante. As costas e a parte inferior estavam gravemente queimadas, os ossos e

os intestinos salientes. A cabeça e o rosto pertenciam a uma jovem, mas estavam muito distorcidos, indicando os terríveis sofrimentos que a pobre criatura suportara.

O policial Samuel Somers, de Cloneen, um dos três oficiais responsáveis pela descoberta do cadáver, deu prova de identificação. Ele havia visto Bridget Cleary pela última vez um mês ou um mês e meio antes, quando, segundo ele, ela se mostrara uma mulher completamente saudável. Dois médicos dos dispensários locais, William Crean, de Fethard, e William Heffernan, de Killenaule, realizaram uma autópsia. O dr. William Kickham Heffernan, de 45 anos de idade, seria um dos colegas a atestar, em setembro, que o dr. Crean sofria de "fraqueza, bronquite crônica e reumatismo muscular" quando a Diretoria do Governo Local decidiu demiti-lo de seu posto por embriaguez. Ele vivia com algum conforto em Killenaule junto à esposa inglesa e os filhos; em 1901, ele possuía três casas e empregava um cozinheiro, um cocheiro e uma empregada doméstica, todos morando na residência de seu empregador.[142]

O dr. Crean contou pela primeira vez ao legista Shee e ao júri sobre sua visita a Bridget Cleary, em 13 de março. Ele relatou que a encontrou sofrendo de "agitação nervosa e leve bronquite". Ele prescrevera os remédios, mas não ficara particularmente alarmado com o estado de saúde dela. Os dois médicos, então, fizeram um "relatório informativo" conjunto:

> Realizamos um exame no corpo de Bridget Cleary. Encontramos o quadril direito, a coxa e a porção inferior do abdômen calcinados e queimados, com os órgãos internos vazando através das aberturas queimadas. A mão direita também foi queimada, os dedos carbonizados e contraídos. Encontramos a mesma condição no lado esquerdo do corpo da vítima, porém não tão severa quanto no lado direito. A mão esquerda também estava queimada e os dedos, carbonizados. Os músculos da extremidade inferior da coluna vertebral estavam estorricados e chamuscados, e os ossos expostos. Havia um brinco de ouro na orelha esquerda.

O que restava do corpo parecia estar bem nutrido: havia uma abrasão no interior do lábio, no lado direito da boca, e a língua deste mesmo lado estava levemente lacerada. Ao abrirmos o pescoço, encontramos os tecidos ligeiramente descoloridos, o que pode ser causado pelo fato de alguém ter segurado o pescoço da vítima, no entanto não havia grandes sinais de violência. Ao remover o couro cabeludo, encontramos um hematoma [sangue forçado para fora do próprio vaso] no topo do crânio; também encontramos os vasos do cérebro congestionados, mas nenhuma lesão na massa cerebral. Os pulmões estavam levemente congestionados, e o pulmão esquerdo aderido à parede torácica; o baço estava rompido. Removemos o estômago e constatamos aparência saudável.

Estava nítido que as ervas de Denis Ganey não tinham causado nenhum dano ao tecido estomacal. O júri emitiu um veredicto por morte em decorrência de queimaduras:

> Constatamos que a vítima, Bridget Cleary, residente em Ballyvadlea, foi encontrada morta nas terras de Tullacussane [sic], na sexta-feira, 22 de março de 1895, e constatamos também que a morte foi causada por queimadura extensa; como, ou quem causou, não temos provas para mostrar. Constatamos, por fim, que a falecida ainda estava viva em sua própria casa no dia 13 de março de 1895.

O processo foi então concluído. Os prisioneiros seriam levados perante os magistrados em Clonmel na segunda-feira, 25 de março, quando seriam ouvidos os testemunhos sobre os eventos que levaram à morte de Bridget Cleary, mas nesse ínterim ainda havia um domingo a ser vivido.

Pouco depois das quatro horas da manhã de domingo, as pessoas ao sul da Irlanda foram acordadas por uma violenta trovoada. Não foi tão severa como na região central inglesa, onde a ventania forte como um furacão arrancou milhares de árvores e derrubou os pináculos das igrejas, assim como os símbolos de progresso — telégrafos e fios telefônicos —, mas a chuva forte continuou ao longo de toda a manhã, quando as pessoas iam para a igreja. O padre Con Ryan saiu de Drangan como de costume para rezar a missa na antiga capela ao lado do cemitério em Cloneen. Se ele orou ou não pela alma de Bridget Cleary, não se sabe, mas ele "condenou aquele ultraje nos termos mais fortes possíveis... e convocou seus ouvintes que soubessem alguma coisa sobre o caso a comunicarem às autoridades". É provável que o pároco, Michael McGrath, tenha feito sermão semelhante em Drangan, mas um anticlerical e indignado Michael J. F. McCarthy notou mais tarde em seu livro *Five Years in Ireland* que não foi permitido mencionar o nome de McGrath em conexão com o caso, sendo assim não há registro impresso sobre qualquer possível comentário feito. O livro de McCarthy, que se preocupava em incentivar os católicos irlandeses a desenvolverem uma autossuficiência robusta e secular sob a Coroa Britânica, também citou a observação do médico-legista sobre os "hotentotes", "a seu crédito duradouro".[143]

A congregação do padre Con Ryan em Cloneen aprovou seu sermão denunciando os recentes acontecimentos, pois em 27 de março o *Nationalist* observou em um editorial "o quão enfaticamente e o quão rápido o padre e o povo de lá demonstraram seu repúdio ao terrível crime que escureceu o distrito". A escolha da palavra "escureceu" aqui, junto a outras referências ao continente africano, não foi coincidência e viria a ser algo recorrente.

Em Clonmel, na segunda-feira, 25 de março, quando foi anunciado que os prisioneiros seriam levados perante os magistrados, houve mais manifestações públicas de repulsa:

> Uma multidão se reuniu em frente à cadeia do condado e nos arredores do tribunal. Eles aguardaram por quase duas horas, e quando os onze prisioneiros finalmente apareceram, sob uma pesada escolta policial, foram recebidos com gritos, vaias e lamentos, e a multidão os seguiu até o tribunal, entregando-se a todo tipo de clamor.

Tal gesto de abuso público continuou durante todo o período do inquérito dos magistrados, que durou até o final da semana seguinte. Os jornais comentaram sobre o fato, e, em 1º de abril, um artista esboçou a cena para o jornal londrino *Daily Graphic*, mostrando os prisioneiros percorrendo as ruas, escoltados pela polícia, a qual usava capacetes altos e pontudos (os chamados *pickelhaube*) e carregava carabinas. No final do século XIX, a fé no poder corretivo do sistema judicial estava no auge, e as instalações prisionais em toda a Europa haviam sido reformadas, substituindo o isolamento, a vigilância e um rigoroso cronograma de trabalho por espetáculos de punições. A teatralidade do tratamento aos presos nas ruas de Clonmel lembrava um jeito antigo de lidar com os infratores.[144]

Grande parte das vaias e clamores foi dirigida a Denis Ganey. Seu título tradicional, "médico das fadas" — parecido demais com pejorativo título de "feiticeiro" — foi o suficiente para expô-lo ao opróbrio na moderna cidade de Clonmel. A multidão eufórica, sempre vaiando e gritando, irritou o tribunal de tal forma que o magistrado residente, o coronel Richard Evanson, ordenou que a corte fosse esvaziada, sendo permitida a presença apenas de funcionários e da imprensa.

Richard Charles Evanson, natural do condado de Cork, tinha 57 anos. Naquele 25 de março ele estava acompanhado no tablado pelo juiz de paz Thomas Cambridge Grubb, membro da tradicional família Quaker, de Tipperary, diante do qual os nove prisioneiros haviam sido conduzidos na quinta-feira anterior. Grubb era proprietário de uma serraria e tinha outros interesses comerciais em Clonmel, e era bastante ativo na Associação Cristã de Moços (ACM).[145] Dois outros magistrados, os juízes de paz coronel W. A. Riall, de Heywood, Clonmel, e major George Christian, de Outrath House, Cahir, também ocuparam seus lugares no tablado durante parte da tarde.

O inspetor distrital Alfred Joseph Wansbrough, de Carrick-on-Suir, foi responsável por apresentar o caso. Foi ele quem organizou a busca que resultou na descoberta do corpo de Bridget Cleary na sexta-feira. Ele tinha ido à prisão de Clonmel naquele mesmo dia e levado as roupas que Michael Cleary estava usando durante toda a semana, o terno de tweed cinza-claro que ele tentara lavar para remover as manchas gordurosas. No sábado, Wansbrough também havia supervisionado uma busca na casa em Ballyvadlea e confiscado pás e outros itens coletados como evidência: uma lata de óleo vazia e uma caçarola.

Contando 38 anos de idade naquela época, Alfred Wansbrough era nativo de Somerset e havia se juntado à RIC como cadete catorze anos antes, quando a Guerra Terrestre estava no auge. Ele havia servido em Mitchelstown, condado de Cork, na época do infame "massacre de Mitchelstown", em setembro de 1887, quando a polícia matou dois homens a tiros e feriu vários outros durante uma reunião convocada para desafiar a Lei de Crimes aprovada no início daquele ano. A longa investigação secreta realizada pelo Castelo de Dublin sobre esse desastre descobriu que os policiais na região de Mitchelstown estavam sofrendo de "péssimos hábitos de disciplina e moral".[146] O zelo demonstrado por Wansbrough no caso Cleary, organizando buscas e colhendo declarações juramentadas de William Simpson e Johanna Burke, pode ter sido parte de uma estratégia para revitalizar sua carreira após Mitchelstown. E seus esforços foram bem-sucedidos até certo ponto: *Five Years in Ireland*, o livro de McCarthy, traz uma fotografia sua, sinalizando-o como "aquele jovem capaz (...) que certamente merece crescer na Real Polícia Irlandesa". (Alfred Joseph Wansbrough permaneceu no grau de sub ou inspetor distrital por quase trinta anos até se aposentar, em fevereiro de 1920.)[147]

A acusação de maus-tratos a Bridget Cleary foi registrada contra os detidos no dia 21 de março. Na audiência de segunda-feira, essa acusação foi abandonada e a nova acusação foi lida. Oito dos homens, e Mary Kennedy, foram acusados "de, por volta de 14 de março, em Ballyvadlea, conjunta e solidariamente, e de maneira premeditada, terem cometido o homicídio doloso de Bridget Cleary"; Denis Ganey foi acusado de "ser cúmplice, antes do fato, da prática do crime".

A testemunha principal de Wansbrough foi Johanna Burke. Ela havia sido presa quando ficou óbvio que mentira em sua declaração juramentada de que uma Bridget Cleary usando apenas camisola havia deixado a casa em Ballyvadlea na noite de seu desaparecimento. Agora, porém, ela teria sua imagem reabilitada como a principal testemunha da Coroa. Ela testemunharia contra os próprios irmãos, o tio, o primo de sua mãe e, claro, contra o marido de sua prima, Michael Cleary. Até mesmo sua mãe, Mary Kennedy, seria afetada pelas provas que ela e sua filha Katie viriam a fornecer, embora as consequências para Mary viessem a ser mais brandas quando comparadas às dos homens. Uma forte divisão de gênero perpassa as investigações desse caso: os réus do sexo masculino são representados como selvagens desorientados, enquanto Mary Kennedy, Johanna Burke, a pequena Katie Burke, Minnie Simpson e, claro, Bridget Cleary são apresentadas ou como vítimas ou como espectadoras inocentes.[148] Aparentemente não houve nenhuma tentativa de questionar Johanna Meara, citada como uma das pessoas presentes na casa dos Cleary na sexta-feira, 15 de março, ou nem mesmo a "senhorita Shea", que apareceu na quarta-feira a fim de convidar o padre Con Ryan para o café da manhã.

Na segunda-feira, Wansbrough e os magistrados interrogaram Johanna Burke no tribunal ao longo de quase quatro horas sobre os acontecimentos de 14 e 15 de março. "Ela estava com uma criança nos braços e acompanhada da filha, que era mais uma das testemunhas", relatou o *Irish Times*, observando também que ela "dera seu depoimento de forma cristalina e inteligente". A inteligência era outro tema recorrente. Enquanto comentaristas sobre o caso Cleary se debatiam para compreender o que havia acontecido, eles recorriam repetidas vezes à linguagem do darwinismo social. A noção de diferenças mensuráveis herdadas entre raças e "tipos" dominava o pensamento social do século XIX.[149] O darwinismo social incluía a noção, inicialmente proposta pelo francês Jean Baptiste de Lamarck e retomada pelo filósofo inglês Herbert Spencer, de que características adquiridas poderiam ser herdadas. O conceito de "inteligência" incluía o que havia sido aprendido; acreditava-se que os indivíduos tinham a responsabilidade de avaliar e acelerar o processo evolutivo através da educação.[150] A prevalência de tais pontos de vista seria ilustrada mais tarde pelo comentário desiludido de W. B. Yeats sobre George Moore, a quem ele conheceu naqueles tempos:

> Foi-me dito que o estilo rude comum a todos os Moore provinha da família da mãe, dos fidalgos de Mayo, provavelmente meio-camponeses em instrução e ocupação, pois seu pai era um homem de educação, poder e descendência antiga. O sangue de sua mãe parece ter afetado a ele e a seu

irmão, assim como a linhagem camponesa afetara Edward Martyn. Tem havido uma união de incompatibilidades e consequente esterilidade (...) *Ambos os homens são exemplos da forma como a civilização irlandesa é refreada pela falta de educação das mulheres católicas irlandesas.*[151] [grifo nosso]

A educação não era, portanto, mera influência civilizatória; como o meio pelo qual os seres humanos deveriam subir dos ramos inferiores para os superiores da árvore evolucionária, ela poderia até mesmo influenciar a biologia. "Selvagens", com maçãs do rosto protuberantes, mandíbulas salientes e baixa moral, eram encontrados não apenas no continente africano, ou mesmo na Irlanda, mas na própria classe baixa urbana branca da Grã-Bretanha. A fotografia forneceu material importante para estudo, especialmente após a invenção do processo de placa seca em 1878, o qual permitia que fotografias fossem feitas fora de uma câmara escura, e fotos de detidos pela polícia permitiram que as características dos "tipos" criminosos fossem estudadas e comparadas.[152] Em 1883, um autor inglês escreveu sobre um "continente escuro que está a uma curta caminhada do Correio Geral [em Londres]", enquanto John Stuart Mill, mentor de John Morley, o secretário-geral da Irlanda, já havia escrito em 1848 sobre a classe trabalhadora inglesa e que "a perspectiva do futuro depende do grau em que eles podem ser transformados em seres racionais".[153] A segunda leitura da lei de regularização fundiária de Morley estava marcada para o dia 2 de abril, e o debate sobre o Home Rule, que estava prestes a ser reativado, sacaria grande parte de sua retórica das páginas da antropologia, uma disciplina cada vez mais difundida a partir dos anos de 1880. Alguns iriam se basear em pesquisas de que não foram encontradas diferenças raciais fundamentais entre os povos das duas ilhas, enquanto outros argumentariam que os irlandeses eram, em essência, uma raça feminina, imprópria para o autogoverno; enfim, todos debatiam se os irlandeses eram suficientemente "inteligentes" para eleger seu próprio parlamento.[154]

A "inteligência" era a marca das raças avançadas, no país ou no exterior; distinguia-os dos "selvagens", era mais desenvolvida nos homens do que nas mulheres e podia ser discernida de pronto através de características físicas. Os escritos do médico italiano Cesare Lombroso, pioneiro da nova corrente da antropologia criminal, ofereciam a hipótese de que "criminosos natos" pudessem ser identificados só de olhar para eles:

> A visão do crânio [de um famoso bandido], pareceu me esclarecer de repente, tão claro como uma vasta planície sob um céu flamejante, o problema da natureza do criminoso — um ser atávico que reproduz em sua pessoa os instintos ferozes da humanidade primitiva e dos animais inferiores. Desta forma foram explicados anatomicamente as enormes mandíbulas, as bochechas salientes, os arcos superciliares proeminentes, as linhas solitárias nas palmas das mãos, o tamanho extremo das órbitas, as orelhas em formato de alça encontrados em criminosos, selvagens e macacos, a insensibilidade à dor, a visão aguçada, o hábito de se tatuar, a ociosidade excessiva, o amor às orgias e o desejo irresponsável de fazer o mal pelo mal, o desejo não só de extinguir a vida da vítima, mas também de mutilar o cadáver, rasgar sua carne e beber seu sangue.[155]

Quando Katie Burke deu seu testemunho perante os magistrados de Clonmel, o *Cork Examiner* relatou que "ela contou sua história de uma maneira notavelmente cristalina e inteligente para uma criança tão jovem, e cada palavra foi ouvida com grande interesse", enquanto o *Irish Times* observou: "*Ela é uma criança muito bonita, e notavelmente inteligente*, contando sua história de maneira coerente e sem confusão". (ênfase acrescentada)

O testemunho de Johanna Burke ocupou a maior parte do tempo do tribunal na segunda e na terça-feira. Michael Cleary, de pé no banco dos réus junto aos outros prisioneiros, ficou escutando com atenção enquanto a prima de sua esposa prestava depoimento. Ele era "um homem bastante bonito, vestia-se de modo distinto, tinha traços harmoniosos, mas seu rosto estava muito pálido e seus olhos carregavam um ar selvagem", de acordo com o *Irish Times*, que também notou que ele "parecia estar muito agitado".

A certa altura, Michael Cleary de repente gritou: "Perdoem-me, eu não consigo mais escutar isso!". Isso foi na segunda-feira, quando o inspetor distrital Wansbrough perguntou à testemunha: "Você viu [Michael Cleary] jogar o óleo de lamparina nela?", e ela respondeu: "Eu vi".

O coronel Evanson rebateu a interrupção de Michael Cleary, dizendo-lhe que ele teria oportunidade de falar, e Johanna Burke continuou com sua história sobre a queima e o descarte do corpo. Ela concluiu o testemunho daquele dia com a descoberta de Michael Cleary sobre o brinco de ouro da esposa em meio às cinzas. A sessão do tribunal foi suspensa, e os detidos foram escoltados de volta à prisão na rua Richmond por uma pesada guarda policial. Novamente "eles foram vaiado [sic] por uma multidão, que aguardava pacientemente por sua aparição. Os acusados foram seguidos até o portão da prisão sob muitos protestos".

Às onze horas da manhã de terça-feira, os detentos foram levados mais uma vez da cadeia para o tribunal na rua Nelson.

> Embora faltasse meia hora para a abertura do tribunal, uma multidão se reuniu para ver os prisioneiros, e vociferou vigorosamente ao longo da rua até o tribunal. Os acusados foram colocados no banco dos réus. O público pôde entrar no tribunal. A multidão se manteve reunida lá fora, tal como no dia anterior, ansiando por qualquer informação nova.

Quando Johanna Burke chegou, com sua filha bebê e Katie, a tensão dela era óbvia:

> A sra. Burke, sua bebê e sua filhinha foram levadas ao tribunal às 11h20, e ao ver os detidos a mulher começou a chorar, e fez algum comentário sobre sua mãe e seus primos. A polícia tentou silenciá-la, mas por fim precisou retirá-la do tribunal.

Pouco depois, o coronel Evanson e Thomas Cambridge Grubb tomaram seus lugares no tablado.

Os procedimentos de terça-feira continuaram a partir dos tópicos interrompidos na segunda-feira. O inspetor distrital Wansbrough se pôs a guiar uma Johanna Burke, agora mais calma, pelos dolorosos detalhes restantes de seu testemunho, conforme jurado nas declarações da semana anterior e lidos na prefeitura na quinta-feira, quando foram feitas as acusações originais contra os detidos. O coronel Evanson intervinha de tempos em tempos com perguntas sobre o comportamento de Bridget Cleary, sobre as ervas que lhe haviam sido dadas e sobre o xelim que se tornara objeto de disputa entre ela e o marido. Cambridge Grubb fez apenas uma pergunta sobre o mesmo episódio. O testemunho de Johanna Burke foi concluído com respostas a uma série de questões táticas sobre as circunstâncias da queima do corpo de sua prima: o óleo de parafina; as chamas; se algum dos presentes tinha ou não tentado intervir e, se não, por que não.

"Eles tinham medo de serem queimados também", afirmou ela. "As chamas chegavam até a porta do cômodo onde estávamos." A testemunha "chorou amargamente" quando seu depoimento foi lido para ela.

Richard J. Crean, o advogado de Clonmel, tinha sido contratado na segunda-feira de manhã para representar Michael Cleary e Denis Ganey. Ele agora informava ao tribunal que, como o depoimento era recente, e como ele ainda não tinha tido a oportunidade de conversar com seus clientes, o exame-cruzado teria de ser adiado. Os detidos então foram convidados a interrogar Johanna Burke. Cleary, Boland e Ganey declinaram e, um após o outro, os demais réus do sexo masculino foram concordando que o depoimento dela havia sido exato. Somente seu irmão Michael se opôs: "ela o tinha visto na casa na sexta-feira, ou ela o tinha visto, pela última vez, na quinta-feira, 14 de março?", indagou ele. Alto, magro e com tuberculose, cabelos castanhos e olhos azuis, Michael Kennedy explicou ao tribunal que estava tentando estabelecer sua inocência: ele não tinha estado na casa dos Cleary na noite da morte de Bridget. Sua irmã então confirmou, respondendo que ela não o tinha visto até domingo, na casa da mãe.

Mary Kennedy, aos 59 anos, foi avaliada como patética por todos os comentadores: parecia velha, frágil, assustada e confusa; o *Daily Graphic* a ilustrou com a cabeça coberta por um xale. Quando chegou a sua vez de falar, ela disse: "Eu estava lá, e vi tudo o que foi feito, e lamentei". Perguntada por William Casey, escrivão das sessões menores, se ela gostaria de questionar sua filha, ela apenas respondeu: "Estou muito velha e fraca, estou assustada, e não posso ficar aqui".

"Você gostaria de sair daqui?", perguntou o coronel Evanson.

"Sim", respondeu Mary Kennedy, e, tal como o *Irish Times* observou, "a ré, que parecia muito fraca, saiu então do banco dos réus, mas ao se apresentar declarou que não tinha nenhuma solicitação. Daí foi colocada de volta no banco".

Katie Burke foi então questionada, e "uma onda de interesse tomou o tribunal quando a criança pequena se postou à mesa das testemunhas e fez seu juramento". R. J. Crean perguntou se ela compreendia a natureza de um juramento, e o escrivão das sessões menores repetiu a pergunta para a criança. Ela respondeu "que frequentava a escola de freiras em Drangan e que fazia suas orações de manhã e à noite. Ela acreditava que, se contasse uma mentira, depois de morrer iria para o inferno".

Os procedimentos de terça-feira findaram depois que Katie Burke foi ouvida. Um a um, mais uma vez, os réus ou se recusaram a questioná-la ou concordaram que ela dissera toda a verdade. Então eles permaneceram detidos para mais interrogatórios na semana seguinte.

Os jornais dedicaram amplo espaço ao inquérito dos magistrados, e mais de um deles publicou editoriais sobre o caso. Na segunda-feira, 25 de março, pouco mais de uma semana antes do início do debate sobre a lei de regularização fundiária, o jornal unionista *Dublin Evening Mail* começou a fazer uma conexão entre a morte de Bridget Cleary e a questão do Home Rule. Seu editorial afirmava que o povo de Ballyvadlea era um bando sem lei, e encontrou falhas entre o clero local e os professores da escola por deixá-los "na condição moral e intelectual de Daomé":

> As precauções tomadas pelas onze pessoas agora sob custódia pelo assassinato da sra. Cleary parecem não deixar dúvidas de que todas elas estavam cientes de seu envolvimento em operações proibidas pela legislação local. A lei não é, naturalmente, o que seria se o povo de Ballyvadlea estivesse por trás dela. Para eles é uma lei britânica, que interfere

> injustamente em seu direito de administrar os próprios assuntos, e que contraria as ideias e os "desejos" da "maioria" local de Ballyvadlea. Ao admitir livremente tudo isso, consideramos que não deve ser feito sob nenhuma circunstância. A civilização e a humanidade são muito mais preciosas, seja em Ballyvadlea ou em qualquer outro lugar, do que o privilégio do autogoverno, e não deve virar zombaria da crueldade ignorante e supersticiosa. Confiamos que tantos quantos forem condenados por terem assistido aos tormentos de Bridget Cleary, terão um castigo tão exemplar quanto aquele que superou os selvagens da Maamstrasna.[156] É a claudicação mentirosa que diz: "A força não é a solução". A força às vezes é o único remédio para um mal. Em Ballyvadlea, parece que as forças que não eram remédio, eram o diretor da escola e o pastor venerado.

O jornal *Nationalist,* de Clonmel, respondeu no dia seguinte em um editorial apaixonado e indignado, "Investigação do homicídio de Ballyvadlea; Horror e indignação pública; mais uma calúnia conservadora".

> Descobrimos ontem que a terrível ocorrência foi utilizada editorialmente pelo conservador e unionista *Dublin Evening Mail* para fins de capital político e como uma ocasião adequada para espalhar calúnia, ódio e abuso sobre o povo irlandês em geral; para despertar a paixão e o preconceito racial e religioso e, se possível, para prejudicar a causa do Home Rule.

O autor do texto chamou a atenção para as manifestações de "indignação popular espontânea" em Clonmel, e para a recepção do sermão do padre Con Ryan em Cloneen no domingo anterior, mas seu grande trunfo foi a figura de Johanna Burke:

> Se [o editor do *Dublin Evening Mail*] tivesse estado no tribunal de Clonmel, ele teria visto como a testemunha Johanna Burke afastou a si e outras pessoas do crime, e não hesitou em fornecer provas nem mesmo contra a própria mãe,

os irmãos e outros parentes (...) Antes de fazer comentários injustificáveis (...) ele deveria ter esperado para saber como a sra. Burke, que carregava sua bebê nos braços, não só contou toda a história chocante, como, com o espírito de uma mulher espartana, ficou postada ao lado da mesa de testemunhas enquanto sua inteligente filhinha relatava a história macabra uma segunda vez.

Esparta era uma analogia mais aceitável aos interesses da classe média católica representada pelo *Nationalist* do que qualquer país africano, conforme o redator deixou bem evidente: "Que prova há", questionou, "da alegação de que o povo é 'bárbaro', vivendo nas condições morais e intelectuais de Daomé?".

Daomé é o país do lado oeste ao Níger, conhecido desde 1975 como Benim. Conquistado pelos franceses em 1893, a ameaça que aquele país representava para os interesses britânicos no continente africano sob seu novo e ambicioso governador, Victor Ballot, era mais facilmente expressa pela ilustração da selvageria de seus habitantes africanos. As relações anglo-francesas já vinham tensas na última semana de março de 1895: chegaram a Londres relatos de que duas expedições francesas estavam no vale do Níger dentro da esfera de influência da Companhia Britânica do Níger, e sir Edward Grey, subsecretário do Ministério dos Negócios Estrangeiros, se preparava para fazer uma declaração na Câmara dos Comuns exigindo que os franceses esclarecessem sua posição ali e nos vales do Mekong e do Nilo. A obra *The Scramble for Africa*, de Thomas Pakenham, descreve os eventos que levaram à "Declaração Cinza" de 28 de março de 1895. Dentre eles, incluía-se uma revolta em 29 de janeiro contra a Companhia do Níger pelo povo de Brass, no delta do Níger, cuja economia comercial havia sido arrasada pela política implacável da companhia de aniquilamento da concorrência. Prisioneiros suficientes para encher várias canoas haviam sido mortos, cozidos e devorados sob a direção de um padre fetichista, em uma tentativa de pôr fim, por meio do sacrifício ritualístico, a uma epidemia de varíola que grassava entre o povo faminto. Nesse contexto, portanto, naquele final de março de 1895, Daomé representava tanto a África "mais escura" quanto a vizinha mais próxima da Grã-Bretanha — a volúvel França católica.

Em Clonmel, os réus voltaram às suas celas na terça-feira à noite e o inquérito só prosseguiu na segunda-feira seguinte. Entretanto, os jornais de ambos os lados da questão do Home Rule assumiram uma postura mais incisiva. Na segunda-feira e de novo na quarta-feira, o *Freeman's Journal* trazia a manchete "A estranha morte nos arredores de Clonmel". Um editorial do *Dublin Evening Mail* publicado na mesma noite ridicularizou a cobertura, dizendo que parecia "uma descrição bizarra de um ato que revolta a humanidade", e continuou: "Nosso contemporâneo poderia muito bem chamá-lo de 'A discussão dos Cleary'". A publicação também chamou a atenção para o uso "cuidadosamente taciturno" no *Freeman's Journal* da palavra "líquido" para descrever a urina que tinha sido jogada sobre Bridget Cleary (embora o próprio *Dublin Evening Mail* também tenha conseguido evitar citar nominalmente o líquido do evento), e de seu jornal irmão, o *Daily Express*, que citou a declaração de Johanna Burke sobre a Sagrada Comunhão e o fato de a hóstia não ter sido engolida por Bridget Cleary. "Por que o *Freeman* esconde circunstância tão interessante?", indagou o autor do texto. "Isso envergonharia o governo, ou alguém em particular?" Somente o *Independent*, a favor de Parnell e da Home Rule, ele observou, tinha incluído detalhes sobre a urina e a Sagrada Comunhão.

Anteriormente, o mesmo editorial tinha se posicionado contra a política irlandesa do secretário-geral e relacionado o caso Cleary aos conflitos agrários:

> O terrível evento ocorrido em Cloneen servirá para esclarecer a mente do público a respeito da proporcionalidade da "coação" e do respeito devido à "opinião popular" (...) O principal acusado no caso Cleary é relatado como tendo jogado a culpa em um velho médico chamado Ganey. Como lidar com Ganey, supondo que ele seja considerado culpado de ter persuadido Michael Cleary de que sua esposa era uma bruxa ou uma fada, é uma dúvida que cai no mesmo espectro sobre as maneiras de se lidar com os oradores irlandeses que atiram ovos em camponeses ignorantes para assassinar ou maltratar proprietários, grileiros e seus funcionários (...)

Seria interessante saber como tal revelação do cerne de Tipperary irá afetar a opinião do sr. Morley sobre a aptidão da Irlanda para o Home Rule.

Na terça-feira, 26 de março, o *Manchester Guardian* fez um resumo dos acontecimentos até a descoberta do corpo de Bridget Cleary, sob o título "Caso revoltante na Irlanda; mulher queimada até a morte". No mesmo dia, o *The Times* deu um resumo fresco, datado de 26 de março, da história até o momento:

Um juizado especial foi realizado ontem em Clonmel pelo coronel Evanson e pelo sr. Cambridge para ouvir o caso contra dez pessoas, acusadas de terem assassinado, queimando até a morte, uma mulher de sobrenome Cleary, supostamente possuída por um espírito maligno, de acordo com os acusados. Os prisioneiros incluíam o marido e o pai da falecida, e um herborista local. A partir dos depoimentos de uma mulher de sobrenome Burke, que estava cuidando da sra. Cleary, aparentemente esta última *sofria de agitação nervosa e de um leve ataque de bronquite, e seu marido pensava que ela era uma bruxa.* Ele então deu a ela ervas que adquiriu com o herborista, enquanto os outros réus a seguravam e a forçavam a ingeri-las. O homem então a mandou dizer, em nome de Deus, que ela não era sua esposa. A mulher foi segurada sobre o fogo com a intenção de que confessasse a verdade. *Tais procedimentos foram repetidos na noite seguinte*, quando o marido a jogou no chão, arrancou-lhe as roupas, derramou óleo de parafina em cima dela e ateou fogo em seu corpo usando um toco em brasa retirado da lareira. *Enquanto ela queimava até a morte*, estavam presentes os réus deste processo, seis do sexo masculinos e duas mulheres, todos parentes da falecida. Alguns chegaram a protestar contra o marido, mas não fizeram nada além disso. Ele então lhes disse que não era sua esposa que estava queimando, e sim uma bruxa, e que ela desapareceria pela chaminé. Ele enrolou um lençol ao redor do corpo carbonizado e, com a ajuda de um dos réus, o enterrou em uma trincheira perto de sua casa. Os restos mortais foram descobertos uma semana depois pelo sargento Rodgers [sic], da Real Polícial Irlandesa. Os acusados foram detidos. A população local zombou e gritou para o grupo enquanto este passava pelas ruas sob custódia. [grifos da autora].

O relato resume horas de testemunho e consegue apresentar o assassinato de Bridget Cleary como quase vagaroso em sua deliberação (vide meu itálico). Ele sugere que os eventos de sexta-feira haviam sido uma repetição dos de quinta-feira, e que os homens e mulheres presentes teriam tido a oportunidade de intervir. Um julgamento, no entanto, leva muito mais tempo para ouvir relatos sobre uma queimadura letal do que o fogo leva para matar.[157] As chamas explodiram do corpo de Bridget Cleary no exato momento em que seu marido a encharcou com parafina. Em todo caso, a atmosfera ao redor do leito de Bridget Cleary na sexta-feira, 15 de março, era muito diferente daquela nos dias anteriores. Vimos que os alimentos, as roupas e a linguagem empregados naquele dia na casa dos Cleary eram bastante diferentes daqueles adotados na quarta-feira, e em especial na quinta-feira. Na sexta-feira à noite, o papel de Jack Dunne havia findado; a vida havia começado a voltar ao normal, com visitas informais e bate-papo substituindo os pronunciamentos agourentos e os rituais desconcertantes dos dias anteriores e, até os desastrosos minutos finais, a iniciativa havia passado de homens para mulheres. Se a ação dramática de quarta e quinta-feira tivesse representado uma atuação das forças reacionárias centrada em Jack Dunne — uma última tentativa teatral de afirmar o valor dos velhos costumes invocando sanções vernáculas contra os desvios —, a peça chegaria a um fim. Jack Dunne não estava à vista, e a vida cotidiana estava recomeçando de onde havia parado; em vez das ervas fervidas no leite, as pessoas estavam bebendo aquele luxo moderno, o chá.

Um outro ponto merece ser comentado: o *The Times* passa discretamente da observação de que Bridget Cleary "sofria de agitação nervosa e de leve ataque de bronquite", para o corolário de "e seu marido pensava que ela era uma bruxa". Escondida dentro da frase está uma enorme lacuna de credibilidade: uma "escuridão" que este livro está tentando iluminar. Por que a doença de sua esposa faria Michael Cleary pensar que ela era uma bruxa foi o mistério esdrúxulo em torno do qual a lei, os jornais e a opinião pública circularam na primavera de 1895. Os contadores de histórias de língua irlandesa da *Gaeltacht*, que talvez pudessem ter elucidado o caso, não foram consultados. Na verdade, a maioria das interpretações sobre o estado de Bridget Cleary se concentrava na crença em fadas, e não em bruxaria; não tinham caráter acusatório, no entanto, mas nem tampouco diagnóstico. Os comentadores, no entanto, preferiram evitar a ambígua e inofensiva "fada" em favor da "bruxa". A conotação de malevolência nessa palavra e sua associação à morte na fogueira era uma forma garantida de aguçar o apetite dos leitores.

A Fogueira da
BRUXA

8

Um funeral e mais fadas

O depoimento de Katie Burke perante os magistrados em Clonmel em 26 de março aconteceu tarde demais para ser incluído na cobertura jornalística do dia seguinte. O *Dublin Evening Mail* então o noticiou na quinta-feira, 28 de março, e acrescentou um trecho conclusivo um tanto patético: "O funeral da mulher assassinada foi realizado ontem. Nenhum civil compareceu. Quatro policiais estavam presentes, e o corpo foi transportado em um veículo comum".

O correspondente de Dublin do *The Times* no dia seguinte comentou a ignomínia do enterro de Bridget Cleary:

> O funeral de Bridget Cleary, queimada até a morte na região de Clonmel, condado de Tipperary, sob a crença supersticiosa de que ela havia sido levada pelas fadas e um espírito maligno havia sido colocado no lugar de seu corpo, ocorreu ontem em Cloveen [sic], e foi boicotado por todos os seus parentes e vizinhos.[158] Nenhum civil compareceu ao enterro, e os ritos fúnebres foram realizados por quatro policiais. Não houve carro funerário e o caixão foi carregado por um veículo comum de Fethard. O significado disso será compreendido quando for lembrado que os camponeses da Irlanda consideram um funeral não apenas uma expressão de respeito pelo falecido e de empatia para com a família, mas também é coberto de certo grau de santidade.

Uma semana depois, o *Tyrone Constitution* forneceu mais detalhes, de "um correspondente de Clonmel", incluindo o fato de que o enterro havia sido realizado à noite:

> É fato notável que, após o inquérito, nenhum dos vizinhos da falecida se ofereceu para realizar o enterro de seus restos mortais. O oficial substituto do Sindicato [da Lei dos Pobres] forneceu um caixão rudimentar, e três jovens, assistidos por dois policiais, coletaram o corpo à noite e o transportaram para o cemitério Católico Romano em Cloneen, onde se reuniram às dez horas da noite. Um dos rapazes, sob a iluminação proporcionada por uma pequena lamparina, leu uma parte dos ritos funerários, e o corpo da "mulher martirizada" foi depositado em uma cova ao lado daquela ocupada por sua mãe.

O esplêndido funeral do lojista nacionalista Thomas Kickham, em Mullinahone, duas semanas antes, com a presença de dignitários e sacerdotes, evidencia o enterro miserável de Bridget Cleary. Desde os ritos à moda antiga com velórios, "jogos de velório" e carpideiras, encontrados na região de *Gaeltacht* até fins do século XX, até as elaboradas cerimônias religiosas realizadas hoje para figuras públicas e privadas, durante séculos os funerais tiveram importância tão central na vida social da Irlanda que resultaram na denominada "cultura funerária".[159] Foi uma pequena surpresa quando, seis anos depois, Michael McCarthy usou o tipo itálico para dar ênfase a um trecho de seu texto, ao escrever que *"a polícia teve de enterrar a pobre Bridget Cleary naquela noite à luz de uma lanterna"*, porque "nem um único ser humano, homem ou mulher, clérigo ou leigo, prestou qualquer auxílio para conceder ao corpo um enterro cristão".[160]

Na Irlanda do final do século XIX, a recusa para se enterrar um corpo era uma das manifestações mais graves de boicote. Um relatório confidencial da RIC em setembro de 1894 descreve os eventos que se seguiram à morte de um socorrista em Tipperary Norte:

> Após o inquérito sobre os restos mortais de M[ichae]l Callaghan, falecido zelador de uma fazenda desalojada em Brockagh, não foi possível adquirir um caixão ou carro funerário em Borrisokane, a cidade mais próxima, e o corpo teve de ser enviado a Nenagh, a vinte quilômetros de distância. Ninguém compareceu ao "velório" ou ao funeral, por isso a polícia realizou o enterro.[161]

É importante lembrar que William Simpson, assim como Michael Callaghan, era o zelador de uma fazenda desalojada. Bridget Cleary, morta devido às queimaduras, tinha sido amiga dele, e diziam que era sua amante também. O horror que os vizinhos demonstraram na ocasião da morte de Bridget pode ter sido agravado pela reprovação ao seu estilo de vida.

Mesmo o funeral mais medíocre custa dinheiro: a reunião semanal de quinta-feira dos Guardiões da Lei dos Pobres de Cashel, relatada no *Clonmel Chronicle* de sábado, 30 de março, contemplou duas contas recebidas. "Um homem chamado Aherne" enviara uma conta de cinco xelins "para o enterro dos restos mortais da sra. Bridget Cleary", enquanto "um homem chamado Ryan" requereu dez xelins "para o transporte do caixão ao local de sepultamento em Cloneen". A ordem foi para que ambas as contas, certificadas pelo sr. Breen, o oficial substituto, fossem pagas. Não há registro do destino da lata de café contendo 20 libras que Bridget Cleary mantinha na caixa debaixo da cama, mas com certeza ela não entrou no cálculo durante os preparativos para o enterro indigente. Quase tão notável quanto a relutância demonstrada pelos vizinhos de Bridget em lhe conceder um funeral foi o fracasso dos jornais nacionalistas ao descrevê-lo, ou mesmo o enterro em si, embora estes tivessem dedicado extensos espaços em suas colunas a todos os outros aspectos do caso.

Naturalmente, os parentes mais próximos de Bridget Cleary estavam na prisão durante os últimos dias de março de 1895, e muitos dos jornais permaneceram em silêncio sobre o caso desde o recesso do julgamento em 26 de março até seu retorno na segunda-feira, 1º de abril. O belo chalé novo em Ballyvadlea estava vazio, com móveis e roupas ainda espalhados no chão após a morte violenta de Bridget Cleary, duas semanas antes. William Simpson tinha as chaves — Michael Cleary havia pedido a ele que cuidasse do cachorro —, e a polícia continuava a observar a casa.

A Divisão Sudeste da RIC ficava sediada em Kilkenny, presidida pelo comissário da divisão A.E.S. Heard, cujo relatório sobre o enterro de um socorrista é citado acima. Ele ordenou que fosse fotografada a cena do crime em Ballyvadlea, e, em 26 de março, quando os magistrados de Clonmel estavam finalizando o interrogatório de Johanna Burke e sua filha, o policial 43828, Thomas McLoughlin, chegou de Kilkenny com seu equipamento. O dia estava bom e seco, e ele conseguiu fazer fotos tanto dentro de casa quanto ao ar livre.

Cinco das fotografias do policial McLoughlin sobreviveram, cada uma com seis por nove centímetros.[162] A primeira mostra a casa dos Cleary, e a mureta de pedra que a separa da estrada; a sebe alta que a esconde cem anos depois ainda não cresceu. A porta e a meia-porta estão fechadas, assim como as janelas. Um barril de madeira, possivelmente um trabalho manual de Michael Cleary, permanece de pé para coletar a água da chuva de uma calha na esquina da empena esquerda.

A segunda foto mostra o quarto onde Bridget e Michael Cleary dormiam, na frente da casa, e deve ter sido tirada da porta que leva para a cozinha. Uma cama de ferro relativamente ornamentada ocupa quase toda a largura do quarto, da esquerda para a direita, com a cabeceira logo abaixo da janela. Em cima da cama, há um colchão ou edredom, um travesseiro e pelo menos um cobertor de cor clara com três listras escuras em uma das pontas, e embaixo dela, um baú de tampa arredondada. Uma pequena lareira é visível no lado oposto do quarto, e algum tipo de arca de madeira coberta com um pano padronizado está posicionada contra a parede do lado esquerdo, entre o observador e o pé da cama. Um recipiente redondo e raso, com talvez 25 centímetros de diâmetro por sete de profundidade, e aparentemente contendo alguns pedaços de tecido, está apoiado na parede, em cima do baú.

A terceira foto contém uma legenda, "Cozinha da casa de M. Cleary onde Bridget Cleary foi queimada". Ela mostra a lareira à esquerda, vista a partir da porta da frente, com sua grelha de cinco barras encaixada entre duas placas. De cada lado da lareira há uma cadeira tipo *súgán*. Ao lado da lareira, há um armário quadrado de madeira, sobre o qual há um jarro e alguns outros objetos ou utensílios. O parapeito traseiro está no canto superior direito da imagem. Parece haver uma mesa debaixo dessa janela, pois o final de uma estrutura se projeta no meio da figura à direita, em uma posição conveniente. O que pode ser outra cadeira, mais elaborada do que aquelas junto à lareira, está à frente dessa mesa pouco visível.

As duas fotos restantes mostram o "Segundo quarto na casa de Cleary" e o "Local onde o corpo de Bridget Cleary foi encontrado enterrado". O quarto de Patrick Boland é muito mais rústico do que aquele compartilhado pela filha e pelo genro. Uma cama de madeira mal arrematada ocupa a maior parte do espaço. Há algumas sacas preenchidas até a metade no chão e uma panela grande na cama, com o que parece ser uma quantidade significativa de palha — talvez parte do colchão. A última fotografia — o primeiro local de sepultamento de Bridget — mostra um buraco cercado por terra e vegetação remexidas; cheio de água, ele reflete um pedacinho do céu.

Quando o policial McLoughlin revelou e imprimiu as fotografias, ele as colou em duas folhas de papel branco liso, as legendou com tinta e as submeteu ao inspetor distrital de crimes especiais em Kilkenny, Pierris B. Pattison.

Em 5 de abril, Pattison anexou uma nota de apresentação ao relatório e fotografias de McLoughlin e enviou o arquivo ao comissário de divisão, A.E.S. Heard. Heard, por sua vez, rubricou o material e o enviou ao departamento da polícia no Castelo de Dublin, onde foi também rubricado pelo inspetor-geral, pelo subsecretário, pelo secretário-geral, John Morley, e, finalmente, em 20 de abril, pelo lorde-tenente Dudley.

Em 6 de abril, Pattison apresentou seu próprio relatório mensal referente ao mês de março de 1895, distribuindo-o ao longo da mesma linha de comando. Entre 1887 e 1908, os agentes especiais da Divisão Criminal foram encarregados da coleta e análise de inteligência sobre organizações subversivas. Os relatórios de Pattison foram redigidos à mão, em ambos os lados do papel almaço liso dobrado ao meio. Ele usou apenas o lado esquerdo de cada página, deixando o espaço à direita em branco para as assinaturas e comentários de seus superiores até o lorde-tenente.

O relatório de março de Pattison começa com relatos das atividades da Federação Nacional Irlandesa, da Liga Nacional Irlandesa e da Associação Unionista. Ele abordava as relações entre proprietários e inquilinos, e de incidentes de boicote e intimidação, chegando enfim a "Ultrajes":

> O caso mais grave de ultraje já ocorrido durante algum tempo na Divisão se deu em Ballyvadea [sic], no distrito de Carrick-on-Suir, no dia 15 de março.
> O caso é notável e tem causado muito interesse público e agitação local.
> Um homem chamado Michael Cleary, em um estado quase inacreditável de ressentimento, superstição e selvageria, e sob circunstâncias de extrema crueldade, queimou a própria esposa até a morte em uma grelha de cozinha, sob a crença de que ele estaria exorcizando um espírito maligno. Nesse procedimento extraordinário, ele foi — o que é ainda mais impressionante — assistido por sete outros, incluindo o pai da mulher assassinada.
> Receio que o incidente seja indicativo da tamanha ignorância e superstição ainda existentes entre alguns dos camponeses irlandeses. É satisfatório saber que os perpetradores desse ultraje estão nas mãos da Justiça.

A atitude de Pattison em relação ao "campesinato irlandês" ecoa a dos jornais unionistas. "Superstição" é uma palavra problemática: crenças e práticas podem soar bizarramente irracionais quando o sistema do qual elas um dia fizeram parte começa a se desintegrar. A tradição das fadas, nesse aspecto, tem algo em comum com o dinheiro, pois ambos são sistemas que viabilizam a negociação de uma série de transações, mas apenas enquanto as pessoas acreditarem no sistema — literalmente, lhe derem crédito — ou pelo menos concordarem com sua utilização. Chamar algo de "superstição" significa declarar a inutilidade da moeda à qual ele pertence. Usada entre iguais, a palavra expressa tolerância a peculiaridades ilógicas; dada uma margem racista ou sectária, no entanto, ela pode marcar uma relutância em considerar como plenamente humanos os indivíduos a quem ela é justaposta.

As ações de Michael Cleary no dia 15 de março foram indefensáveis e certamente irracionais — mas assim o é qualquer recurso à violência. Não há dúvida de que ele foi responsável pela morte da esposa, ou que as narrativas sobre o rapto por fadas desempenharam um papel em seu pensamento, mas a palavra "superstição" apenas rotula o que aconteceu, porém não explica. Sem dúvida, a afirmação de que uma das pernas de Bridget Cleary era mais longa do que a outra porque ela era um *changeling* de fada é inaceitável para a mente moderna e pode ser razoavelmente chamada de superstição, mas o uso da palavra por Pattison e por outros em relação ao caso Bridget Cleary revela grande arrogância ao insinuar que os processos lógicos em funcionamento eram simples. Sugere que Michael Cleary e seus vizinhos eram incompreensivelmente diferentes: que acreditavam nas fadas de forma indiscriminada assim como os leitores de jornais acreditavam no sistema postal, e que todas as suas ações seriam guiadas por essa crença insana até que ela pudesse ser erradicada. Isso não dá nenhum crédito ao humor ou à imaginação daquelas pessoas, e não demonstra qualquer tolerância para a forma como a mente funciona quando sob estresse. Também não leva em conta a ubiquidade das referências às fadas na Irlanda do século XIX, nem sua utilidade e versatilidade idiomática na fala e na imaginação.

Como observou o teórico social indiano Ashis Nandy, "uma pluralidade de ideologias pode sempre ser acomodada dentro de um único estilo de vida".[163] Quando os homens imobilizaram Bridget Cleary e danaram a sacudi-la, quando a obrigaram a beber a mistura de ervas e colostro, a queimaram com o atiçador quente e a levaram ao fogo, tanto eles quanto as mulheres que a olhavam com complacência estavam exercendo seu poder comunal contra uma mulher cujo comportamento consideravam inaceitável. Por mais modernos que fossem em alguns aspectos de suas vidas, Jack Dunne e os Kennedy, homens e mulheres, estavam reafirmando a autoridade de um estilo de vida mais antigo. Ao fazê-lo, também estavam conduzindo uma desavença entre marido e esposa, exigindo que Michael Cleary se aliasse à ideologia de estigma e de controle, a qual a lenda das fadas representava, contra sua esposa. Mais tarde, eles alegaram que haviam apenas ajudado Cleary ou que ficaram vendo seus atos sem compreender, impotentes, no entanto tais protestos não soam genuínos.

Em seus escritos sobre o *sati* (*suttee*, suicídio de viúvas em piras fúnebres) no contexto da colonização, Nandy observou que na Índia "[g]rupos psicologicamente marginalizados devido a sua exposição ao impacto ocidental (...) eram pressionados a demonstrar, tanto a outros como a si mesmos, sua pureza ritual e sua lealdade à alta cultura tradicional. Para muitos deles, o *sati* se tornou uma prova importante de sua conformidade com normas mais antigas, em uma época em que essas normas tinham se tornado intimamente instáveis".[164] Se substituirmos "cultura oral" por "alta cultura", a ação de Michael Cleary fica mais compreensível, bem como o dilema no qual ele se encontrava. A maioria dos comentaristas o via como o mais "supersticioso" dentre os envolvidos na morte de sua esposa — e o mais crédulo sobre a existência e o intervencionismo das fadas —, mas, na verdade, ele era o mais letrado entre eles e a única pessoa envolvida na tortura de Bridget que não havia crescido nas proximidades do Forte Kylenagranagh.

A confiança na ideia de "ignorância e superstição" para explicar os motivos da morte de Bridget Cleary sugere que o conhecimento é a chave: que as pessoas que conhecem mais fatos estão mais seguras, no entanto o argumento deste livro é que o poder é a chave. A educação, naturalmente, transmite poder, todavia, as tensões e desequilíbrios que levaram à morte de Bridget Cleary iam surgindo à medida que o poder fluía para alguns, deixando outros à deriva. Jack Dunne era, sob todos os aspectos, muito bem-informado, mas em áreas cuja credibilidade estava em processo de desaparecimento. A experiência em negociar a teia da narrativa sobre fadas, cujo capital simbólico se dava em uma cultura oral, havia se tornado quase inútil à medida que a alfabetização se popularizava. Ele era como um velho imigrante no mundo onde Bridget e Michael Cleary tinham aprendido a viver: incapaz de falar a língua, conseguia fazer de si somente motivo de chacota com suas histórias. Michael Cleary, por sua vez, se via isolado e impotente entre os familiares da esposa e os vizinhos, quando Jack Dunne por fim entrou em ação, reunindo-os sob um modo de pensar antigo. Mas Bridget Cleary foi a única que acabou morta. Ela havia acumulado poder, tanto econômico quanto sexual, ao que parece, muito além do que era devido a uma mulher de sua idade e classe social, e, quando a balança se desequilibrou, ela se tornou alvo de toda a raiva. A força policial, com suas categorias ordenadas, não foi capaz de lidar facilmente com essa fervilhante confluência de motivos. Assim como "as fadas" proporcionavam um rótulo conveniente na cultura vernácula para tudo o que não podia ser categorizado de outra forma, os termos "ignorância e superstição" eram uma abreviação um tanto útil para Pattison. Até onde sabemos, ele não visitou Ballyvadlea e o caso Cleary foi só mais um item listado em seu relatório daquele mês de março. No papel, logo abaixo da palavra "Geral", ele escreveu: "Os agricultores de todo o distrito veem com bons olhos a lei de regularização fundiária".

A viagem de Cork a Fethard demorou cinco horas de trem. Enquanto os magistrados em Clonmel ainda estavam examinando os réus acusados de terem ferido e matado Bridget Cleary, um correspondente especial do *Cork Examiner* viajava para investigar o contexto da história. Ele reservou um quarto no Hotel Stokes, em Fethard, cuja proprietária, a srta. Susan A. Stokes, também administrava uma mercearia e um depósito de bebidas, e mantinha charretes e carruagens fúnebres para alugar. Na tarde de terça-feira, 26 de março, apenas horas depois de o policial McLoughlin ter feito as fotografias, o repórter partiu para Ballyvadlea.

Enquanto estava sendo conduzido a leste ao longo do vale Anner durante o pôr-do-sol, a primeira impressão do jornalista foi um tanto romântica — e literalmente colorida: "Eu vi as nuvens de vapor se lançando altivamente em torno dos picos arroxeados de Slieve-na-mon, e a penumbra começando a escurecer os campos verdes e pântanos marrons à encosta da montanha", escreveu ele.[165]

A montanha Slievenamon, *Sliabh na mBan*, em irlandês, com 721 metros de altura, domina a paisagem ao norte de Clonmel como um grande navio navegando para o oeste na planície formada pelo rio Suir e seus afluentes. Durante muito tempo, um moledro era o único destaque no cume (agora acompanhado de uma antena de televisão); o destaque também fica para a riqueza de lendas e canções que o efeito da montanha tem sobre a imaginação humana. Quando o ensaísta Hubert Butler, de Kilkenny, escreveu sobre o assassinato de Bridget Cleary em 1960, ele iniciou da seguinte forma:

> É possível ver Slievenaman [sic] a partir dos meus campos, embora ela fique do outro lado da fronteira de Tipperary, uma corcunda azul-claro com os contornos suaves e arredondados de colinas antigas cuja aspereza foi suavizada pelo tempo. No verão, se começar a caminhada logo depois do almoço, você é capaz de subir até o topo e retornar ainda à luz do dia, apesar dos mais de seiscentos metros de altura. A montanha pode ser vista de cinco ou seis condados do sul e é uma das três ou quatro mais famosas colinas irlandesas. De acordo com a mitologia, era lá que morava Finn MacCool, assim como Oisín, Oscar e as cinquenta belas donzelas que se ocupavam bordando suas vestimentas e hoje batizam a elevação — seu nome significa "A Montanha das Mulheres". O seu topo, a uns cinquenta metros do moledro, está nu, exceto por uma estranha mancha de musgo esfagno e urze. Abaixo dela há mais urze, fuçada por ovelhas, e alguns tufos de frochan [*fraochán*, mirtilo], mas, exceto por algumas pilhas de pedras, que poderiam ter sido uma casa, e um caminho de terra batida para carroças, não há sinal de tráfego humano.[166]

Butler sempre presumiu, ele nos diz, que uma dessas ruínas de pedra tinha sido a casa dos Cleary; em vez disso, é claro, ele descobriu que ela ficava em boas terras agrícolas no lado norte do vale Anner, e ainda era habitável quando ele a encontrou (como continua sendo, quarenta anos depois). Mas a cobertura jornalística na época da morte de Bridget Cleary se valeu muito da história mítica da montanha e do "afastamento e isolamento" de Ballyvadlea.

A obra *Transactions of the Kilkenny Archeological Society,* de 1851, inclui um ensaio de 28 páginas sobre "As Tradições Fenianas de Sliabh na mBan". As "Fenianas" do título não são a Irmandade Republicana Irlandesa (fundada em 1858), mas o *Fianna* original, o lendário bando de caçadores-guerreiros liderado por Fionn mac Cumhaill, que Butler menciona na passagem acima, junto a seu filho, Oisín, e o neto, Oscar. O ensaio "Tradições Fenianas" é de John Dunne, com algumas notas de John O'Donovan, o mais célebre antiquário de sua época. Ele inclui uma versão de uma das lendas sobre fadas mais conhecidas na Irlanda, ainda ouvida em irlandês e inglês: um grupo de mulheres-fadas entra em uma casa onde as mulheres estão fiando, tarde da noite, e se apodera da mobília e das pessoas. As mulheres se livram das fadas apenas quando uma das fiandeiras tem a presença de espírito de gritar "Slievenamon está em chamas!", e elas correm para casa na montanha mágica.[167] O escape audaz das fiandeiras adverte os ouvintes sobre os males de se trabalhar até tarde da noite. Slievenamon também aparece como *Sidh ar Femun* no conto do século IX *Tochmarc Étaíne*, "The Wooing of Étaín" — novamente como uma habitação de outro mundo.[168] Histórias como essas, bem conhecidas entre os antiquários, ajudaram na construção de teorias sobre a "superstição" do distrito.

O veredicto de Hubert Butler sobre a "casa das fadas" em 1960 foi que "embora sugerisse pobreza, não sugeria mistério, isolamento, superstição primitiva". Na quinta-feira, 28 de março de 1895, o *Cork Examiner* publicou a descrição de seu correspondente especial sobre a mesma casa. Começou assim: "É um chalé de trabalhadores, com vista para Slieve-na-mon. Há três cômodos, uma cozinha e dois quartos de dormir. Sobre este último há um loft, acessado por uma escada da cozinha".

O repórter havia andado ao redor da casa e espiado lá dentro pelas janelas até onde foi possível: "A casa inteira parecia estar na maior desordem. Estava trancada, e pareceu um tanto solitária quando o cão retomou seu assento sob a meia-porta e mais uma vez assumiu aquela aparência de resignação que ele costumava ter quando os visitantes perturbavam sua posição de observação e espera".

No caminho de volta a Fethard, o cocheiro surpreendeu o jornalista do *Cork* com histórias da localidade, incluindo aquela que falava da espera de homens locais carregando facas de cabo preto para resgatar Bridget Cleary das fadas nas noites subsequentes à morte dela. Outra história, já mencionada, dizia respeito a "um dos homens que estão na cadeia", a quem o cocheiro havia encontrado alguns meses antes:

> [Esse] tal homem mencionou que sentia dor nas costas, resultado de ter sido retirado da cama pelas fadas e colocado no quintal. O cocheiro zombou do homem, mas sem nenhum propósito. Sua fé nas pessoas dos fortes e nos *raths* era inabalável; não havia uma única noite em sua vida que ele não ouvisse as fadas do lado de fora de sua casa, e às vezes elas estavam jogando *hurling*.

Jack Dunne, de 55 anos, deve ser o homem sobre o qual o jornalista se refere aqui. Os irmãos Kennedy e William Ahearne, jovens e solteiros, provavelmente eram aqueles a quem se referiam ao mencionar os "rapazes", enquanto Denis Ganey morava a certa distância dali, além de ser citado por todos, inclusive pelo jornalista, como "o médico das fadas". Se ele tivesse a intenção de se referir ao marido de Bridget Cleary ou ao pai dela, teria dito de forma direta, pois mais tarde em sua reportagem o jornalista se esforçou para enfatizar que os réus eram quase todos parentes próximos, e não eram as figuras típicas da população local, a qual ele descrevera como "tão religiosa e cabeça-dura quanto qualquer outra a se defrontar". O repórter continua: "é duvidoso se o padrão de inteligência geral é tão alto em todos os lugares, e o intelecto das massas tão iluminado quanto pensei que fosse em Tipperary Sul". Quando lemos o relato de Jack Dunne sobre as fadas que lhe causaram dores nas costas — se o relato for mesmo dele —, devemos inseri-lo no contexto de uma visão de mundo em que as "massas iluminadas" formadas por seus vizinhos estavam em processo de repudiar; no entanto, devemos nos lembrar também que seus antepassados teriam descrito repetidamente algumas de suas enfermidades físicas recorrendo a termos semelhantes, pelo menos na fala coloquial. É uma questão de linguagem e de visão de mundo, não de inteligência.

Na noite de quarta-feira, depois de "entrar em contato com homens de todas as camadas da sociedade, incluindo aqueles que se pode, à primeira vista e com ignorância, pressupor compartilharem as crenças das pessoas que mataram a sra. Cleary", o jornalista do *Cork Examiner* sentou-se no Hotel Stokes e escreveu a primeira de três "cartas" para o jornal. O quarto onde estava hospedado ficava em uma rua iluminada em frente ao quartel militar, e, naquele dia, os oficiais estavam treinando os cavalos para as corridas a serem realizadas dali a duas semanas. Lá embaixo, a população local entoava as últimas canções. Bridget Cleary, escreveu ele, foi "vítima de um sentimento que parecia extinto e que em nenhum lugar é execrado e ridicularizado com mais força do que na comunidade esclarecida em cujo meio se produziu resultado tão tenebroso".

Tal ênfase foi uma prova de controle de danos. A edição daquele dia do *Nationalist*, publicado em Clonmel, revelou a extensão da afronta tomada pelos católicos e nacionalistas — leitores e leitores em potencial do *Cork Examiner* — no tratamento da história por parte dos jornais conservadores. O editorial do *Dublin Evening Mail* da noite anterior havia implicado toda a população indígena no crime, traçando um paralelo entre o caso de Bridget Cleary e o infame caso Lynchehaun de alguns meses antes, ocorrido no condado de Mayo. Em 6 de outubro de 1894, na ilha de Achill, uma fazendeira inglesa, a sra. Agnes MacDonnell, havia sofrido ferimentos grotescos, ao que parece, nas mãos de James Lynchehaun, um personagem atemporal e seu antigo mordomo. A casa e os estábulos onde ela vivia foram queimados por completo, e Agnes MacDonnell foi chutada, espancada e largada para morrer, e a violência fora tamanha que seu nariz fora arrancado a mordidas. Lynchehaun foi preso, mas escapou da custódia da polícia duas semanas depois e permaneceu em liberdade até o início de janeiro, quando foi descoberto na casa de um parente, escondido em um buraco cavado sob o piso.[169] Em março de 1895, ele aguardava julgamento em Castlebar, tal como o *Mail* lembrou aos seus leitores:

> Havia onze pessoas ao redor da fogueira que queimou Bridget Cleary viva, nenhuma das quais levantou um dedo em sua defesa. Havia também diversos presentes na sala em que o fugitivo Lynchehaun foi preso em Achill. Não acreditamos haver muitos Lynchehaun ou incendiários de bruxas na Irlanda, mas também não há muitos Mont Blanc ou Monte Rosa na Suíça. Mas a Suíça é um país montanhoso e os simpatizantes do crime são numerosos na Irlanda.

"Crime", é claro, foi a palavra de ordem que abrangeu todo tipo de resistência aos interesses dos arrendadores, ao mesmo tempo que classificou seus responsáveis e simpatizantes como brutos, simiescos e impróprios para a cidadania. O estereótipo alternativo, favorecido por muitos que defendiam a causa do Home Rule, era o do irlandês como supersticioso e espiritual.

Em sua "carta", escrita no Hotel Stokes, o repórter do *Cork Examiner* passou a se referir às recém-publicadas *Ballads in Prose,* de Nora Hopper, colocando os acontecimentos no contexto do renascimento celta:[170]

> O terrível episódio prova que as fadas não estão desacreditadas em todos os lugares, que aqui e ali, nesta ilha lendária, com sua grande massa de tradição pagã, algumas pessoas ainda se estabelecem em regiões remotas e selvagens (como tenho visitado), pessoas para quem persiste a imagem de um passado assombrado, pessoas cegamente arraigadas às velhas tradições, e onde as velhas tradições resistem bravamente.

Ele se refere ao trabalho de William Carleton e de Thomas Crofton Croker, e a um público "que pode desfrutar da imaginação celta, não vendo nenhum mal no elusivo *leprachaun*, nas brincadeiras nos (...) fortes das fadas ao luar, nem mesmo na fada perversa que enfeitiça a vaca e interrompe o fornecimento de leite". Porém, o repórter se distingue dos leitores acríticos, advertindo que:

> (...) quando o interesse passa do domínio literário ou acadêmico e se torna real e ativo, o aspecto da questão muda, e muda tanto que nem mesmo o mais ardente folclorista entre nós — dr. Hyde, Nora Hopper ou sr. Yeats, por exemplo — poderia defendê-lo, forte como é seu apego à fascinante terra das fadas do nosso país. Uma coisa é escrever contos de fadas, contando-nos como "era uma vez" com homens e mulheres, cavalos e vacas sendo enfeitiçados pelos habitantes da Terra de Shee; e é patriótico estimular o interesse em nossas lindas tradições folclóricas. Mas quando as fadas

de fato pregam peças nas pessoas, quando a azáfama de seu *hurling* é realmente ouvida no meio da noite, e quando todas as criaturas da imaginação se tornam agentes práticos na vida diária, é hora de dar um basta.

O jornalista já havia aumentado a história um pouco ao se referir à região de Ballyvadlea como "remota" e "selvagem". Como se a crença nas fadas tivesse uma origem geológica, como o gás radônio, ele incita seus leitores a "ter em mente que o sopé de Slieve-na-mon testemunhou o crime, um lado desolado da colina, repleto de estranhas sugestões para a imaginação celta, e que *as pessoas agora implicadas estão absolutamente sozinhas em suas convicções infelizes, e são em sua maioria membros da mesma família"* [itálicos meus]. A influência infecciosa da crença em fadas, se não puder ser erradicada, pode ao menos ser contida e confinada a uma família. Os Boland e os Kennedy, junto a Michael Cleary, devem ser isolados para que a comunidade em geral possa escapar da contaminação.

A menção a Yeats teria tido considerável relevância para os leitores do jornal; o poeta de 30 anos estava se tornando uma força a ser reconhecida, e sua primeira coleção, *Poems*, estava no prelo. *Fairy and Folk Tales of the Irish Peasantry*, de Yeats, havia sido lançado em 1888, seguido por *Representative Irish Tales* em 1891, e *Irish Fairy Tales* em 1892. As meditações do autor sobre as lendas das fadas e suas implicações para um novo tipo de identidade irlandesa foram expostas em *The Celtic Twilight*, publicado no final de 1893. Quase na mesma época, o *Bookman* imprimira sua balada "The Stolen Bride", cuja versão revisada apareceria em *The Wind Among the Reeds* (1899) como "The Host of the Air". O poema apresenta uma jovem, por coincidência chamada Bridget, que dançava com o povo das fadas e consumia a comida deles, e é abduzida de um consternado marido enquanto elas o distraem com um jogo de cartas:

> He played with the merry old men
> And thought not of evil chance,
> Until one bore Bridget his bride
> Away from the merry dance.

[Ele brincava com os alegres camaradas
Sem jamais pensar nos maus ensejos,
Até que sua noiva Bridget foi levada
Para bem longe dos festejos.]

Em uma nota no *Bookman*, Yeats se referiu à tradição oral na qual baseara seu poema: "A história que deu origem à balada me foi contada por uma idosa de Balesodare [sic], em Sligo. Ela me repetiu um poema gaélico sobre o tema em questão, e depois o traduziu para mim. Sempre me arrependi de não ter anotado suas palavras e, por reparação ao que não fiz, escrevi essa balada".[171]

Na verdade, Yeats contou essa história em *The Celtic Twilight*. Ele a ouvira, conta ele no livro, de "uma velhinha de touca branca, que canta em gaélico enquanto dá suas passadas como se estivesse replicando uma dança de sua juventude".[172] A lenda é familiar na tradição oral irlandesa, e fala do rapto de uma mulher recém-casada por um grupo de fadas: seu marido a vê entre elas e se apressa para casa, apenas para encontrar a esposa morta. Yeats nos diz que "algum poeta gaélico *desconhecido* havia transformado a história em uma balada *esquecida*, alguns *versos estranhos* dos quais minha amiga de touca branca se lembrou e cantou para mim".

A ênfase é minha: para Yeats, cujos informantes no folclore irlandês eram de fato muito poucos, a tradicional arte verbal era sempre tênue, fragmentária e muito antiga.[173] A canção irlandesa que ele ouviu em Ballysadare (e não compreendeu) provavelmente não é esquecida. Seu relato sugere com veemência que se trata de *Ar Mo Ghabháil go Baile Átha Cliath Domh*, "On My Way to Dublin", uma canção ainda muito conhecida entre os trovadores de Donegal *Gaeltacht* e de outros lugares.[174] Nela, um marido fala de sua saída de casa, onde a esposa está gravemente doente, para ir a Dublin. No caminho, ele encontra uma mulher sedutora que pergunta por sua esposa e tenta persuadi-lo a partir com ela. Ele se recusa a abandonar os filhos, e percebe então que a bela estranha é a própria esposa, sequestrada pelas fadas, que deixaram um *changeling* em seu lugar. Assim como na balada "Tam Lin", discutida no Capítulo 2, com a qual tem muito em comum, essa canção é um dos veículos pelos quais a poesia oral aborda temas como desejo sexual, indecisão e perda.

Em março de 1895, quando Bridget Cleary foi morta, Yeats estava hospedado em Thornhill, na casa de seu tio George Pollexfen, em Sligo. A empregada de seu tio era Mary Battle, a mulher de Mayo que Yeats acreditava ser clarividente, uma de suas mais importantes fontes de informações sobre a lenda da crença em fadas. Assim como o povo de toda a Irlanda, ela e Yeats também debateram os eventos de Tipperary. Ele não tinha dúvidas de que sua compreensão da tradição das fadas não deixava espaço para abusos físicos, muito menos para assassinatos:

> O povo do interior raramente faz mais do que ameaçar o morto colocado no lugar do vivo, e é, estou convencido, um pecado contra a sabedoria tradicional maltratar a pessoa morta. Uma mulher de Mayo que me contou muitas histórias e que viu e ouviu muita coisa "da pequena nobreza", como ela se refere, ficou muito zangada com o compatriota de Tipperary que queimou a própria esposa, há algum tempo, com o pai e os vizinhos da mulher se omitindo. Ela não tinha dúvidas de que eles queimaram uma pessoa morta, mas era convicta de que mesmo uma pessoa morta não deveria ser queimada. Ela disse: "De onde eu vim, dizemos que você só deve ameaçar. Eles são tão supersticiosos em Tipperary. Fiquei na porta e ouvi uma música adorável, e vi o forte todo iluminado, mas nunca cedi a elas". Para ela, "supersticioso" significa "se render" aos "outros" e se deixar dominar pelas fadas, ou ter medo delas, e se empolgar com elas, e fazer coisas tolas.[175]

A crença de Mary Battle nas fadas não é tão diferente assim do que pessoas de outra época ou lugar poderiam entender como imaginação ou espiritualidade: é muito bem equilibrada pelo senso comum para ser patológica. Um estudioso de Yeats que cita essas palavras viu nelas uma justificativa da análise "científica" de Edwin Sidney Hartland, como apresentada em *The Science of Fairy Tales* (1890), em que "um estágio superior de evolução é alcançado quando o ato *cruel* se torna uma ameaça ou um símbolo".[176] No entanto, não há evidências de que, na prática tradicional, as meras ameaças tenham vindo depois dos atos homicidas. Hartland, assim como outro famoso contemporâneo, sir James Frazer, cujos ensaios sobre "o ramo de ouro" surgiram entre 1890 e 1915, empregava ideias darwinianas ao estudo do folclore, apresentando o pensamento humano como um processo de evolução irrevogável do mágico e religioso para o científico.

Yeats estava menos interessado no científico, no entanto. Ele continuou:

> Eu estava convencido de que a tradição, que evita uma desumanidade desnecessária, tem algum meio mais potente de proteger os corpos daqueles para os quais o outro mundo talvez estivesse revelando seus mistérios, algo mais complexo do que um mero comando qualquer para não maltratar uma pessoa idosa, que talvez tivesse sido colocada no lugar da esposa, filha ou filho vivo. Ouvi falar dessa tal maneira mais potente no inverno passado, por meio de uma senhorinha de Kildare, a qual conheci em Londres. Ela contou que, no vilarejo onde morava, "havia uma garota que costumava sair com elas [as fadas], e você nunca sabia quando era ela mesma que estava no corpo ou não, só depois que ela voltava e então relatava que tinha estado fora. A garota não gostava de ir, mas precisava ir quando era chamada. E ela dizia à sua mãe para sempre ser gentil com quem quer que fosse colocado em seu lugar, e que por vezes seria colocada uma, por vezes outra, pois a garota dizia: "Se você for indelicada com quem quer que esteja lá, elas serão indelicadas comigo".

Essa última observação coincide com tudo o que se sabe da tradição oral irlandesa sobre a crença em *changelings*. Às vezes ela foi usada para racionalizar a exposição, o abandono e até mesmo o assassinato de crianças nascidas com deficiências (e provavelmente de algumas nascidas de mulheres solteiras), bem como a morte súbita por doença, suicídio ou outro infortúnio; poderia ser invocada para justificar também a punição cruel de crianças ou adultos; mas, ao mesmo tempo, continha aquela cláusula de compaixão por aqueles que, por alguns momentos, "não eram eles mesmos".

Os jornalistas que escreviam sobre o caso de Bridget Cleary não podiam deixar de levar em conta as ideias dos antropólogos e dos revivalistas literários. Nas semanas seguintes à morte de Bridget, várias publicações aceitariam e até solicitariam artigos sobre crenças e folclore de fadas. Naquela época, por exemplo, um dos especialistas, Andrew Lang, estava em pleno debate exatamente sobre tais questões com o presidente da Sociedade do Folk-Lore, Edward Clodd, todos disponíveis nas páginas da revista da instituição. Outro, Leland L. Duncan, membro da Sociedade de Antiquários, e que estava visitando o condado de Leitrim naquele verão, "encontrou o bom povo (...) repleto de histórias sobre o caso"; eles lhe contaram "várias historinhas semelhantes", que ele incorporou em um artigo lido para a Sociedade do Folk-Lore em 17 de março de 1896. Seguiu-se uma animada discussão, e o trabalho foi publicado posteriormente.[177]

Mary Carty, de Drumkeeran, contou a Duncan a seguinte história, que ela disse ter ouvido sempre como fato:

> Havia uma menina que vivia em Kilbride, a cinco quilômetros de Drumkeeran, e um dia ela foi até o lugar da colheita para cuidar de um bebê para uma vizinha que tinha saído para buscar feno, e ela ficou lá por algum tempo ninando a criança. Naquela noite, ela adoeceu e ficou um tanto irritadiça, e assim permaneceu por três anos. A menina costumava dizer às pessoas para ir a seu encontro ao pôr do sol, e ela lhes falaria de seus entes queridos mortos; e dizia que também poderia lhes mostrar um certo padre já falecido, montado em um cavalo branco; mas as pessoas tinham medo de ir lá e ter a visão. Havia um menino de quem ela gostava muito, e a ele a menina teria mostrado mais do que a qualquer outro, só que ele foi afastado dela. Ao término daqueles três anos de enfermidade, certa noite, ela ficou muito mal e começou a se despedir dos seus, dizendo que tinha de ir a um lugar chamado Kilbride, perto de Dublin, onde havia um menino ruivo para ser levado e ela precisava estar presente, e, enquanto ia, ela lhes instruía como recuperar seus entes queridos. A mãe devia ir a

um certo estábulo além de uma colina entre a meia-noite e a uma hora para cortar um dreno ao redor do estábulo usando uma faca de cabo preto, pegar muita titica de galinha e misturá-la, e entre a meia-noite e uma da madrugada, ficar em pé dentro do estábulo e jogar três punhados da sujeira porta afora; e, quando isso fosse feito, ela deveria gritar. A mãe então obedeceu, e depois voltou para casa; e pela manhã foi sua própria filha que se levantou e começou a lhe contar sobre pessoas que estavam mortas. Ela pediu uma bebida, e, quando sua mãe lhe deu, ela esqueceu sobre aqueles três anos e começou a falar sobre o que deveria fazer para cuidar da criança da vizinha, como se mal tivesse se passado um dia.[178]

Essa história não traz nenhum vestígio de queimadura ou outro ataque físico; em vez disso, conta a relação de uma menina com a sua mãe, explicando os três anos de "doença", "desgraça" e outros comportamentos difíceis e exigentes como consequências do rapto por fadas. A lenda apresenta o familiar cavalo branco, a titica de galinha e a onipresente faca de cabo preto. Como na história contada sobre Bridget Cleary, para que as fadas fossem derrotadas, tudo deveria ser feito à meia-noite em uma colina. Tais temas criam uma narrativa bastante vívida, mas que não exige muito do ouvinte além da suspensão da incredulidade na existência de um mundo oculto e próximo do sobrenatural. Como vimos, tal disposição de renunciar ao cepticismo natural custou caro em termos de acesso a um universo simbólico compartilhado. Em sua representação dos três anos do impostor da "fada" em meio à comunidade local, a lenda oferece aos ouvintes um estatuto de comportamento desviante; mostra que tipos de excentricidades podem ser toleradas, e como elas podem ser abandonadas sem perder o sentido quando tiverem servido ao seu propósito.

Outra das histórias de Duncan oferece uma pista sobre uma característica diferente da vida dos Cleary, que pode ter perturbado os vizinhos. Já discutimos a importância do leite e da manteiga na Irlanda rural do século XIX, tanto sob o aspecto econômico simbólico quanto sob o aspecto financeiro propriamente dito. O comércio de Michael

Cleary como tanoeiro lhe dava acesso às informações mais profundas dessa economia, já que ele era um fabricante de ferramentas essenciais para a produção da manteiga: batedeiras, pás, barris e as quilhas (cubas rasas), nas quais a manteiga era resfriada. Edward McVittie, de Cootehill, condado de Cavan, contara a Leland Duncan uma lenda sobre um tanoeiro e outro homem que foram arar um campo vizinho a um forte circular:

> Eles estavam lavrando há algum tempo, cerca de uma hora ou mais; e ouviram o barulho da batedeira no forte, mas não souberam distinguir exatamente a origem do ruído. Eles então araram um pouco mais, mas toda vez que chegavam ao forte ouviam o barulho da batedeira. O som parou um pouco depois; e, quando desceram a colina e subiram novamente, havia uma mesa ali, e a alavanca da batedeira, com a pá desencaixada dela, fora deixada ali para ser consertada, com as ferramentas do tanoeiro em volta. O tanoeiro diz: "Eis um trabalho para mim; você pode arar até que eu conserte isso para elas". Ele então se pôs a trabalhar, encaixou a pá na alavanca para elas, então a deixou sobre a mesa e se juntou ao outro homem para continuar a arar; e quando eles voltaram, o bastão, a mesa e as ferramentas tinham desaparecido. O som da batedeira continuou por algum tempo depois, e então parou, e uma nova mesa foi deixada na paisagem, com manteiga e bolo de aveia. O tanoeiro convidou o outro sujeito para comer um pouco, mas o homem não quis, e disse que não era certo. O tanoeiro então se aproximou e comeu um pouco, e se satisfez, e depois retornou para seu arado de novo, e, quando os dois voltaram, a mesa e o bolo haviam desaparecido. Quando terminaram a lavoura e o trabalho daquele dia, tiveram de atravessar um pequeno riacho no retorno para casa. Eles estavam cavalgando, e o tanoeiro seguiu na dianteira e cruzou o riacho; quando o cavalo de seu vizinho foi atravessar o riacho, se assustou ao se aproximar da água e acabou por atirar o cavaleiro longe,

quebrando-lhe o pescoço. Dizem que as fadas se zangaram com o homem, pois ele não aceitou o alimento que lhe foi oferecido.[179]

Na maioria dos casos, é considerado insensato aceitar alimentos oferecidos pelas fadas. O tanoeiro dessa história, assim como os ferreiros e as parteiras que figuram em outras, é imune ao perigo, pois colocou seu ofício — o conhecimento especial que possui — a serviço das fadas. Lembramos que o negócio de Michael Cleary estava prosperando, e que a prosperidade, em especial a posse monetária, muitas vezes levava a suspeitas e a acusações de pacto com as fadas.

Michael Cleary fabricava "barris de manteiga e outros artigos para uma leiteria em Fethard".[180] Ao que parece, também fornecia aos agricultores locais. É provável que a leiteria que comprava seus artigos estivesse causando ressentimento por usurpar o trabalho — e a renda — das camponesas locais. Nos anos 1890, a produção doméstica de manteiga estava perdendo espaço no mercado, com menosprezo aos métodos e padrões de higiene tradicionais e em favor de uma produção centralizada e padronizada. A renda das mulheres normalmente era oriunda de suas próprias produções, assim como acontecia com a venda de ovos, mas, quando as novas leiterias firmaram contrato para comprar o leite ou os ovos produzidos em uma fazenda, o pagamento quase sempre caía nas mãos de um homem: o fazendeiro.[181]

Dois dias após sua primeira visita a Ballyvadlea, o correspondente do *Cork Examiner* retornou, dessa vez na companhia de William Simpson.

> [Simpson] é um homem inteligente e prestativo. Foi ele quem dirigiu a atenção da polícia para o *boreen* [*bóithrín*, caminho] onde o corpo foi encontrado, e ele me levou ao local através de campos pantanosos, e acima de uma das valas que delineia o caminho antigo. O caminho é gramado, e o solo é aquoso. O buraco no qual se encontrava o cadáver está cheio de água lamacenta. É um local horrível, desolado e deprimente.

Simpson levou o repórter à casa dos Cleary, e foi ali que ele soube que o cão se chamava Badger e a gata Dotey, e viu ambos os animais se alimentando em um pote de batatas. O repórter fez um inventário detalhado dos três cômodos (conforme descrito no Capítulo 3), e notou o frasco de remédio no canto, com seu rótulo impresso. A descrição condiz com as evidências das fotografias policiais tiradas dois dias antes.

O cocheiro para essa segunda expedição ou era o mesmo homem de terça-feira, ou outro com gosto similar por histórias e piadas. O jornalista estava interessado na conversa que o cocheiro mantinha com William Simpson, iniciada quando Simpson mencionou as histórias de assombrações contadas na vizinhança:

> Eles estavam rindo sobre as fadas e seus supostos feitos, e a conversa mudou para encantos e feitiços. William Simpson é um homem eminentemente prático. "Este é o portão", apontou ele, "onde o homem de preto costumava sentar-se. Mas eu passei por lá a cada hora do dia e da noite, das seis da manhã às seis da tarde, e das seis da tarde às seis da manhã, e jamais vi nada além do gado que eu procurava. O fato é que (acrescentou o cético), ninguém pode levá-lo embora, de corpo e alma, exceto a polícia."

Tal como Bridget Cleary, que parece ter tentado enganar seus torturadores com a sugestão de que a polícia estaria junto à janela, Simpson aqui contrapõe a ideia de fadas com a igualmente poderosa força da polícia. A comparação não é fantasiosa. Até hoje ainda pode ser ouvida nas ameaças às crianças, que substituem o "As fadas vão te pegar!" por "A polícia vai te pegar!". À medida que a responsabilidade pela regulamentação do comportamento das pessoas passava cada vez mais de seus parentes e vizinhos para a jurisdição do Estado, a polícia vinha para substituir as fadas como ícones de controle.

Assim como as fadas de um imaginário anterior, a polícia na Irlanda do final do século XIX estava em toda parte: os policiais se comunicavam em segredo de reduto para reduto; movimentavam-se de modo imprevisível pela zona rural; observavam tudo o que acontecia na comunidade e intervinham com arbitrariedade naquele cotidiano.

Dentre os cerca de quinhentos policiais e homens destacados em Tipperary Sul, muitos haviam crescido em lares rurais comuns. Eles haviam emergido de seis meses de treinamento da polícia no Phoenix Park, em Dublin, tão mudados em seus hábitos e comportamentos que suas comunidades ficavam em constante dúvida sobre suas verdadeiras lealdades — assim como as pessoas desconfiavam daqueles que diziam ter estado "fora com as fadas". A ideia de vigilância, monopolizada pelo Estado desde o século XIX, era também parte de um há muito estabelecido discurso sobre fadas: as "boas pessoas" eram comumente chamadas de bisbilhoteiras; as colinas pertenciam a elas, como Slievenamon, Trooperstown Hill, no condado de Wicklow, e Knockmaa, no Castelo Hackett, perto de Tuam, condado de Galway, todos cumes isolados que impõem vistas panorâmicas. Kylenagranagh Hill deveria ser um lugar encantado [por fadas].

Apesar de toda a conspiração entre William Simpson, a polícia e o jornalista visitante, e de seu riso cético sobre as fadas, nem ele nem o cocheiro da carruagem estavam preparados para desconsiderar todas as crenças tradicionais vigentes na área. O cocheiro concordou com o gracejo de Simpson sobre o poder da polícia,

> (...), mas caso algo acontecesse com o leite, ainda havia algo em uma pedra azul embrulhada em uma anágua. William Simpson admitiu que isso era verdade, mas então se você esfregasse a vaca com a sua mão, com a sua bota ou com o chapéu, o amolecimento resultante interromperia o fluxo de sangue. Mas e quanto à subtração da manteiga? A pergunta foi feita pelo cocheiro, e o ceticismo de William Simpson logo desapareceu. A subtração da manteiga era outra história. Todos sabiam, de fato, que ainda havia diabruras no mundo, e que existia traquinagem na subtração da manteiga.

"Subtração a manteiga", claro, não significava o roubo da manteiga fabricada, e sim o desaparecimento mágico do "lucro" da manteiga, de modo que não interessava quanto se batesse, só aparecia espuma. Até mesmo o socorrista cabeça-dura — um produtor de leite, afinal de contas — admitiu que tais coisas eram possíveis.

Naquela noite, de volta ao Hotel Stokes, o jornalista sentou-se para escrever seu texto para o *Cork Examiner*. Ele narrou mais uma vez sobre os "fantasmas e truques do folclore irlandês", e sobre pessoas que acreditavam que "Slieve-na-mon, na calada da noite, ou quando as tempestades uivavam através das colinas, testemunhava revelações místicas". Era difícil acreditar que tais coisas ainda pudessem existir tão perto do final do século:

> Não posso deixar de mencionar que, enquanto estas palavras estão sendo escritas no Hotel Stokes, em Fethard — a seis quilômetros da cena do terrível sacrifício —, a melodia de "Hi Di", do "estrondoso sucesso" do espetáculo burlesco moderno "Go Bang" adentra o quarto; ao mesmo tempo que, apenas alguns minutos atrás, dois camponeses podiam ser ouvidos cantando "After the Ball". Sem dúvida essa é a essência da civilização moderna no coração do distrito onde a sra. Cleary foi queimada até a morte por ser uma bruxa!

"After the Ball" é mais conhecida como faixa do musical *Showboat*, de 1927, de autoria de Jerome Kern, mas já era uma das favoritas dos salões de música naquela época. A música popular poderia representar a civilização moderna em 1895 porque falava da revolução que estava ocorrendo nas comunicações. Aquele foi o ano em que os filmes chegaram ao público pela primeira vez, e quando Guglielmo Marconi inaugurou a transmissão de rádio.[182]

Ao final da semana do funeral de Bridget Cleary, o jornal unionista *Daily Express,* de Dublin, enviara seu próprio repórter especial para Ballyvadlea. O homem também viajara pela região, descobrindo uma riqueza de detalhes sobre a história pessoal de Bridget e Michael Cleary, tais como idades e ocupações, e a forma como eles haviam adquirido o inquilinato de sua casa. Primeiro, o jornal-irmão do *Express*, o *Dublin Evening Mail*, e depois uma cadeia de outros jornais unionistas e conservadores, no país e no exterior, tiveram acesso a esses relatórios. No que provavelmente foi uma resposta ao irado editorial do *Nationalist* no início daquela semana, o repórter do *Daily Express* enfatizou a denúncia ultrajada do padre Con Ryan na missa em Cloneen no domingo.

No entanto, foi ele também quem revelou a um público leitor voyeur que "um velho" tinha dito que uma das pernas de Bridget Cleary era mais longa do que a outra. Considerando outros relatos disponíveis, a declaração deve ter vindo de Jack Dunne.

Assim como o repórter do *Cork Examiner*, o correspondente do *Daily Express* descobriu que a região de Ballyvadlea era muito mais moderna e civilizada do que as reportagens iniciais haviam sugerido. Diferentemente da imprensa nacionalista, no entanto, os jornais conservadores não se esforçaram para encontrar nenhum motivo de confiança na maturidade política ou "inteligência" da população nativa em geral. Na sexta-feira, 29 de março, o *Evening Mail* mais uma vez atacou a causa do Home Rule:

> Um repórter especial do *Daily Express* reuniu informações a respeito do "Terror de Tipperary", o que aprofunda consideravelmente seu significado político. Não é verdade, como foi suposto, que a cena do crime era um distrito distante das influências da civilização ou que os supostos perpetradores viviam em uma condição selvagem de ignorância (...) Agora a pergunta é: são as pessoas de Cloneen ou Fethard, ou da famosa Slievenamon de [William] Smith O'Brien, inferiores em juízo ou informação aos olhos dos membros do campesinato irlandês, dos círculos eleitorais que devem administrar os assuntos domésticos da Irlanda *vice* [?] um Parlamento Imperial (...) ? Colocamos a pergunta especialmente ao sr. Morley (...) Após revelações feitas pelo Terror de Tipperary, estaria ele ainda inclinado a ceder à Irlanda e toda a sua civilização, com todas as suas esperanças, para um futuro Parlamento irlandês eleito por camponeses?

O mesmo jornal citou o *Scotsman*, declaradamente anticatólico em sua retórica colonialista:

> A estranha e chocante história (...) é lida como um conto da idade das trevas de alguma tribo selvagem na África (...) Como os camponeses irlandeses que dizem ter torturado

Bridget Cleary até a morte são, sem dúvida, católicos devotos, deveria ser feita uma crítica à sua religião e aos seus padres por estarem vivendo em tal estado de superstição.

E no domingo, 31 de março, o correspondente londrino do *The New York Times* informou a seus leitores:

> Como era de se esperar, o episódio bárbaro nos arredores de Fethard, em Tipperary, em que uma mulher foi torturada até a morte pelo marido e por seus parentes do sexo masculino durante um processo de exorcismo de uma bruxa que tomara posse de seu corpo, está sendo citado pelos jornais anti-irlandeses daqui como evidência da degradação mental e da selvageria da população camponesa irlandesa.

O repórter acrescentou, entretanto, que a crença na bruxaria era "muito comum entre os homens em todas as partes da Grã-Bretanha onde não houvera movimentos modernos entre a população".

Mas mesmo quando a mídia do universo de língua inglesa voltou sua atenção a Tipperary Sul, o terror lá sentido inicialmente estava dando lugar, pelo menos em certas localidades, ao humor macabro e à exploração comercial. No sábado, 23 de março, criou-se um boato — amplamente aceito a princípio, segundo o *Cork Examiner* — de que Denis Ganey havia escapado de sua cela pelo buraco da fechadura. E William Simpson, como vimos, riu e brincou com o cocheiro sobre a crença em fadas, mesmo quando estavam visitando o cenário da morte de Bridget Cleary.

O chalé e os anexos dos Cleary eram propriedade dos Guardiões da Lei dos Pobres de Cashel, mas Simpson estava de posse das chaves. O repórter do *Cork Examiner* sem dúvida lhe pagou pela cooperação de admiti-lo na casa, e ele não seria o último jornalista a ir até lá. Em maio, o *Nationalist* relatou:

> Chegaram-nos queixas de que [William] Simpson, testemunha da Coroa, tomou posse do chalé onde diz-se que Cleary queimou a esposa, e isto sem a autoridade dos guardiões;

e que Simpson está usando seu tempo livre para mostrar o local a vários visitantes que aparecem lá etc. Parece-nos que ninguém deveria ter permissão para lucrar com uma transação horrível como essa. Os guardiões deviam levar a chave da casa e, se nenhum trabalhador estiver apto a alugá-la, então que lacrem a porta.

Os Guardiões da Lei dos Pobres até tentaram recuperar o imóvel, mas William Simpson não seria despejado com tanta facilidade. Seis meses depois, quando as sessões menores estavam sendo realizadas em Fethard, em uma segunda-feira, 23 de setembro, Darby Scully, juiz de paz de Silverfort, presidia a sessão. Um advogado chamado Hugh Sayers compareceu em nome dos Guardiões da Lei dos Pobres de Cashel, os quais estavam processando Patrick Boland e William Simpson para recuperar a posse do chalé em Ballyvadlea. O *Nationalist* informou que, "quando o caso foi tratado, a autoridade da sessão disse que eles deveriam vender a casa a Madame Tussaud". Sayers respondeu de imediato, brincando, que "uma oferta tinha sido feita e eles estavam em comunicação com os interessados". Patrick Boland estava na prisão e o cobrador do aluguel testemunhou que William Simpson ainda estava em poder das chaves; ele até se mostrou disposto a devolvê-las, mas disse que "tinha pertences" nos anexos. Nesse dia foi feita uma ordem de reintegração de posse.

O *Nationalist* relatou:

> Os Guardiões de Cashel acabam de recuperar a posse do famoso chalé em Ballyvadlea onde aconteceu a terrível tragédia conhecida como "a queima de Bridget Cleary" por seu marido por suposta feitiçaria. A casa foi muito fotografada, e desde a tragédia um vizinho empreendedor tem feito uma espécie de "*peep show*" no local. O decreto de reintegração de posse se deu contra William Simpson, um zelador emergencial e uma das principais testemunhas contra os prisioneiros no julgamento.

Mas a piada sobre o Madame Tussaud não ficou restrita ao tribunal de Fethard. Em 28 de setembro, o *Nationalist* estampou "O chalé em Ballyvadlea: a suposta venda a madame Tussaud":

> Nosso correspondente de Cashel escreve: "No *Freeman* de quinta-feira, foi publicado um parágrafo relatando que os guardiões da Cashel estão em negociações para a venda do chalé em Ballyvadlea a Madame Tussaud, de Londres. Tal afirmação não procede. A proposta foi meramente citada, por assim dizer, durante uma reunião dos guardiões meses atrás, mas a simples menção de tal proposta foi condenada por todos os membros da diretoria então presentes. O assunto terminou ali, e desde então não se ouviu mais nada, no entanto o relato foi divulgado mesmo assim".[183]

Ao longo de toda a primavera e verão de 1895, curiosos visitaram o chalé e fizeram fotografias (George Eastman lançara a câmera-caixote Kodak em 1888) e, assim como os jornais, os cocheiros das quinze carruagens de Fethard fizeram bons negócios. O *Nationalist* relatou no sábado, 30 de março, que "milhares de exemplares do *Nationalist* contendo a reportagem tinham sido reenviados por assinantes a parentes e amigos nos Estados Unidos, Austrália e em outros lugares", e que tinham sido feitos acordos para a tiragem de uma edição especial na segunda-feira seguinte. De fato, edições especiais apareceram tanto naquele dia quanto na quinta-feira seguinte, enquanto a edição do *Clonmel Chronicle* de quarta-feira, 3 de abril, incluiu um suplemento de tabloide sobre o caso.

O livro *The Book of County Tipperary*, de George Henry Bassett, publicado em 1889, lista apenas três fotógrafos no condado, um em Clonmel, um em Cashel e um em Templemore. Henry Holborn morava então no número 8 da Main Street, Clonmel; no *Directory of Munster* de Francis Guy, em 1893, seu endereço é dado como O'Connell Street. O *Chronicle* de sábado, 30 de março de 1895, trazia o seguinte anúncio:

O MISTÉRIO DAS FADAS

Com a gentil permissão do coronel Evanson e dos corteses oficiais de polícia encarregados do chalé, tirei as seguintes FOTOGRAFIAS, exterior e interior: –

Um grupo de oficiais; o vale onde o corpo da sra. Cleary foi escondido; e seu atual local de descanso no pátio da igreja de Cloneen.
Além disso, uma VISTA DE CLONEEN Cópias: 1 de cada

Estúdio de Holborn, Clonmel

O corpo de Bridget Cleary, que sofrera terríveis abusos, finalmente estava sepultado, e os suspeitos estavam todos na prisão. O interesse no caso, porém, estava sendo mantido vivo, e o público leitor estava pronto para ouvir o próximo episódio do caso na segunda-feira, 1º de abril, quando os magistrados reiniciariam a audiência.

A Fogueira da
BRUXA

9
Duas salas de audiência

Em 27 de março de 1895, o *Tyrone Constitution* observou:

> Política e socialmente é uma época tranquila, assim como vem sendo a temporada em Dublin. Os assuntos no Parlamento são votados em ritmo excessivamente lento, e uma olhada nas colunas nos jornais matinais é tudo o que concedemos a essa outrora atraente seção do veículo.

As coisas até poderiam estar em ritmo lento no Parlamento, mas já estava definido: no dia 2 de abril seria realizada a segunda leitura da lei de regularização fundiária (Irlanda) de John Morley, algo que os agricultores irlandeses e apoiadores do Home Rule vinham aguardando ansiosamente. A lei também seria um teste para o governo de Londres; os liberais estavam lutando para manter o poder conquistado com a autorização do Home Rule em 1892.

Archibald Philip Primrose, lorde Rosebery, era o primeiro-ministro por apenas um ano, tendo sucedido William Gladstone após a derrota de seu segundo projeto de lei do Home Rule, em março de 1894. Rico, enigmático e distante, Rosebery tinha 48 anos, e deveria estar no auge de seus poderes. Quando jovem, esperava-se que ele tivesse uma carreira brilhante, mas a morte da esposa, a herdeira Hannah Rothschild, em 1890, o deixou destroçado, e ele então foi acometido por uma insônia tão severa que, quando os liberais retornaram ao governo, dois anos depois, ele só concordou em retomar o cargo de ministro das Relações Exteriores após muita relutância. E assim ele aceitara o cargo de primeiro-ministro oferecido pela rainha Vitória; mas, em março de 1895, após um grave quadro de gripe, ficou tão debilitado que os jornais de toda a Grã-Bretanha e Irlanda passaram a publicar boletins quase diários sobre seu estado de saúde, com relatos detalhados sobre sua dificuldade para dormir. Em 19 de março, ele estava "incapaz de atender às suas obrigações públicas". Dois dias depois, o *Dublin Evening Mail* anunciou que "Lorde Rosebery não teve nenhuma recaída, e os boatos de sua provável renúncia são oficialmente declarados como absurdos"; em 28 de março, entretanto, seu progresso ainda era "muito lento".

Além disso, havia uma complicação extra: o nome de lorde Rosebery estava sendo mencionado no caso criminal de difamação aberto por Oscar Wilde contra o rude e excêntrico marquês de Queensberry.[184] Mais lembrado nos tempos modernos pelas regras que elaborara para o boxe em 1867, Queensberry era um notório beligerante. Indignado com o relacionamento cada vez mais público de Wilde com seu filho, lorde Alfred Douglas, ele insistira em arrastar o assunto para a arena pública. O irmão mais velho de Douglas, visconde Drumlanrig, havia sido o secretário particular de lorde Rosebery, no entanto falecera no mês de outubro anterior, um caso registrado como acidente com arma de fogo. Acreditava-se, no entanto, que sua morte tinha sido suicídio, e Queensberry estava dentre os muitos adeptos da ideia de que uma relação homossexual com Rosebery tinha sido a fonte do sofrimento de seu filho mais velho. Uma carta escrita por Queensberry ao ex-sogro logo após a morte do filho descrevia o primeiro-ministro como um "*queer* esnobe". Como diz Richard Ellmann, "a convicção de que um dos filhos havia morrido em um escândalo homossexual fez com que um determinado Queensberry buscasse garantir que um segundo não morresse da mesma maneira". Era do conhecimento geral que ele odiava o primeiro-ministro tanto quanto odiava Oscar Wilde.[185] A vingança de Queensberry contra Wilde carregava perigos tanto para o governo de Rosebery quanto para a causa do Home Rule, e os rumores sobre essa história só aumentaram por toda a Londres durante as semanas em que o desaparecimento e morte de Bridget Cleary eram comentados na Irlanda.

Em 18 de fevereiro, Queensberry deixou um cartão no Clube Albemarle, em Londres, do qual Oscar Wilde e sua esposa Constance eram membros, endereçado a "Oscar Wilde, somdomita [sic] inveterado". Wilde recebeu o cartão dez dias depois, e foi persuadido a tomar medidas legais. Queensberry foi preso em 2 de março e, após uma semana de discussões, seu advogado Charles Russell instruiu o causídico (e deputado unionista) Edward Carson para defendê-lo. Queensberry foi levado a julgamento em 9 de março, em uma audiência repleta de espectadores curiosos. Cartas que ele havia escrito foram mencionadas, porém não lidas, pois havia o temor de que viessem a comprometer certos "nobres personagens" citados nominalmente. Em 18 de março, um grande júri emitiu a sentença por calúnia, permitindo que Queensberry fosse julgado no Old Bailey. Embora os assuntos do grande júri fossem conduzidos em particular, um de seus membros era "um distinto jornalista francês que havia morado na Inglaterra por muitos anos".[186] Ele logo alertou os jornais na França sobre o conteúdo das tais cartas controversas. No início de abril, a história do imbróglio de Rosebery com o filho mais velho de Queensberry já havia se espalhado dos balneários da França para os clubes de Londres, e mais revelações estavam por vir.

Edward Carson, que então desafiara o conselho de Wilde a revelar o conteúdo das cartas de Queensberry, não era apenas um advogado capaz, ele era o protegido do líder conservador Arthur Balfour, e o oponente mais temível do secretário-geral Morley na Câmara dos Comuns. Conforme vimos, ele já havia descrito o projeto de lei de regularização fundiária de Morley como "um monstro revolucionário" e prometido se opor a ele com vigor. Nascido em Dublin em 1854, Carson tinha sido aluno da Trinity College nos anos de 1870, na mesma época que Wilde. Lá, ele parecia monótono ao lado de seu brilhante e exuberante contemporâneo, mas viria a espantar aqueles que o subestimavam. Em 1887, como jovem assistente jurídico da Coroa na Irlanda, ele foi designado para processar William O'Brien e o fazendeiro John Mandeville em Mitchelstown, no caso que levou ao chamado "massacre de Mitchelstown".[187] Sua carreira desde então seguiu de vento em popa.

Ao conduzir a segunda leitura da lei de regularização fundiária, John Morley atraiu gritos perplexos das bancadas e aplausos dos nacionalistas ao lamentar o que ele caracterizara como críticas inúteis por parte dos unionistas e latifundiários desde a apresentação [da lei]. Carson, dissera ele, "tinha feito um discurso com violência mecânica e automática que em alguns momentos foi visto como pomposo, e que os advogados irlandeses tinham ao seu dispor [oh, e risos], mas que não contribuiu para qualquer avanço ou retrocesso em nenhum quesito [a torcida nacionalista vibra]". Quanto aos proprietários irlandeses, foram classificados por ele como "uma junta irreconciliável, violenta e inadestrável, e sempre equivocada [oh] — e que sempre lutava contra propostas semelhantes com desespero cego e bastante estúpido [oh]".

Carson foi breve em sua resposta, mas prometeu que ele e o partido lutariam contra o projeto a cada passo até o final, e assim o debate foi adiado.[188]

No dia seguinte, 3 de abril, Carson estava de pé novamente, desta vez no Old Bailey, como advogado de defesa no caso *Regina contra Queensberry* na Vara Criminal Central. O julgamento causou furor em Londres, pois o inquérito de Carson revelou ainda mais detalhes do estilo de vida de Oscar Wilde. Conforme observado pelo *Dublin Evening Telegraph* em 5 de abril: "O caso Wilde atraiu ao Old Bailey a maior e mais heterogênea multidão já vista em muitos anos. É, em grande parte, uma multidão estilosa — com exceção das senhoras — e inclui pessoas bastante conhecidas nos círculos teatrais". O jornal dedicou uma coluna inteira ao caso, e não obstante sua própria fidelidade nacionalista, comentou sobre as habilidades de Carson.

O julgamento por difamação continuou por dois dias, enquanto a nobre provocação de Wilde desmoronava sob a investida da retidão de Carson. Ao meio-dia de sexta-feira, Queensberry foi absolvido, deixando o caminho aberto para o promotor público prosseguir com um caso criminal contra Wilde, acusando-o de indecência. E assim, naquela mesma noite, Oscar Wilde foi detido no Cadogan Hotel na rua Sloane e levado para a prisão.

A vitória nos tribuais de Carson sobre Wilde, que era um defensor declarado do Home Rule, foi um triunfo também para aqueles que se opunham à lei de regularização fundiária irlandesa. O *Dublin Evening Telegraph* de quinta-feira ilustrou até que ponto Carson poderia controlar o destino do projeto de lei. O jornal discorreu sobre um longo discurso feito em Lambeth Baths pelo deputado nacionalista irlandês

John Dillon, em nome do candidato liberal L. P. Trevelyan. Dillon aproveitou a oportunidade para obter apoio para a lei de regularização fundiária, gabando-se da queda no número de crimes na Irlanda sob a administração de Morley:

> Onde estão todas as profecias sedentas de sangue do sr. Balfour, sr. T. W Russell e companhia, que declararam serem os irlandeses uma raça de animais selvagens que devem ser restringidos por coação? Os registros nunca poderão apagar a ideia de que o povo irlandês, enquanto se ressente da coação — e seria vergonhoso se não o fizesse ["tim, tim"] — sempre lutará contra isso, e contra a negação da liberdade; enquanto forem tratados como um grupo de seres humanos e como homens com direito a tratamento tal e qual o dado a vocês, eles reagirão a tal tratamento assim como vocês [aplausos].
>
> O projeto de lei de regularização fundiária, agora diante do Parlamento, é exigido por 90% do povo irlandês (...) Os membros ingleses não compreendem, e não querem se dar ao trabalho de compreender essa questão importantíssima, mas votarão como lhes diz o sr. Carson, QC.*

Na verdade, nenhuma votação foi feita sobre o projeto de lei de regularização fundiária de Morley, pois o governo liberal acabara por renunciar em junho. Poucas histórias do período se referem ao projeto de lei, ou mesmo ao período de Rosebery e Morley como primeiro-ministro e secretário-geral para a Irlanda respectivamente. No início de abril, no entanto, eles ainda estavam no poder, e seu projeto de lei de regularização fundiária irlandesa, que fora cuidadosamente preparado, era um assunto urgente e importante.[189]

É inegável que a queda de Wilde foi utilizada como propaganda política por aqueles que se opunham ao Home Rule. Assim como Charles Stewart Parnell antes dele, Wilde era um irlandês vitoriano de classe

---

* QC é a sigla para *Queen's Council*, advogado inglês de alto grau que atua como conselheiro da rainha. [NT]

alta, acusado publicamente de irregularidade sexual. Se tais líderes em potencial não podiam ser confiáveis para dar o exemplo, apelou a alegação, que esperança poderia haver de moralidade e "inteligência" entre as fileiras do eleitorado?

E agora o caso de Bridget Cleary, examinado no tribunal de Clonmel pelo coronel Evanson e os outros magistrados de Tipperary Sul, e que estava sendo noticiado por toda a Irlanda, Grã-Bretanha e além, se tornava um trampolim para a mesma plataforma. Na segunda-feira, 1º de abril, multidões se reuniram quando os nove réus masculinos marcharam pelas ruas até o tribunal, e o prédio estava lotado muito antes do início do processo. Mary Kennedy, trazida de trem de Limerick, chegou um pouco depois dos homens. O tribunal deveria ouvir as provas de William Simpson e do padre Cornelius (Con) Ryan. "Os réus", relatou o *Irish Times*, "ao serem colocados no banco, apresentavam uma aparência bastante despreocupada. Eles conversavam, sorriam e trocavam punhados de rapé."

William Simpson foi a primeira testemunha a ser chamada. Seu depoimento estava relacionado à noite de 14 de março, e corroborou com o depoimento dado por Johanna e Katie Burke. Eles tinham tido tempo suficiente para garantir que suas histórias batessem e, de fato, mais tarde, surgiria o boato de que Simpson havia instruído Johanna Burke sobre o que ela deveria dizer.[190] Perguntado sobre o que tantas pessoas tinham feito na casa dos Cleary naquela noite, quando enfiaram ervas e colostro garganta abaixo de Bridget Cleary, Simpson disse: "Eles estavam lá para caçar as bruxas e as fadas. A porta estava aberta para esse fim. Não sei se eles foram lá com esse propósito, mas, quando chegaram, esse foi o objetivo. Eu fui ver a sra. Cleary". Simpson também deu a opinião de que era Jack Dunne quem tinha dito: "Façam uma boa fogueira e nós a obrigaremos a responder".

O inspetor distrital Wansbrough conduziu Simpson com cuidado ao longo da declaração juramentada por ele fornecida antes que o corpo de Bridget Cleary fosse encontrado. Depois que Simpson descreveu como Bridget Cleary fora segurada acima do fogo, o sargento interino Egan forneceu as devidas provas; ele havia seguido Michael Cleary de Drangan até a casa de Ballyvadlea em 16 de março. Ele apresentou uma camisola de flanela com listras, coletada depois que ele entrara por uma janela da casa por volta das dez horas da mesma noite. Simpson a identificou como a camisola usada por Bridget na noite de quinta-feira. Ele contou como Johanna Burke e Mary Kennedy tiraram as roupas de Bridget e a vestiram com uma camisa limpa e seca depois que os homens a tinham colocado de volta na cama.

A corte suspendeu a sessão para o almoço quando a narrativa de Simpson chegou à meia-noite de quinta-feira, a hora em que Bridget Cleary teria sido resgatada das fadas. Voltando a ser interrogado na parte da tarde, ele disse ter passado o restante da noite com outras pessoas na casa depois que Patrick Boland e os quatro Kennedy partiram para o velório em Killenaule, e ainda relatou sua última visita a Bridget Cleary na manhã do dia em que ela morreu. Além disso, mencionou a vigília de Michael Cleary em Kylenagranagh Hill, que esperava ver sua esposa ressurgir em um cavalo branco.

Ao interrogar Simpson, Richard J. Crean, advogado de Denis Ganey e Michael Cleary, tentou estabelecer que as instruções de Cleary sobre a forma como as ervas seriam administradas tinham partido de Jack Dunne, e não de Ganey. Nenhum dos outros réus, exceto William Ahearne, tinha defesa particular. O *Irish Times* descreveu Jack Dunne e Patrick Boland como "tipos estranhos de homens do campo". Como sabemos, os dois eram primos em primeiro grau; ambos pertenciam à geração de trabalhadores nascidos antes da Grande Fome, que nunca haviam aprendido a escrever; eles com certeza não se sentiam à vontade no mundo alfabetizado para contratar advogados.

O dr. John J. Hanrahan, outro advogado de Clonmel, representou William Ahearne. Simpson corroborou o depoimento de que o jovem tinha sido obrigado a segurar a vela no quarto de Bridget Cleary, acrescentando que "Ahearne era um garoto delicado e não trabalhava". Ele também disse ao tribunal que não vira Michael Kennedy participando do processo e que Bridget Cleary não resistira ao ser colocada acima do fogo. (Isso foi quando ele se recordou das palavras dela: "Você vai fazer de mim um arenque defumado? Dê-me uma chance!".)

O restante da tarde de segunda-feira foi gasto colhendo os testemunhos do padre Ryan. Ele havia visitado a casa duas vezes, embora tivesse sido chamado em três ocasiões. Ele também tinha se encontrado e falado com Michael Cleary na capela em Drangan no dia seguinte à morte de

Bridget, quando Michael estava angustiado e amargurado e chorava tão alto que o padre começara a temê-lo. O inspetor distrital Wansbrough perguntou ao padre, quando este descreveu suas visitas à casa: "É possível que você não tenha ouvido nada sobre os procedimentos de bruxaria?".

"Até aquele momento eu não tinha ouvido nada... absolutamente nada."

"Você não acha isso muito estranho?"

"Não, não acho. Posso dizer que muitas vezes o padre é o último a saber desse tipo de coisa. Ouvi um boato no sábado, depois que a sra. Cleary desapareceu misteriosamente. Eu não tinha nenhuma suspeita de crime ou bruxaria, e, se tivesse, teria me recusado a rezar a missa na casa da família, e teria fornecido informações à polícia na mesma hora."

Wansbrough voltou à mesma linha de questionamento após ouvir sobre a conversa do padre com Jack Dunne no pátio da capela. Nascido em Somerset, na Inglaterra, e adepto do protestantismo, aparentemente Wansbrough tinha dificuldade para compreender a natureza da relação entre os padres católicos irlandeses e seus paroquianos, em que grande parte da comunicação era protegida pelo sigilo do confessionário: "Você dirá como, tendo-lhe sido revelado esse crime sujo, não tomou nenhuma providência para trazer os criminosos à justiça, ou para informar a polícia?". O padre Ryan tinha, é claro, alertado a polícia em Drangan sobre a situação em Ballyvadlea, logo após ter falado com Michael Cleary em 16 de março, mas ele não podia dizer que suspeitava de assassinato.

"Eu disse à polícia que suspeitava de um crime por conta de algo que Dunne dissera, ou que provavelmente ele poderia fornecer todas as informações pertinentes."

"Mas ele não lhe disse que ela foi queimada até a morte?"

Não houve resposta e, nesse ponto, Wansbrough aparentemente desistiu:

"É mesmo impressionante, mas deixarei para que o tribunal faça seu julgamento. Não é uma prova, e não farei mais perguntas".

Os procedimentos do dia estavam quase no fim, mas o padre Ryan estava tentando esclarecer sua posição: pelo comportamento de Cleary, ele suspeitara de algum tipo de malfeito, então denunciara o caso à polícia e solicitara que tomassem conta dele.

Na terça-feira, a audiência foi retomada com o testemunho de Minnie Simpson, do fazendeiro Thomas Smyth e de dois policiais, além de Wansbrough e do sargento Patrick Rogers, que comandavam o grupo que encontrou o corpo.

Wansbrough testemunhou ter visitado a casa dos Cleary assim que ficara sabendo do desaparecimento de Bridget. Ao se referir à construção como "um dos novos chalés dos trabalhadores", ele relembra o leitor de como a paisagem havia mudado nos últimos dez anos desde que os Guardiões da Lei dos Pobres tinham começado a implementar as disposições da Lei dos Trabalhadores (Irlanda) de 1883. A casa em Ballyvadlea não parecia particularmente antiga no final do século XX; sendo assim, no final do século XIX, apesar de certo desgaste, conforme mostrado na fotografia do policial McLoughlin, ela devia ter uma aparência surpreendentemente nova.

Quando o sargento Rogers e os guardas Somers e O'Callaghan encontraram o corpo de Bridget Cleary em 22 de março, Wansbrough dirigiu-se ao local para vê-lo. Ao que tudo indica, ele também solicitara providências, pois informara ao tribunal que o corpo tinha sido largado a um quilômetro da casa dos Cleary. Ele viu os resultados da autópsia e ouviu as descobertas da investigação do médico-legista. Wansbrough deu provas de ter revistado a casa em 23 de março e de ter encontrado uma pá quadrada e uma pá de bico:

> A pá quadrada era relativamente nova e o cabo estava manchado com óleo, como se tivesse sido carregada por uma pessoa com a mão oleosa. Parecia ser óleo de parafina. A pá tinha vestígios de terra preta, pantanosa, semelhante à do solo em que o corpo foi encontrado.

O tribunal ouviu o sargento Rogers discorrer a respeito da descoberta do corpo, e o magistrado que presidia a sessão elogiou a polícia por seu trabalho: "O coronel Evanson disse que os magistrados desejavam expressar seu reconhecimento sobre a ação célere do inspetor distrital Wansbrough e dos homens sob seu comando, em especial ao encontrarem naquele local pouco frequentado o corpo da mulher desafortunada".

Seis anos mais tarde, Michael McCarthy dedicou várias páginas de seu *Five Years in Ireland* à intrépida busca por Bridget Cleary realizada por Wansbrough:

> Estações ferroviárias são vigiadas, fazendas e anexos são revistados; campos e bosques e arbustos são rastreados em todas as direções; lagoas e rios são investigados (...) Exaustivamente (...) O inspetor distrital Wansbrough conclui corretamente que ela deve estar morta. Se o corpo de Bridget Cleary não fosse descoberto, nenhum outro procedimento real poderia ser realizado. Nenhum crime poderia ser imputado a essas pessoas, fosse qual fosse. A polícia parecia estar se embrenhando em uma busca inútil. Milhares de quilômetros quadrados de área para procurar por um pobre corpo meio queimado jazendo em poucos metros de terra! Nenhuma assistência, nenhuma pista, embora tantas pessoas ao redor soubessem de tudo.[191]

McCarthy começa citando as estações ferroviárias, tal como fizeram muitos dos articulistas de jornais. As linhas escuras do mapa ferroviário, irradiando das cidades e vilas, eram uma imagem sólida do pensamento lógico, linear e hierárquico, um sustentáculo do trabalho de administradores, cientistas e educadores. Em toda a Europa e América do Norte, a chegada da ferrovia na segunda metade do século XIX sinalizou o fim da barbárie e a chegada da civilização. Peixes frescos, ovos, flores e legumes podiam ser transportados dos postos mais distantes para os centros populacionais, e o dinheiro podia ser enviado de volta em troca, ao mesmo tempo que jornais diários levavam a língua, a cultura e os valores da metrópole para fora.

No comentário de McCarthy, é como se uma membrana impenetrável separasse as autoridades das pessoas do campo; ele implica que a polícia teria de revirar cada metro quadrado do solo em Tipperary Sul em sua busca. Existia uma barreira entre a cultura metropolitana e a cultura vernácula, e as prevaricações da narrativa de fadas faziam parte dela, mas certos indivíduos se movimentavam livremente através dela. O *Cork Examiner* relatou que William Simpson havia conduzido a polícia até onde o corpo estava enterrado, pois mais tarde ele indicara o ponto de desova ao próprio repórter especial do jornal. Em todos os relatos, Simpson emerge como individualista e uma espécie de oportunista; sua personalidade devia ser um tanto firme para sustentar uma posição tão ambígua.

Antes de concluir os procedimentos de terça-feira, o inspetor distrital Henry Hawtrey Jones, de Clonmel, descreveu perante o tribunal o terno de tweed cinza que Michael Cleary estava vestindo no momento da prisão. As peças por ele usadas foram apreendidas no dia em que o corpo de Bridget foi descoberto, e Jones apontou manchas de gordura e marcas nas pernas das calças, na manga direita e na frente do paletó. A polícia então providenciara novas roupas para ele: o registro das comunicações recebidas no Castelo de Dublin em 1895 traz um resumo conciso de uma requisição recebida: "6153: 2 de abril, Despesas de Tipperary, compra de roupas para o prisioneiro M. Cleary".[192]

Na terça-feira, o coronel Evanson anunciou que o tribunal não se reuniria no dia seguinte. O inspetor municipal da RIC de Tipperary Sul, com sede em Clonmel, já havia enviado um telegrama ao Castelo de Dublin: "É provável que o caso Cleary termine na quinta-feira, pois amanhã teremos um adiamento, já que se trata de o dia de feira comercial. O caso não pode terminar hoje. Dois advogados representam alguns dos acusados".[193] Na quarta-feira 3 de abril, portanto o dia em que o confronto entre Oscar Wilde e Edward Carson no tribunal teve início, em Londres, os atores do drama de Clonmel estavam descansando. As feiras de Clonmel na primeira quarta-feira de cada mês eram famosas, e a cidade ficava abarrotada de gente comprando e vendendo cavalos, gado e ovelhas. O *Clonmel Chronicle* publicou seu suplemento tabloide, detalhando os depoimentos de segunda e terça-feira no caso Cleary. No mesmo dia, o *Dublin Evening Telegraph* publicou um artigo "especialmente provocativo" com o título "O terror em Tipperary: *Changelings*".

O autor do artigo, identificado apenas como "X", se baseou em *Fairy and Folk Tales of the Irish Peasantry*, de Yeats, com referências a escritos do século XII de Giraldus Cambrensis, Edmund Spenser, dr. John Anster e Thomas Crofton Croker, e à "bela balada de sir Walter [Scott], *Tam Lin*". Ele citou *The Faerie Queene*: "Esses homens chamados *changelings*, então mudados pelo roubo por fadas", e o dr. Anster: "Fiz o sinal da cruz, mas naquela noite meu filho foi levado! / Eles deixaram um fracote em seu lugar / E eu fiquei de coração despedaçado". De lady Wilde, via Yeats, vieram as linhas: "Queimem, queimem, se do diabo, queimem / Mas se de Deus e dos santos, estejam livres de males". O jornalista também explicou: "As 'fortificações' irlandesas sempre foram sagradas para o 'bom povo', e é por isso que aquelas valas redondas que rodeavam as antigas vilas irlandesas ainda sobrevivem às centenas, muito embora tenha se passado mil anos desde que a última foi erguida".

O conhecimento do articulista sobre folclore e sítios arqueológicos reflete a importância do estudo antiquário na Irlanda no final do século XIX. Quando Michael McCarthy escreveu sobre esses assuntos cinco anos mais tarde, no entanto, ele mostrou menos desapego acadêmico. Ao mencionar pela primeira vez a palavra "forte" em conexão com o caso Cleary, ele explicou:

> Deixe-me dizer logo de início que tais fortificações são apenas uma cerca em anel, ou cerca em anel duplo, de terra simples, erguidas em tempos antigos pelos dinamarqueses ou outros colonos na Irlanda, à maneira de um kraal, formação circular comum nas aldeias do povo zulu. O Sul da Irlanda está repleto delas; e embora estejam frequentemente situadas de modo inconveniente em terras de lavoura, e embora sua destruição não apresente nenhum tipo de dificuldade além do mero nivelamento da cerca, elas foram preservadas a partir de um pavor supersticioso de azar para quem quer que se aventure a destruí-las. Fui informado de que as pessoas em Ballyvadlea acreditam que um indivíduo que ousa se aventurar perto do forte à noite pode ser acometido por reumatismo, paralisia e coisas do tipo! Esses malditos inúteis e detestáveis restos de barbárie devem ser erradicados por todo homem que deseja ver a Irlanda prosperar. Eu mesmo conheço uma série de fazendeiros que possuem fortes em suas terras: todos os fazendeiros da melhor classe, prósperos, racionais, hospitaleiros, inteligentes, homens

de negócios perspicazes; no entanto, nenhum deles tem a coragem de remover os tais incômodos de suas propriedades, embora reclamem sem parar sobre os inconvenientes que causam.[194]

O *Atlas of the Irish Rural Landscape*, publicado em 1997, mostra até que ponto os fortes circulares foram retirados da paisagem durante os últimos cem anos (vide Capítulo 3). Em contraste, duas anedotas registradas por Patricia Lysaght em 1976 e 1989, no condado de Laois, a 112 quilômetros ao norte de Ballyvadlea, ilustram sua contínua importância imaginativa.[195] Tais narrativas estão inseridas em um passado indeterminado, porém não remoto. Elas servem para definir um forte circular como um lugar sagrado — um local sobre o qual histórias contendo verdades importantes são narradas — e são também um ponto de referência para o controle social. A contadora de histórias Jenny McGlynn se referia ao local perto de sua casa como o "Rusheen", descrevendo-o como "um pedaço de colina com um *rath* em cima, coberto de arbustos". Ambas as narrativas a respeito disso — e mais exemplos poderiam ser apresentados por toda a Irlanda — recapitulam uma analogia bastante recorrente entre a paisagem e o corpo humano. Se os homens perturbam a integridade do forte, ferindo o corpo que ele representa, ou se penetram em seu interior sem permissão, eles mesmos sofrem mutilações, seja em seus próprios corpos ou vicariamente por meio de um animal da fazenda.

A primeira história é sobre um homem que cortou um bastão do Rusheen para conduzir seu gado:

> (...) e quando ele passava pelo portão com seu gado, um pequeno homem lhe entregou um rabo bovino e disse: "Eis uma chibata para seu chicote". E o rabo de uma das vacas foi cortado.
>
> Se você fizer mal a eles, ou a seus bens, eles farão mal a você. Quer dizer, foi uma grande perda para aquele homem, o rabo de sua vaca caiu no caminho de casa para a ordenha.

Lembramos que os agitadores camponeses muitas vezes cortavam o rabo do gado pertencente a "grileiros" e "socorristas"; por meio da narrativa oral, as fadas explicavam os danos que não podiam ser seguramente localizados, fosse na cultura ou na natureza.

A segunda das histórias de Jenny McGlynn diz respeito a um trabalhador que "limpou" o Rusheen a fim de prepará-lo para a lavoura, sem saber que era um *rath*: "E ele foi e cortou velhos arbustos espinhosos para dar lugar à lavoura. E um espinho ficou cravado em sua mão. E a mão se deteriorou; foi preciso amputá-la".

Quando confrontadas com o racionalismo impaciente de um Michael McCarthy, histórias como essas são facilmente rotuladas de superstição, mas lembremos que jamais foram concebidas para serem contadas a ele, ou aos jornalistas ou aos advogados envolvidos na investigação da morte de Bridget Cleary, a não ser para mero entretenimento. Contadas a um público simpatizante e familiarizado, portanto preparado para suspender o ceticismo em benefício do prazer e da sabedoria, elas estavam repletas de significado. Como Jenny McGlynn disse em 1989: "Que fiquem em dúvida; assim mantêm-se as histórias; assim mantêm-se vivas as velhas tradições".[196] Em um ambiente favorável para dividir narrativas com o próximo, não há nada de perigoso nas histórias de fadas; pelo contrário, elas servem a muitos dos propósitos dos sinais de alerta e regulamentos de segurança do mundo moderno. Os programas de televisão sobre educação sanitária e cuidados infantis costumam se utilizar da narrativa para comunicar suas mensagens. Entretanto, a crença nas fadas é uma ferramenta pujante e imaginativa, com o mesmo potencial de má utilização de drogas e de outras terapias capazes de alterar o estado mental, por exemplo. Na Irlanda rural do século XIX, ela era uma moeda, podendo ser usada tanto para o bem quanto para o mal. Dentro da tradição, seu uso para o mal era chamado de *piseogaíocht*, "superstição", mas a carga negativa passou a ser válida para todos os seus aspectos.

Para as pessoas letradas, em 1895, que liam os relatos de jornal sobre a morte de Bridget Cleary, manter vivas as antigas tradições soaria inútil e irresponsável. (As exceções eram os protestantes literários com gosto pelo misticismo, como Yeats e George Russell.) Enquanto isso, a maioria das pessoas (não todas!) que contavam lendas de fadas eram católicas. Dentre os protestantes, acreditava-se que o próprio catolicismo tinha um efeito contaminante sobre o corpo político, em especial após a declaração de infalibilidade papal em 1870. Tal desconfiança foi expressa com ênfase na Alemanha: quando três meninas pequenas da aldeia alemã de Marpingen relataram uma série de aparições da Virgem Maria em 1876, o resultado foi uma espécie de histeria popular de devoção que confirmou a polarização dos católicos e dos liberais nacionalistas. A repulsa ao retrocesso católico, à superstição e à "escuridão" foram expressas na Alemanha como se fossem doenças: "As ordens religiosas eram 'consequências de aberrações doentias de desejos sociais humanos'; deve-se agir contra elas como se agiria contra 'a filoxera, o escaravelho-da-batata e outros inimigos do Reich'". A resposta do estado prussiano naquela ocasião foi uma repressão policial e militar.[197]

Longe de defender o princípio ecológico "viva e deixe viver", ou de acolher e abrigar a diversidade, a mente progressista do final do século XIX defendia uma higienização implacável que exterminaria — ou pelo menos tiraria de circulação por potenciais subversivos — tudo o que não fosse sonhado em sua própria filosofia. Como se para ilustrar um paralelo entre a homossexualidade e a crença em fadas, mesmo que ambos estivessem sendo repudiados nos tribunais, a palavra "fada" como um termo para designar um homem homossexual apareceu pela primeira vez em 1896.[198] Muitas vezes pessoas bem-intencionadas, porém sem imaginação, dedicavam energia para erradicar coisas feitas em comum acordo entre adultos, quer estivessem fazendo sexo ou apenas contando histórias um para o outro. A visão de um Oscar Wilde tagarelando despreocupadamente com Edward Carson no tribunal da Great Marlborough Street, em Londres, bem como os sorrisos e as fungadas no rapé dos réus ouvidos pelos magistrados em Clonmel representavam um desafio à retidão do progresso.

A acusação não tinha lá muita força: suas testemunhas eram os parentes e vizinhos dos réus, e possíveis cúmplices, enquanto Johanna Burke, que havia sido presa antes, era de fato uma informante. O advogado John J. Hanrahan era doutor em direito, iniciando o exercício em 1889; Richard Crean iniciara em 1887; nenhum dos dois esqueceria sua formação jurídica naquele momento. O inspetor distrital Wansbrough vinha conduzindo a acusação, mas agora a polícia parecia sentir a necessidade de apoio legal. Ao fim do dia 2 de abril, a RIC do Castelo de Dublin enviou um memorando ao subsecretário: "Pedido de Clonmel para que o advogado da Coroa ou o advogado secional da Coroa compareça no dia 4 de abril".

O advogado da Coroa foi Michael Gleeson, de Peter Street, Nenagh, a 85 quilômetros de distância. O subsecretário respondeu: "O advogado da Coroa foi instruído a comparecer e a se colocar em comunicação com o I[nspetor] do C[ondado] em Clonmel".

Quando os magistrados retomaram a audiência em Clonmel, em 4 de abril, Michael Gleeson estava presente para dar seguimento ao processo. Ele e o coronel Evanson deliberaram sobre a necessidade de ouvir depoimentos médicos, mas os médicos só poderiam comparecer no dia seguinte. Os procedimentos de quinta-feira foram breves, portanto, com o sargento interino Egan testemunhando sobre o que havia observado ao seguir Michael Cleary de Drangan para casa, e relatando sua entrada pela janela do chalé.

Na sexta-feira de manhã, tanto o dr. Crean quanto o dr. Heffernan apareceram. William Crean forneceu provas sobre sua visita a Bridget Cleary, e então ele e William Heffernan testemunharam sobre suas descobertas no exame post mortem. Michael Gleeson os questionou sobre os sintomas da vítima e suas descobertas posteriores, e depois encerrou o caso para a Coroa.

Richard Crean propôs interrogar duas testemunhas em nome de Denis Ganey, porém elas não foram convocadas, pois o coronel Evanson anunciou que os magistrados não tinham ouvido nenhuma acusação contra o médico das fadas. Com a concordância de Gleeson, ele então o destituiu e, após mais de duas semanas sob custódia, Ganey foi autorizado a sair em liberdade na sexta-feira de manhã. Diante do vocabulário em latim dos médicos e de suas declarações baseadas no exame post mortem — o olhar médico penetrando os segredos mais profundos do corpo através da dissecação cadavérica —, o tribunal considerou o médico das fadas e sua forma de cura tradicional nem culpável nem sinistra, apenas irrelevante.[199]

John J. Hanrahan, advogado de William Ahearne, fez uma tentativa fracassada de isentar seu cliente das acusações: Ahearne era um "garoto delicado de 16 anos" que tinha sido enviado pela mãe à casa dos Cleary e lá detido contra a sua vontade. Ele jamais teria conseguido prevalecer sobre os homens mais velhos, e a única evidência incriminadora era que ele tinha segurado uma vela enquanto um remédio inofensivo estava sendo administrado. Diferentemente de Ganey, porém, e assim como todos os outros réus, Ahearne havia estado na casa na noite de quinta-feira, durante a tortura de Bridget Cleary. O fato de ele ter estado em outro lugar (junto a Jack Dunne e Michael Kennedy) na noite em que ela viera a falecer acabou sendo pouco relevante para o tribunal.

Quando os depoimentos das diversas testemunhas foram lidos por inteiro, com uma pausa para o almoço, Michael Kennedy declarou seu desejo de interrogar uma testemunha. Edward Anglin prestou juramento. Ele era o fazendeiro de Drangan para quem Michael Kennedy trabalhava, e confirmou o que o jovem tinha dito: que Michael Kennedy estava no emprego havia dois anos, e que na noite de quinta-feira, 14 de março, ele havia pedido o salário para levar dinheiro à sua mãe. Kennedy mandou chamar seu empregador através da polícia, mas tanto Anglin quanto o coronel Evanson pareciam estar meio perdidos quanto à relevância de seu testemunho. Michael Kennedy explicou, entretanto, que queria esclarecer o que vinha fazendo em Ballyvadlea: ele tinha ido lá na quinta-feira para dar dinheiro à mãe, mas não havia estado no local na sexta-feira.

Até então, a audiência havia se ocupado do depoimento de testemunhas dóceis — pessoas letradas, ou pelo menos alfabetizadas, como William Simpson, os dois médicos e os policiais, ou pessoas complacentes e bem instruídas, como Johanna e Katie Burke. Agora, finalmente, após quase quatro dias de testemunho, os prisioneiros estavam sendo questionados, um após o outro, se tinham alguma declaração a fazer. Michael Cleary era alfabetizado, mas não dócil. Recordemos que na semana anterior ele furiosamente interrompera Johanna Burke no tribunal. Agora, os outros prisioneiros eram retirados do banco dos réus, e assim ele começou a falar:

> Sim. Isto se refere a Johanna Burke. Ela declarou nos depoimentos que eu joguei óleo de parafina em minha esposa. Eu não joguei óleo de parafina em minha esposa, nem

havia óleo de parafina em casa na ocasião, apenas o que a própria Johanna colocara de uma garrafa em uma lamparina que estava acesa. Ela declarou também que eu coloquei minha esposa no fogo. Eu não coloquei minha esposa no fogo, nem o teria feito. Eu preferiria me jogar em uma fogueira a colocá-la no fogo. Ela [Johanna Burke] e sua família frequentemente tentavam ferir a mim e minha esposa. Não éramos de maneira alguma muito [próximos], somente nos últimos doze meses. Tanto ela quanto seus irmãos não poupavam esforços para ferir a mim e minha esposa, e nunca tiveram a oportunidade de fazê-lo até que conseguiram matar minha esposa, e qualquer pessoa neste país disposta a dizer a verdade declararia isso. Tenho trabalhado aqui nesta cidade de Clonmel há quatro anos, e o pai dela [Johanna], que agora está morto, e ela mesma, que ainda está viva, quando nada puderam fazer comigo, tentaram [destruir] meu caráter perante minha esposa pelas minhas costas. O pai dela costumava dizer: "Ah! Duvido que ele volte para casa agora. Ele tem muitas mulheres onde está. Duvido que ele vá fazer algo para vê-la". Em outras ocasiões, antes disso, [Johanna Burke] quando ela levava uma queda na estrada, costumava dizer que eu tinha colocado uma corda diante dela para matá-la. O pai dela fazia de tudo para chamar a polícia [para me acusar], e para saber [então] se ela podia provar a história. Portanto, esse é o fim de tudo. Não tenho mais nada a dizer. Isso me deixa desapontado com ela.

Os protestos de Michael Cleary não são incomuns: as mulheres com frequência são feridas ou mortas por homens que afirmam amá-las.[200] A explosão de Cleary é notável não tanto por sua autojustificação e pelas acusações paranoicas, mas por sua comunicação vívida de tudo o que a estrutura civilizada de pergunta-resposta-interrogatório é incapaz de acomodar: fala de um histórico doméstico de desconfiança e traições que remonta a vários anos, e da capacidade que as palavras maliciosas têm de se alojarem com amargura na memória. "Nós não éramos nenhuma maravilha", disse ele, usando a mesma expressão que Gretta Conroy usa na história de James Joyce chamada "Os Mortos". Suas palavras são uma tradução direta do irlandês *Ní rabhamar mór le chéile ar chor ar bith*. Ser "uma maravilha com" alguém é gostar dessa pessoa, ou dar-se bem com ela. Ser "muito mais do que uma maravilha" é estar apaixonado.

Os jornais, por sua vez, descreveram o testemunho de Michael Cleary, assim como o de seu sogro, Patrick Boland, e de Mary Kennedy, que falou logo depois dele, como divagante e incoerente: "[Cleary], ao ser questionado sobre o que queria dizer com 'não éramos uma maravilha', respondeu, de forma desconexa, que Pat Boland era um tio para os meninos, e que a esposa de Pat Boland e a esposa do réu não eram 'maravilhas', e que a esposa de Pat Boland ou os meninos não entravam em sua casa, exceto quando queriam um cigarro".

Pode ser que Michael Cleary tenha dito "a esposa de Pat Boland" (ou seja, a falecida mãe de Bridget Cleary) quando na verdade queria se referir à esposa de Richard Kennedy, Mary, ou o estenógrafo da corte pode ter cometido um deslize. É possível que "os meninos" fossem os irmãos de Bridget, mas, qualquer que fosse a combinação de pessoas que ele tivesse em mente, fica nítido que, para Michael Cleary, as relações na família estendida de sua esposa não eram boas.

O pai de Bridget Cleary, Patrick Boland, foi convocado a seguir, e, enquanto isso, os outros réus eram mantidos fora da sala de audiências. Aqueles que ouviam para fins oficiais tinham pouca paciência com sua maneira de falar, que alternava entre conversa e narrativa. A declaração nos mostra a impotência desse senhor analfabeto do interior diante de uma autoridade desconhecida, ao mesmo tempo que transmite com vividez a cena da tortura e da morte da própria filha. Os acontecimentos de quarta e quinta-feira à noite parecem se misturar em seu relato, a menos que os homens tivessem levado Bridget Cleary à lareira tanto na quarta como na quinta-feira, mas sua recordação das palavras faladas é evidente e, lidas no contexto do que já sabemos, soa perfeitamente coerente. Sua narrativa é uma narrativa oral, livre da influência da escrita. Assim como sua irmã, Mary Kennedy, e o primo, Jack Dunne, e como os contadores de histórias em todos os lugares, ele emprega o discurso direto:

Patrick Boland, que afirmou estar se sentindo fraco, e cuja voz não podia ser ouvida com clareza do banco dos réus, foi autorizado a sentar-se no banco das testemunhas para dar seu depoimento. Ele contou que, na primeira noite em que Bridget foi queimada, eles a deitaram e a colocaram no fogo quando ela não estava tomando ervas. Disse Jack Dunne: "Nós vamos fazê-la falar".

"Eles a deitaram e a colocaram na frente do fogo. Disse Cleary para mim: 'Você tem fé? Você não sabe que é com uma velha bruxa que estou dormindo?'.

"Eu respondi: 'Você não está. Você está dormindo com minha filha'.

"Eles a deitaram e a colocaram na fogueira. Não havia fogo, posso dizer. Michael Cleary falou: 'Chame agora sua filha em nome do Pai, do Filho e do Espírito Santo, e eu fico com ela apesar do mundo'. Então eu tive certeza de que era ela comigo quando ele disse isso. Então as mesmas pessoas a levantaram e a colocaram na cama, e ela estava bem como nunca naquela manhã. Isso é tudo o que tenho a dizer sobre aquela noite.

"Na noite seguinte, o pai dele morreu, e um homem veio para contar a Michael Cleary que o pai tinha morrido. Ele me mandou ir para o velório, e ele mesmo não foi. Fui então ao velório, e quando cheguei em casa pela manhã fui para a cama e falei com ela. Ela estava ótima, e não havia ninguém com ela a não ser Mary Boland [Kennedy]. Ela ficou ótima até a noite seguinte, quando tomamos uma xícara de chá, e ele pediu que ela comesse um pouco de pão com ele, e ela concordou. Ele lhe deu um pouquinho, e ela comeu dois pedaços; ela não queria comer o terceiro, e ele a segurou e bateu nela; ele pensou em forçar o pão na goela de Bridget mesmo ela não querendo. 'Ah', disse ele, 'eu te farei engolir, sua bruxa velha', jogando-a no fogo; e isso é tudo o que sei.

"Eu tive que fugir daquela casa. Para encurtar a história, ele a queimou. Não tenho mais nada a dizer, mas ele mesmo a queimou. O padre Ryan me disse para contar a verdade quando fui me confessar com ele. É o padre Ryan da cadeia [isto é, não o padre Con Ryan de Drangan]. Cleary então pediu a ajuda de Patrick Kennedy para enterrá-la, e Patrick Kennedy respondeu que não podia, mas Michael o convenceu. Ele foi com ele e a enterrou."

Boland dirigiu-se então ao magistrado que presidia a sessão:

Será que Sua Excelência me permitiria ir para casa? Fica a pouco menos de um quilômetro daqui, e estou disposto a voltar quando o senhor quiser. Quero ir para casa, pois estou perdendo a visão. O sargento pode me ver todos os dias, porque estou a menos de um quilômetro dele; e o senhor conseguiria ser decente comigo? Eu ficaria muito grato ao senhor.[201]

O coronel Evanson disse a Boland que ouviria a decisão do tribunal mais tarde.

Quando Mary Kennedy prestou depoimento, os jornalistas a consideraram igualmente inaudível e incompreensível e, quando a sessão foi encerrada, ela havia relatado os acontecimentos apenas até a quinta-feira à noite. Assim como seu irmão, Mary Kennedy relembrou os eventos de forma viva, em uma narrativa imediata que nos conta não apenas o que as pessoas fizeram, mas o que elas disseram e como se sentiam umas em relação às outras. Dois dias antes de morrer, Bridget Cleary tinha dito a ela que o marido "estava fazendo dela uma fada, e que ele havia tentado queimá-la três meses atrás". Ela também comentou com a tia que "se sua mãe fosse viva, ela não estaria assim".

Na sexta-feira de manhã, enquanto Edward Carson, no julgamento por difamação em Londres, finalizava seu ataque feroz a Oscar Wilde no discurso da defesa, a audiência da corte de Clonmel tinha seu início uma hora mais cedo do que de costume, pois a intenção era encerrarem ainda naquela noite. Primeiro, foram lidas as declarações feitas por Cleary, Boland e Mary Kennedy na noite anterior, para que os réus tomassem conhecimento de seu conteúdo. Quando Michael Cleary ouviu o que Patrick Boland dissera, ele reagiu com outra explosão fervorosa:

> Eu faria uma objeção a essa declaração. Não há uma única palavra de verdade nisso e, se eu quiser fazer justiça entre eles, eles são todos um só. Se eu não conseguir justiça aqui, eu a conseguirei nos céus. Todos eles estão em conluio ali, e nenhum deles disse a verdade. Todos eles estão em conluio [todos um grupo, todos parentes]. Eles querem dar o melhor de si, e o pai deles é o pior por fazer o mesmo comigo. Se eu vou conseguir justiça — não me importo se vou ou não — vou consegui-la em outro lugar. É a maldade e a sujeira deles. Eu não a matei, mas eles a mataram e a enterraram.

Johanna Burke tentou dizer alguma coisa, e Cleary reagiu furiosamente. Os jornais diferem nesse ponto em seus relatos, lembrando-nos de que todas as declarações apresentadas aos leitores (e a nós) dependiam, em exatidão, da escuta cuidadosa dos estenógrafos; quando as trocas se tornavam acaloradas, os detalhes podiam escapar. De acordo com o *Irish Times*, Michael Cleary se voltou contra Johanna Burke: "Você falou o que quis", acusou ele. "Você não precisa levar seu personagem para além de Fethard!". Ele então se voltou para os outros réus e acrescentou: "Vou convencê-los de que não sou covarde como vós, seu bando sujo. Eu nunca coloquei um dedo nela". No *Cork Examiner*, no entanto, lemos:

> Johanna Burke, uma das testemunhas do caso, que ocupou uma cadeira no tribunal, dirigiu um comentário a [Michael] Cleary, que mais uma vez respondeu com agitação: "Estou satisfeito, seja qual for o caminho. Eu não sou covarde como vós. Nunca toquei um dedo nela, e nunca o faria", e, dirigindo-se aos outros acusados no banco dos réus, disse: "Só os irmãos e primos dela em primeiro grau poderiam fazer uma coisa dessas".

A referência de Michael Cleary aos irmãos de sua esposa se destaca: ninguém mais os havia mencionado até então.

Mary Kennedy assumiu outra vez a posição no banco de testemunhas, a fim de continuar sua declaração, mas agora os outros acusados permaneciam no banco dos réus. Ela então contou sobre a sexta-feira, três semanas antes, quando tinha passado a maior parte do dia na casa dos Cleary, relatou as várias conversas que haviam acontecido, e depois sobre suas próprias experiências angustiantes naquela noite, quando Michael Cleary a empurrou enquanto ele estava sobre o corpo queimado de Bridget. Sua história levou muito tempo para ser contada, e ocupou um espaço considerável nas colunas do *Irish Times* e do *Cork Examiner* de segunda-feira. Em cada etapa, ela citava nominalmente os participantes e suas respectivas falas, e dava sua versão das próprias palavras. Não foi um resumo, como uma testemunha alfabetizada daria; em vez disso, foi uma encenação dramática. Quando ela terminou, em vez de assinar seu depoimento, ela o marcou com um X. O testemunho de Mary Kennedy foi seguido pelo de seu primo, Jack Dunne, e depois pelos de seus filhos, Patrick, James, Michael e William.

O depoimento de Dunne também foi longo. "Ele é um homem de idade, mas falou de forma inteligente", de acordo com o *Irish Times*. Tal como Mary Kennedy, Dunne fez uso considerável do discurso direto, mas também deu detalhes sobre os vários dias e horários envolvidos (devemos nos lembrar de que havia um relógio na cozinha dos Cleary):

> Ele disse que foi até a casa de Michael Cleary na quarta-feira, e lhe perguntou como estava a esposa. Cleary respondeu que ela estava mais ou menos, e que o padre e o médico estavam com ela. Ele (Dunne) então seguiu para vê-la na cama e disse a Cleary que ela não estava tão mal assim. Cleary afirmou: "Eu tenho algo aqui para ela que a deixará melhor".
>
> "O que é?", perguntou ele (Dunne).
>
> Cleary explicou: "São ervas que peguei de uma mulher em Fethard".
>
> Ele (Dunne) viu as ervas dadas a Bridget. Ele permaneceu por cerca de uma hora na casa, e depois foi embora. Michael Cleary então mandou uma vizinha chamá-lo para que ele fosse até a casa, que ele não podia depender do grupo que estava com ele. Ele (Dunne) então subiu, e Cleary disse: "Agora tenho algo que vai curá-la. Eu tenho ervas que a curarão. Será muito difícil fazê-la tomar isto. Você precisa me ajudar com ela".

Eles deram as ervas a Bridget e se sentaram próximos à lareira por alguns minutos. William Ahearne então veio e perguntou-lhe se ele estava indo para casa, e ele (Dunne) confirmou que estava. Michael Cleary disse que ele não deveria ir, pois o queria para outra coisa. Isso era por volta das oito ou nove horas da noite. James, Pat e William Kennedy entraram na casa. E Michael Cleary falou: "Acho que está na hora de darmos isto a ela". Ele tinha a bebida em um quartilho. Então, quatro deles pegaram Bridget. Ele (Dunne) a segurou pela cabeça.

Foi muito difícil fazê-la aceitar [tomar] aquilo. Michael Cleary disse a ele (Dunne) que depois ela deveria ser levada para o fogo. Eles o fizeram; eles a seguraram acima do fogo, mas não a queimaram. Ele (Dunne) pensou que aquilo fizesse parte da cura. Michael Cleary perguntou à esposa: "Em nome do Pai, do Filho e do Espírito Santo, você é a esposa de Michael Cleary?".

Ela respondeu que sim, e Cleary disse que ela deveria responder três vezes. Ele perguntou-lhe novamente, e ela disse que era. Ele chamou Pat Boland para que perguntasse três vezes se ela era sua filha, o que ele fez. Quando isso foi feito, eles a recolocaram na cama, e os quatro rapazes dos Kennedy foram para o velório.

Ele (Dunne) foi para casa com Ahearne, e visitou a sra. Cleary na manhã seguinte. No caminho, encontrou um homem chamado Lahy, que lhe contou que Bridget Cleary tinha se libertado e fugido no meio da noite. Ele não deu crédito à notícia e foi até a casa dela. Lá, ele encontrou Pat Boland chorando.

Ele (Dunne) perguntou: "O que te aflige, Paddy?".

"Bridgie se foi", disse ele.

"Para onde ela foi, Paddy?", perguntou ele (Dunne).

"Eu não sei", respondeu ele.

Cleary estava parado no pátio, e disse que ele não sabia, que estava deitado na cama e a viu sair com dois homens.

Ele (Dunne) perguntou: "Por que você não a seguiu?"

"Não ia servir de nada", disse ele. "Dez homens não a conseguiriam segurar." Ele contou algumas outras mentiras que ele (Dunne) não acreditou, e que não estavam aptas para publicação. Ele comentou: "Ela estava sempre falando sobre Kylenagranagh. Ela costumava se encontrar com um vendedor de ovos na estrada baixa, a dois quilômetros e meio".[202]

"Bem", disse ele (Dunne), "venha comigo; não há lugar que eu não conheça, e nós a faremos aparecer." E então saíram, e havia uma estradinha de terra com uma grande vala de tojo, e ele (Dunne) falou a Cleary para ir para um lado e ele iria para o outro, por medo de que ela pudesse estar escondida naquele lugar; assim o fizeram, e continuaram até chegarem à Casa Kylenagranagh. Eles procuraram por tudo e revistaram todos os anexos que conseguiram abrir. Depois saíram pela velha horta da cozinha. Havia lá um velho anexo, e eles o revistaram. Ele (Dunne) então disse: "Ela não está em Kylenagranagh. Agora estamos em campo aberto. O que deve acontecer com ela [sic]?".

"Oh", comentou Michael Cleary, "nunca mais fale sobre isso. Ela foi queimada ontem à noite."

Ele (Dunne) lhe perguntou: "Seu vagabundo, por que fez isso?".

Cleary respondeu: "Ela não era minha esposa. Ela estava bem demais para ser minha esposa; ela era cinco centímetros mais alta do que minha esposa".

Ele (Dunne) disse: "Vá agora e entregue-se às autoridades e para o padre, e seja punido. Você não terá vida nesta terra".

E Cleary respondeu: "Vou cortar minha garganta ou fazer algo contra mim antes que a noite chegue".

Ele (Dunne) disse a Cleary que aquilo era absurdo, que ele deveria ir e fazer o que ele lhe disse, entregar-se à polícia e ao padre. "Bem, eu vou", concordou ele, "se você vier junto comigo."

Estava evidente que Dunne tinha prestado atenção ao rumo que o interrogatório estava tomando, e contou sua história de modo a minimizar sua parte na tortura da mulher doente. Ao mesmo tempo, ele enfatizou a forma como havia ajudado Michael Cleary a procurar a esposa, e então o persuadiu a entregar-se às autoridades em Drangan: seu testemunho continuou com o relato do encontro entre Michael Cleary e Michael Kennedy na capela com os dois sacerdotes, e de sua caminhada de volta a Ballyvadlea. As declarações de Dunne cobriram os eventos de quarta-feira, quinta-feira e sábado; ele não tinha estado na casa na sexta-feira, a noite em que Bridget Cleary morrera.

Patrick Kennedy, o mais velho dos quatro irmãos, tinha ajudado Michael Cleary a enterrar o corpo de Bridget. O *Irish Times* fez um breve relato de sua declaração. Ele começou dizendo que queria falar a verdade, e finalizou: "Eu não tenho mais nada a dizer. Eu não me sinto equilibrado dessa vez [por ora]. Estou destruído depois de tudo, ver minha pobre prima queimada. Tenho estado sob os cuidados do dr. Crean há seis anos; isso é tão verdadeiro quanto Deus está acima de mim".

Os irmãos de Patrick, James e William, contaram uma história parecida, mas Michael Kennedy falou apenas sobre a quinta-feira e o sábado, sendo que sobre a primeira alegou se lembrar pouca coisa, porque tinha desmaiado: "Ele sofria convulsões; ele foi mandado para lugares com melhor clima por causa disso".[203]

O último a ser convocado foi William Ahearne, que confirmou as declarações dadas por William e Minnie Simpson. "Eles não eram parentes dele", afirmou. "Ele não foi capaz de contar nada além." O advogado da Coroa Gleeson dirigiu-se então ao tribunal:

> Não poderia haver dúvidas, alegou, de que as partes presentes na noite do dia 15 retornariam para julgamento sob a acusação de homicídio. Todas elas foram instigadoras, seja de forma qualificada ou simples, e nenhuma tomou qualquer atitude evidente para impedir a morte daquela mulher. Com respeito às pessoas envolvidas na ocorrência do dia 14 apenas, havia prova médica de que os ferimentos causados pelo trauma podem ter causado a morte da vítima

na noite seguinte, e deveriam passar por um júri. Consequentemente, ele alegou que essas pessoas também deveriam voltar sob a mesma acusação.

Gleeson elogiou Wansbrough pela diligência, paciência e habilidade com que conduziu o caso, e pelo entusiasmo com que o apresentara. Os magistrados levaram pouco mais de meia hora para decidir que, não obstante as diferenças no grau de culpabilidade, os nove prisioneiros restantes deveriam ser levados a julgamento nas audiências de verão.

A maioria dos jornais se cala sobre o caso de Bridget Cleary nesse ínterim entre a decisão do início de abril e as audiências de julho. Alguns, entretanto, continuaram a publicar ensaios e correspondência sobre fadas, *changelings* e afins, refletindo as discussões sensatas de antiquários e folcloristas que continuavam a ecoar. Um pequeno artigo de lady Gregory apareceu no *The Spectator* em 20 de abril. Ela confirmou que "aqui no Oeste a crença em fadas, sempre de um tipo malévolo, ainda está muito enraizada", dando exemplos de casos fatuais de morte e doença que foram relacionados à intervenção das fadas. Citando as palavras de um idoso que havia mostrado a ela e seu marido um "*rath* em formato de anel" como sendo o lugar "onde as fadas estão", ela sugeriu uma conexão com a "Nova Mulher" — o tipo intelectual de mulher que andava de bicicleta e que costumava ser caricaturizada nos jornais da época: "[El]e estava de volta do 'enterro da esposa de seu primo em primeiro grau', mas parecia resignado com a perda, pois ela era do condado de Clare, 'e as mulheres de Clare são muito mais *ispertas* [sic] do que as mulheres de Galway, e isso faz delas muito mais raivosas'". Este é um tema recorrente: mulheres "bravas" — aquelas cuja raiva ou assertividade as tornavam difíceis de se lidar, segundo os homens; estas eram muitas vezes acusadas de estarem com as fadas, assim como aquelas "espertas" cujas habilidades especiais as distinguiam. Em 1895, o folclorista estadunidense Jeremiah Curtin publicou *Tales of the Irish Fairies*. Na página 158, ele mencionou um idoso que acreditava que "sua filha perturbada, na verdade, era uma criatura que fadas tinham colocado no lugar da filha verdadeira. Sua filha costumava ser uma 'garota calma e honesta' e aquela ali tinha 'a língua de um advogado'". No exemplo de lady Gregory, a língua afiada e a "esperteza" estão intrinsecamente ligadas, e este parecia ser o caso da notória personalidade forte de Bridget Cleary.

Em 21 de abril, o jornal *The New York Times* selecionou outro artigo sobre crença supersticiosa do *Spectator*, observando que um ensaio inicial, "desdenhoso em sua tolerância", incitara o envio de muitas cartas e comentários dos leitores, o que levou a escritora a retomar o assunto "em uma semana na qual uma mulher irlandesa foi lentamente assada até a morte porque ela estava, na crença de seus parentes, enfeitiçada". A escritora atacou a devoção popular característica do catolicismo contemporâneo:

> Há uma impressão, em especial, dizem, entre os padres católicos do continente, de que a mente supersticiosa é potencialmente a mente religiosa, e que é uma pena perturbar ou prejudicar uma tendência que faz o bem. Não acreditamos que haja qualquer verdade nessa teoria. Os mais inescrupulosos costumam ser os mais supersticiosos, enquanto um homem de genuíno sentimento religioso dificilmente pode ser supersticioso.

Em 27 de abril, o *Illustrated London News* publicou o ensaio "Witchcraft in Modern England", no qual o autor se referiu ao recente exercício da mentalidade pública sobre a chamada "queima das bruxas" no que ele descreveu como "o distrito solitário de Tipperary":

> A terrível história levou a declarações sobre a prevalência da crença na bruxaria e em superstições conexas entre os irlandeses; declarações seguidas de negações iradas. Exceto no terreno do "mais uma injustiça para a Irlanda antiga", não há nenhuma justificativa para a raiva e provavelmente nenhuma para a negação. Pois a crença na bruxaria está muito longe de estar extinta nas Ilhas Britânicas; ela espreita em distritos distantes em todas as partes do chamado mundo civilizado. Sua decadência entre as classes inteligentes é comparativamente recente.

Em 25 de maio, o mesmo periódico publicou um ensaio de Andrew Lang sobre o tema *"Changelings"*, que começou com uma referência aos "últimos eventos melancólicos em uma família camponesa de Tipperary", e ofereceu exemplos de várias culturas e períodos. A conclusão foi a seguinte:

> Na recente tragédia irlandesa, não é improvável que a infeliz mulher tenha de fato desenvolvido alguma mudança histérica de personalidade. Mas ela não desapareceu por completo no reino das fadas, portanto o que ficou em seu lugar foi um *changeling*. Os católicos deveriam ter convocado a ajuda de um padre exorcista, e tudo teria ficado bem. Mas "o padre é muitas vezes o último a saber desse tipo de coisa", e assim recorreu-se às prescrições do antigo folclore. Os camponeses não estão sozinhos aqui. Enquanto escrevo, vejo o anúncio de um livro, *Demon Possession and Allied Themes*, do dr. Nevius, "missionário para os chineses durante quarenta anos". "Este livro é baseado (...) em uma grande coleção de fatos cuidadosamente escolhidos e autenticados, mostrando que a possessão demoníaca é uma experiência comum de nossos dias." Não posso criticar uma obra que não li, mas gostaria que uma teoria como essa do dr. Nevius não tivesse prevalecido em Tipperary.

Andrew Lang, cujo debate com Edward Clodd sobre o tema da crença em fadas foi mencionado, é autor dos populares livros da coleção *Fairy Books*. Quando os réus foram condenados, ele já havia lido o livro de Nevius, e mencionou a supracitada obra em uma carta ao *The Times* (19 de julho), onde fez eco à esperança já expressa por Clodd de que a sentença de Michael Cleary pudesse ser mitigada, por compaixão da "ignorância invencível" que incitara o crime por ele cometido.

Talvez a intervenção mais incomum nessa discussão tenha sido o amplamente lido ensaio de seis páginas de E. F. Benson publicado no *Nineteenth Century* em junho de 1895 sob o título "The Recent 'Witch-Burning' at Clonmel". Mais lembrado pelos romances de "Mapp e Lucia", Frederic Benson tinha 27 anos, e há pouco vinha fazendo seu nome como romancista popular. Ele era filho do arcebispo da Cantuária e viveu com os pais no Palácio Lambeth. Um esteta charmoso e espirituoso, e um tanto esnobe, ele não tinha o hábito de comentar penosos assuntos do cotidiano; nem seu mundinho de personagens de escolas públicas e ficção frívola tinha muito a ver com os mistérios poéticos apreciados por tipos como Yeats. Seu ensaio, que cita Tylor, Lubbock e outros antropólogos contemporâneos, surpreendia pelo fato de ele não ter nenhum interesse aparente ou conexão com a Irlanda. No entanto, era homossexual, pelo menos de acordo com suas inclinações, e era desconfortavelmente próximo dos círculos do desonrado Oscar Wilde; o próprio lorde Alfred Douglas tinha ficado em seu quarto em Atenas no ano anterior, e os dois viajaram ao Egito no mesmo grupo. Benson se interessara por arqueologia enquanto era estudante em Cambridge, e trabalhara em escavações no Oriente Médio. E esse era um interesse que ele compartilhava com Oscar Wilde — que, por sua vez, foi considerado culpado de atos indecentes em 25 de maio de 1895 e condenado a dois anos de prisão com trabalhos forçados.

O ensaio pedante, porém humano, de Benson, escrito mais ou menos naquela mesma época, apresentava uma visão do caso de Tipperary que contrastava tanto com os editoriais sanguinários dos jornais unionistas de Dublin quanto com o distanciamento atormentado dos nacionalistas.

> Parece não haver dúvidas, se examinarmos os motivos que parecem ter levado a tal transgressão, que as dez pessoas, nove das quais serão julgadas pelo crime capital do homicídio doloso de Bridget Cleary, no recente caso de queima de bruxas em Clonmel, agiram (...) como parece ter sido, acreditando de fato que era o melhor a se fazer.

A fim de demonstrar que os réus tinham agido "de acordo com uma superstição primitiva e selvagem", ele apresentou exemplos da Patagônia, do nordeste da Índia, de Vancouver (Canadá) e, inevitavelmente, da cultura zulu e khoikhoi. Esse não foi "um caso de queima de bruxas", argumentou, "e deveria ser classificado como homicídio culposo em vez de doloso":

> Que tais superstições ainda tenham crédito em um país cristão, e por parte de homens que, por religião, são cristãos, já é terrível o suficiente; mas o remédio para tal estado das coisas não se encontra no laço do carrasco, nem ainda, talvez, na prisão, e é inevitável sentir que a indulgência a esses homens, mesmo que sejam condenados, se furtaria do mesmo espírito daquela lei sábia e misericordiosa que ordena que meninos menores de certa idade não possam ser enforcados por ofensas capitais; pois crianças eles são se, penso eu, pode ser provado que agiram sob a influência de tais temores supersticiosos, tão certo quanto o selvagem que teme a própria sombra é uma criança.

O biógrafo de Benson, Brian Masters, descreveu o "pânico da emigração" entre homens homossexuais na Inglaterra na época do julgamento de Oscar Wilde, observando que "em anos posteriores, Fred se distanciou de Wilde e de sua desonra, conseguindo expressar habilmente sentimentos de compaixão e reprovação com a mesma voz".[204] O apelo apaixonado de Benson por clemência para os réus de Tipperary, concentrando-se, como fez, em mais uma história irlandesa dramática, pode ter sido uma tentativa de desviar a atenção de sua própria conexão com o caso Wilde. Com sua compaixão pelo desencaminhado e incompreendido Michael Cleary, e a releitura do tipo de narrativa pela qual sir William e lady Wilde eram conhecidos, lê-se como um comentário mascarado ou codificado sobre o destino do filho do casal.[205]

O ensaio de Benson não agradou a Sociedade Folk-Lore. O conselho da instituição, sob a presidência de Edward Clodd, determinou que fosse impressa na revista Folk-Lore uma análise de todos os testemunhos do caso Cleary, "a fim de preservar os fatos relevantes de forma acessível aos estudantes científicos". O ensaio, baseado em reportagens publicadas no *Irish Times*, chegou a mais de onze páginas.[206] O autor concluiu:

> Faz-se necessário acrescentar um protesto, no interesse da devida administração da lei, contra o artigo de E. F. Benson publicado no *Nineteenth Century* de junho passado. Algumas

das interpretações do sr. Benson a respeito das declarações perante os magistrados são discutíveis; mas se elas estão certas ou erradas não é a questão aqui. O artigo em questão foi publicado antes do julgamento. Foi uma tentativa de influenciar a opinião pública sobre um caso que ainda estava *sub judice* [em julgamento]. E, no entanto, por mais improvável que fosse o acesso ao texto por parte dos jurados responsáveis por decidir a culpa dos réus, jamais deveria ter sido publicado naquele momento.

O caso já havia sido encerrado quando tal discussão apareceu, em dezembro; mas quando Benson publicou o ensaio, Mary Kennedy ainda estava na prisão feminina de Limerick, e os oito homens continuavam em Clonmel, aguardando julgamento.

Em 21 de junho de 1895, duas semanas antes das audiências de verão de Clonmel, o governo de lorde Rosebery enfim renunciou após uma derrota por sete votos em um pleito breve sobre a questão do fornecimento de explosivos de cordite. A lei de regularização fundiária de John Morley foi abandonada e, nas eleições gerais que se seguiram, ele perdeu o cargo. Quando o novo governo conservador e unionista tomou o poder, em julho, sob o comando de lorde Salisbury, a questão do Home Rule para a Irlanda, que tanta agitação havia causado entre os editores de jornais nos meses anteriores, desvaneceu-se mais uma vez.

A Fogueira da
BRUXA

10
Julgamento e aprisionamento

Na quarta-feira, 3 de julho de 1895, enquanto políticos nacionalistas em Clonmel buscavam indicações para as próximas eleições gerais, o grande júri de Tipperary Sul estava prestando juramento no tribunal. No dia seguinte, Michael Cleary, Patrick Boland e Mary Kennedy seriam julgados pelo homicídio de Bridget Cleary, junto a Jack Dunne, William Ahearne e os quatro filhos de Mary.

Na quinta-feira de manhã, pela primeira vez desde abril, os réus marchavam pelas ruas sob escolta policial pesada, da prisão até o tribunal. Multidões se reuniam para observá-los assim como tinham feito em ocasiões anteriores, mas desta vez não houve zombarias ou gritarias. Às 11h30, o juiz William O'Brien tomou seu lugar no banco e ouviu a chamada dos dezenove jurados. O'Brien era um antigo repórter do *Cork Examiner* que havia ascendido do que Michael McCarthy chama de "uma posição humilde na vida" para uma cadeira no tribunal. Ele era um dos poucos juízes católicos na Irlanda, uma indicação dos liberais para a bancada; treze anos antes, ele havia sido o juiz do julgamento no dramático caso do assassinato de Phoenix Park.[207]

O longo discurso de abertura do juiz durou quase quinze minutos, e tratou, como era de costume, do estado geral da lei e da ordem no condado. "Houve um comparecimento incomum do público", observou o *Irish Times*, "representando todas as classes da sociedade." O juiz O'Brien teve o prazer de observar, disse ele a seus ouvintes, que em comparação às vinte ofensas criminais documentadas pela força policial no período correspondente em 1894, apenas doze haviam sido relatadas em 1895, sendo que destas nenhuma indicava risco real para a ordem pública. Em seu discurso nas eleições suplementares da primavera anterior, John Dillon observara declarações semelhantes de juízes em Killarney, Ennis, Boyle e Castlebar, atribuindo as mudanças em curso à política do secretário-geral que suspendia a coação e apresentava uma nova lei de regularização fundiária.[208]

Somente depois de falar por cinco minutos completos perante o tribunal é que o juiz chegou ao assunto do caso em questão. Ele descreveu a morte de Bridget Cleary com emoção e incredulidade, referindo-se à crença na bruxaria como amplamente atestada, mesmo em outras partes do Reino Unido, e entre "estadistas, filósofos, juízes, reis", mas fez a distinção de que no caso de Ballyvadlea parecia misturar-se à religião. Com indignação cavalheiresca, adaptando falas de *Macbeth*, ele descreveu Bridget Cleary:

> [Uma] jovem mulher no início da vida (...) uma jovem casada, sem suspeitar de mal algum, culpada de nenhuma infração, virtuosa e respeitável em todas as suas condutas e todos os seus procedimentos, que justamente nas mãos daqueles que eram obrigados a protegê-la — nas mãos do próprio marido, que jurou no altar estimá-la e protegê-la, e do próprio pai —, encontrou a morte em circunstâncias que nos lembram as falas:
> "Arguirão como anjos, trombetas troando contra
> O desmedido pecado de seu assassinato."

A tarefa de um grande júri não era julgar casos, e sim determinar se as provas justificavam ou não a acusação dos réus, e conectar as provas reais a cada acusação. O juiz O'Brien recomendou aos jurados que, embora uma acusação de assassinato pudesse ser comutada em homicídio culposo, "em que a vida foi tirada no curso de uma briga repentina ou sob a influência de uma emoção repentina", isso não se aplicaria ao caso de uma vida tirada como resultado da crença em bruxaria.

Na ocasião, após mais de uma hora de debate, os jurados indiciaram por assassinato Michael Cleary, Patrick Boland, Mary Kennedy, James Kennedy e Patrick Kennedy, mas não encontraram nenhuma evidência contra John (Jack) Dunne. Na acusação por lesão corporal, eles encontraram provas contra as mesmas partes, e, também, contra John Dunne, Michael Kennedy, William Kennedy e William Ahearne. O julgamento poderia então começar, e três conselheiros da rainha, Ryan, Curtin e Malloy, instruídos pelo advogado da Coroa Gleeson, estavam ali para realizar o processo.

Michael Cleary foi colocado no banco dos réus. Ele apareceu com "um traje puído", e usava uma camisa de flanela sem gola. "Por sua aparência", observou *o Irish Times*, ele "poderia muito bem ser considerado um indivíduo prosaico."

"Inocente", respondeu Cleary de pronto ao ser acusado, e, após requerimento de seu advogado, R. J. Crean, o dr. John Boursiquot Falconer, um advogado de Dublin, foi designado para defendê-lo. Ao apresentar o caso para a acusação, o sr. Ryan disse ao júri que era privilégio deles, se estivessem satisfeitos, declarar um veredicto de homicídio culposo. Ele mesmo teria ficado satisfeito, declarou, caso sentisse que era sua obrigação acusar o réu não de crime capital, mas de homicídio culposo. Se Michael Cleary e os outros réus fossem considerados culpados de homicídio, seriam enforcados. Na Inglaterra, um ano depois, como Oscar Wilde registraria em sua eloquente crítica poética ao sistema penal, *Balada do Cárcere de Reading*, esse seria o destino de Charles Thomas Wooldridge:

O homem tinha matado a coisa amada,
e assim ele teve que morrer.

Wooldridge, um soldado da Guarda da Cavalaria Real, havia matado a esposa cortando a garganta dela com uma navalha, e o fato de ele ter tomado a navalha emprestada e esperado por ela na estrada foi considerado prova de premeditação. Wooldridge tinha 30 anos quando foi enforcado; a esposa tinha 23. Assim como Bridget Cleary, ela era jovem e atraente, e dizem que havia feito alguma coisa para despertar o ciúme do marido. No caso deles, porém, nenhum sistema de crenças exótico pôde ser invocado para mitigar a pena, e assim a lei tomou seu curso.[209]

Johanna Burke foi a primeira testemunha convocada nas audiências de julho. Em resposta às perguntas propostas pelo sr. Malloy, ela contou sua história do mesmo jeito que havia feito na primavera, começando pelos eventos de quinta-feira, 14 de março, e passando para os de sexta e sábado. Por vezes o juiz também a interrogou, e ao responder-lhe ela acrescentou mais detalhes aos depoimentos já prestados. Antes de deixar a casa dos Cleary no sábado, na manhã seguinte à morte da prima, declarou ela, Cleary lhe contou que estava indo para os Estados Unidos, "e que ele não queria que faltasse comida na mesa, e que cuidaria dela e do pai da sra. Cleary".

A pouca comunicação entre acusados e testemunhas, mesmo após as terríveis explosões de violência, foi notável. Os colunistas dos jornais consideraram inexplicável. Advogados e magistrados também perguntaram repetidas vezes por que ninguém interviera para deter a tortura e o assassinato de Bridget Cleary, e o advogado do jovem William Ahearne teve de lembrar aos magistrados nas sessões menores que para "um jovem de sua idade impor sua vontade ou força contra tantos outros mais maduros (...) seria o equivalente a um estudante de medicina do primeiro ano contestar um professor da Universidade de Cirurgiões no tratamento de um paciente". A cultura cada vez mais individualista do século XIX metropolitano pressupunha que cada pessoa era autônoma, guiada internamente por um senso moral independente e autoritário, que poderia ser mais ou menos desenvolvido, de acordo com o lugar do indivíduo no contínuo entre a selvageria e a civilização. Tal visão deixava pouco espaço para a realidade persuasiva experimentada por um grupo social inserido em uma sociedade mais tradicional, com todas as contrapartidas necessárias para mantê-la, e com as relações de dependência dos mais pobres e impotentes em relação àqueles que lhes eram próximos, mesmo que tal relação fosse opressiva.

O sistema jurídico encontrado nas sociedades ocidentais de hoje, que era também aquele vigente em Clonmel em 1895, tenta identificar os culpados e repartir as culpas. Os sistemas jurídicos das culturas orais, por outro lado, estão mais preocupados com a restauração do equilíbrio.[210] Pode ser útil enxergar a crença das fadas na Irlanda como uma espécie de sistema vernacular da ética: uma forma de estabelecer regras, definir sanções e, de vez em quando, implementá-las. Ao pertencer, por definição, a grupos de pessoas cujos laços econômicos e familiares os obrigam a viver próximos demais uns dos outros, o sistema resiste a uma codificação e exegese invasiva; suas relações de referência são fluidas, traiçoeiras e muitas vezes ambíguas. Entretanto, contanto que o sistema não seja desacreditado, tudo no ambiente, desde as características da paisagem ao calendário personalizado para a higiene doméstica, doença, nascimento e morte, opera para reforçá-lo. Atribuir acontecimentos trágicos ou ações criminosas às fadas poderia funcionar como um mecanismo salvador que permitiria a interação social comum e indispensável, algo que não poderia ser alcançado por meio da acusação e do confronto. A situação financeira ou o comportamento sexual de Bridget Cleary pode ter afrontado seus vizinhos e parentes, mas a estratégia que eles empregaram para discipliná-la não foi uma acusação, e sim um diagnóstico.

Quando o julgamento foi suspenso às 18h45 de quinta-feira, o interrogatório de Johanna Burke ainda não tinha terminado. O júri foi interrogado durante a noite, e os acusados foram reencaminhados à prisão: "Cleary foi levado para o cárcere sob escolta de força policial pesada, todos portando baionetas. Multidões se aglomeraram nas ruas para ver o prisioneiro, que exibira uma aparência maltrapilha durante todo o procedimento do dia". O *Irish Times* acrescentou uma informação nova: "Chegou a Clonmel a notícia de que a casa dos Kennedy, perto do local da ocorrência, foi incendiada deliberadamente ontem à noite por alguns dos vizinhos a fim de impedir o retorno da família ao distrito, em caso de absolvição".

A pequena "cabana" de colmo na ponte de Ballyvadlea, onde Mary Kennedy vivia desde seu casamento, havia sido queimada até as cinzas. Assim como no caso do funeral negado a Bridget Cleary, alguns moradores locais quiseram mostrar que sua ideia de comunidade não incluía Mary Kennedy e os filhos dela. Foi uma demonstração de poder, e uma declaração inequívoca de que nem todos em Ballyvadlea pensavam da mesma maneira. O sítio queimado e torrado pode ter sido um recado para aqueles que se associavam aos socorristas. E permanecia ali para desafiar qualquer um que ainda pudesse sugerir que algo naquela exata paisagem tornava inevitável a crença em fadas.

Ironicamente, a arma usada para exterminar as fadas era o fogo, o mesmo que havia sido usado para banir a suposta *changeling* da cozinha de Bridget Cleary alguns meses antes.

O tribunal retomou as atividades na sexta-feira, 5 de julho, com Johanna Burke de volta ao banco de testemunhas. O dr. Falconer a interrogou sobre o envolvimento de Jack Dunne no tratamento concedido a Bridget Cleary e sobre a solicitação de Michael Cleary para buscar o padre. Ele também tentou obter informações sobre a crença de fadas centrada em Kylenagranagh, mas foi duramente interrompido pelo juiz: "Não vou permitir uma pergunta sobre a pretensa localização das fadas. Elas podem estar supostamente neste tribunal. Não estamos aqui para representar uma peça de teatro, mas para indagar sobre questões factuais!". O próprio juiz O'Brien perguntou à testemunha sobre a hóstia da comunhão que Bridget Cleary teria retirado da boca e esfregado nos cobertores, e assim o interrogatório foi concluído. Katie Burke foi chamada a seguir, e prestou depoimento como fizera da outra vez.

Nenhuma outra testemunha foi chamada no caso contra Michael Cleary. O dr. Falconer pediu permissão para retirar a alegação de "inocência" de assassinato por parte de seu cliente, que, em vez disso, declarou-se culpado de homicídio culposo. O juiz contestou, alegando que o júri tinha o poder de chegar a um veredicto de homicídio culposo, mas que ele [Falconer] não tinha poder para conduzi-los à conclusão, além disso, o consentimento da Coroa também se fazia necessário. O sr. Ryan declarou ao tribunal que estava de acordo, dadas as circunstâncias, e o juiz então retirou sua objeção. "Vou submeter o documento ao júri", afirmou ele, "e deixar que digam 'Não culpado de homicídio doloso, porém culpado de homicídio culposo'".

A alegação do dr. Falconer foi bem-sucedida. O júri deliberou e considerou Michael Cleary culpado de homicídio culposo. A sentença foi adiada até que as demais acusações fossem ouvidas, e Michael Cleary foi retirado da sala do tribunal.

O tribunal não prosseguiu com a acusação de assassinato contra Patrick Boland, Mary Kennedy, James Kennedy e Patrick Kennedy: conforme noticiado pelos jornais, o passo seguinte, após Michael Cleary ter sido considerado culpado de homicídio involuntário, seria avaliar a acusação de delito leve contra os oito acusados restantes. Eles foram imputados de ter, em 14 de março de 1895, ferido Bridget Cleary de forma ilegítima e maliciosa. Houve uma segunda acusação de agressão a Bridget Cleary, que veio a ocasionar os danos corporais que a levaram a óbito.

Um por um os réus negaram as acusações, e segundo o *Irish Times*, "era como se nada tivessem sofrido durante o encarceramento". Jack Dunne insistiu que não havia estado na casa na noite em que Bridget Cleary morrera, mas foi informado de que as acusações se referiam à noite anterior. A primeira a depor foi Johanna Burke, depois, William Simpson. Ele detalhou o papel desempenhado por Jack Dunne, Patrick Boland e três dos irmãos Kennedy no transporte de Bridget Cleary até o fogo na noite de quinta-feira. Patrick Boland o desafiou, negando ter segurado a filha acima das chamas, embora tenha concordado em inquiri-la, a pedido do marido, indagando se ela era de fato sua filha ou não. Quando ela respondeu afirmativamente, disse ele, ele a pegou e a retirou do fogo, e disse a todos que ela não era uma fada. E acrescentou o seguinte:

> Eu não tinha ninguém no mundo a quem recorrer, a não ser minha filha. A mãe dela e eu lhe demos um bom ofício. Tinha apenas 26 anos, era uma excelente chapeleira, capaz de nos garantir um pouco de dinheiro, e, quando a mãe morreu, ela era a única pessoa no mundo que eu tinha para cuidar. Eu não levantaria um dedo para ela.

O tribunal ouviu também os testemunhos de Minnie Simpson, esposa de William Simpson, e de Alfred Joseph Wansbrough, o inspetor distrital da RIC. O coronel Evanson, que havia presidido as sessões menores como magistrado titular, também foi chamado, mas, quando se revelou que incluí-lo envolveria a leitura de 28 páginas de depoimentos, o sr. Ryan se recusou a fazê-lo; em vez disso, entrou com uma petição de *nolle prosequi** a William Ahearne, que foi dispensado

---

* *Nolle prosequi* é um termo legal que significa "não querer prosseguir", frase que equivale a "não processar". Expressão utilizada em muitos contextos de acusação criminal para descrever a decisão de um promotor de descontinuar voluntariamente as acusações criminais antes do julgamento ou antes da emissão de um veredicto. No direito brasileiro, isso seria próximo a pedir um arquivamento do processo. [NT]

de imediato. Ahearne estava na prisão há mais de três meses, embora seu único crime tivesse sido segurar uma vela para os vizinhos mais velhos e mais fortes.

Quando a Coroa encerrou sua argumentação, Patrick Boland e Jack Dunne negaram outra vez terem agido ou participado da queima do corpo de Bridget Cleary, e o juiz O'Brien instruiu o júri. Suas palavras ecoaram a retórica social-darwinista das reportagens de jornal, mas ele a adaptou às questões dos católicos irlandeses letrados e conservadores:

> O caso extraordinário demonstrou certo grau de obscuridade mental, não de uma pessoa, mas de várias, uma escuridão moral, até mesmo religiosa, cuja revelação atingiu com surpresa muitas pessoas. Ele havia seguido as evidências com cuidado para tentar encontrar uma solução do verdadeiro motivo que levou à morte da mulher desafortunada, e muito embora não estivesse de todo satisfeito com os testemunhos a respeito de problemas anteriores no relacionamento do réu Michael Cleary com a esposa, nem sobre os assim chamados medicamentos que o marido empregou com o propósito de afastá-la do mal e da suposta companhia preternatural, ele deveria ao mesmo tempo dizer que havia muitas coisas no caso que, possivelmente, uma investigação mais aprofundada sobre as relações entre Michael e Bridget Cleary poderia ter trazido à luz. Isso, entretanto, estava fora de consideração no julgamento. Não houve nenhum caso de repreensão dos envolvidos para impedir a violência sofrida pela vítima, fato que ultrapassa a compreensão humana.

O caso ainda era um mistério quando o julgamento terminou, mas o drama profundo do processo já havia se dissipado quando Michael Cleary foi sentenciado por homicídio culposo. Quando os jurados se retiraram para deliberar, levaram apenas 45 minutos para considerar John Dunne, Patrick Kennedy, James Kennedy e William Kennedy culpados de lesão corporal grave. Eles declararam Patrick Boland, Mary

Kennedy e Michael Kennedy culpados também, "mas não tão culpados quanto os outros quatro", e a estes recomendaram clemência. Michael Kennedy sempre insistiu não ter desempenhado nenhum papel nos maus-tratos ou assassinato de sua prima, e os depoimentos de sua irmã confirmaram a verdade, mas sua falha em intervir para salvar a vítima o tornou culpado aos olhos do tribunal.

Ao pronunciar a sentença, o juiz O'Brien se dirigiu pela primeira vez a Patrick Kennedy, 32 anos de idade. Disse então que, logo depois de Michael Cleary, ele o considerava o mais culpado de todos, e o condenou a cinco anos de servidão penal. Jack Dunne foi condenado a três anos; o juiz deixou evidente que o considerava tão culpado quanto Kennedy, "parece que a ideia começou com você" — mas impôs uma sentença mais leve, "em parte porque a sentença que proferi a Patrick Kennedy consumiria a maior parte da vida que a natureza lhe concedeu". Jack Dunne tinha 55 anos; o próprio juiz O'Brien era dez anos mais velho.[211]

James e William Kennedy foram condenados a um ano e meio de prisão, cada um, a contar do momento da condenação de ambos, em abril. Assim como Jack Dunne e Patrick Kennedy, eles não seriam transferidos para um presídio estadual, e sim cumpririam as sentenças em Clonmel. O mesmo se aplicava a Patrick Boland e Michael Kennedy. Cada um recebeu seis meses de prisão, Kennedy com trabalhos forçados, embora o juiz tenha reconhecido que ele talvez fosse o mais inocente "no que diz respeito a qualquer prova concreta".

Quando chegou o momento de Mary Kennedy, 59 anos, o juiz O'Brien, em vez de condená-la, a libertou. Michael McCarthy, ele próprio um advogado que se interessara muito pelo caso, diz que o juiz falou "lacrimosamente":

> Eu não sentenciarei esta velha mulher. A natureza já lhe decretou uma sentença que não deve tardar, e não vou abreviar o que resta de sua vida enviando-a para a prisão. Ordenarei sua dispensa, por mais grave que seja minha reprovação em relação a sua conduta, e tenho em mente o infortúnio que recaiu sobre tantos membros de sua família em consequência desse crime horroroso, e pela reparação que sua filha, Johanna Burke, fez com as provas que deu.[212]

A noção de "a lei" como um corpo abstrato ferido ou ofendido, que permite a "reparação" através de um comportamento dócil e obediente, lembra os ensinamentos católicos da época; seria, no entanto, incompreensível no que diz respeito ao sistema ético representado pela lenda das fadas, que não reivindicavam o monopólio da moralidade, mas em vez disso representavam decisões morais como negociações entre reivindicações rivais.

Todos os prisioneiros foram retirados do tribunal e Michael Cleary foi levado à frente para receber a sentença. Seu advogado, o dr. Falconer, então se dirigiu ao juiz, fazendo eco a suas referências à "reparação" e ao "estado de escuridão em que o homem estava mergulhado". Nessa linha de argumentação, ele deixou óbvio, houve a aprovação total de seu cliente. Em relação aos argumentos sobre a ignorância, ele acrescentou a noção de hereditariedade:

> Além da ignorância e da superstição, e da escuridão mental e religiosa em que as partes estavam mergulhadas, existia no prisioneiro uma disposição hereditária de acreditar na superstição, pois, de acordo com as declarações da sra. Burke, a mulher morta dissera a ele: "Sua própria mãe às vezes passava algum tempo com as fadas, e esta é a razão pela qual você quer fazer de mim uma fada".

O tratamento que Michael Cleary concedera à sua esposa durante a doença tinha sido exemplar, afirmou o dr. Falconer. "O que ocorreu no final, e que foi uma consequência, como ele mesmo dissera, da escuridão e da ignorância, teria de ser expiado por remorso durante o resto de sua vida".[213] Falconer apelou para a indulgência do juiz.

A sentença de Cleary, quando chegou, não foi indulgente, mas expressava o grau de culpabilidade definido pelo juiz. O'Brien não estava de modo algum convencido de que toda a conversa sobre fadas não fosse mera dissimulação para um assassinato comum; ele havia julgado o caso com base nas provas que lhe foram apresentadas, e descobriu que, em suma, Michael Cleary havia queimado a esposa ainda com vida. Antes de pronunciar a sentença, "em meio a uma cena de silêncio doloroso" no tribunal, o juiz se entregou a um último devaneio romântico e cavalheiresco sobre a falecida Bridget Cleary como noiva. Ele a comparou implicitamente às mártires virgens do cristianismo primitivo, cuja devoção foi uma característica significativa da cultura católica irlandesa de classe média após a Grande Fome:

> Fundamento-me no fato de que você infligiu sofrimento à mulher a quem havia tomado por esposa, e a quem havia jurado diante do altar proteger e cuidar; no fato de que você tirou a vida dela de forma tão cruel que nem a fortaleza dos mártires seria capaz de resistir sozinha, considerada a mais cruel e dolorosa das aflições humanas — ao queimá-la viva —, pois ela não estava morta quando você a encharcou com óleo de parafina, sem dúvida não estava morta. E sua mão perniciosa a enviou para outro mundo, no auge da vida. A jovem lhe confiou seus afetos e seu amor, e você a traiu de forma deliberada, cruel e amarga.

A postura do juiz parece indicar que ele sentiu que as provas eram mais consistentes com um homicídio doloso do que um homicídio culposo. Ele afirmou ter deliberado se tinha ou não razão para impor menos do que a "sentença extrema" de morte ao homem que estava diante de si; ele o condenou, em vez disso, a vinte anos de servidão penal por homicídio culposo.

Michael Cleary, relatou o *Clonmel Chronicle*, "chorou amargamente enquanto Sua Excelência falava, e ao ser retirado do banco dos réus gritou que era inocente". Desta vez, quando os condenados marcharam pelas ruas de volta para a prisão, a multidão "grunhiu e vaiou com veemência".

Vindos de um distrito rural, que há pouco tinha sido colocado sob a influência de agências estatais, e em recente processo de alfabetização, os homens de Ballyvadlea agora se encontravam em um ambiente sob máximo controle e registro de movimentação. O sistema penitenciário funcionava por meio de cronometragem e burocracias. Notas eram atribuídas todos os dias pelo cumprimento das regras, com subtrações em caso de violações, totalizadas escrupulosamente e levadas adiante em um sistema complexo de contabilidade humana. O regime de vigilância e controle de corpos encontrara uma expressão arquitetônica nas novas prisões baseadas no sistema panóptico de Jeremy Bentham. A ala leste da cadeia de Kilmainham, em Dublin, hoje um museu e locação para inúmeros filmes de prisões, seguia esse modelo. As celas eram distribuídas em três andares ao longo das paredes externas, se abrindo para galerias, enquanto o núcleo do prédio permanecia vazio, exceto por uma escada central: um único guarda podia ficar no meio e observar as portas de todas as celas; um preso nunca sabia quando estava sendo observado através do óculo em sua porta.

No final do século XIX, à medida que os escritos de Cesare Lombroso iam sendo lidos e interpretados por advogados, agentes penitenciários e pelo público interessado, uma nova dimensão "científica" era acrescida ao tratamento dos prisioneiros. Como já vimos, Lombroso foi o antropólogo criminal que alegou ser capaz de distinguir os "criminosos natos" através de uma avaliação supostamente científica de suas características físicas. Os formulários impressos fornecidos ao serviço penitenciário na década de 1890 previam que os criminosos fossem pesados, medidos, fotografados e submetidos a um minucioso exame físico. Esse tipo de manutenção de registros tinha a vantagem de fornecer provas confiáveis de identidade, em especial no caso de criminosos reincidentes, que, com frequência, adotavam pseudônimos (a identificação por meio de impressões digitais estava apenas começando, e as evidências papiloscópicas não seriam aceitas em um tribunal inglês até 1902); isso também disponibilizou os dados para estudo científico.

Os nomes e outros detalhes dos nove homens presos originalmente tinham sido inscritos no Registro Geral de Prisioneiros quando foram levados para o presídio de Clonmel em 21 de março de 1895, e numerados de 109 a 117. Em cada um dos registros constava a idade, estatura, cor dos cabelos, cor dos olhos, tez, peso em libras, local de nascimento e da residência mais recente, profissão, religião, nível de instrução, data da prisão, crime cometido, nome do magistrado da condenação e sentença. Também havia um espaço em branco para outras observações.

Na prisão feminina de Limerick, Mary Kennedy também foi pesada e medida, e forçada a se despir quase por inteiro para a inspeção. No Registro Geral de Prisioneiros, ela era a nº 599. Uma nova observação, datada de 29 de março, incluía a seguinte informação no campo "características distintas": "dentes anteriores dfts", que parece ser a taquigrafia do escrivão para dentes defeituosos (ou ausentes?). Outra, em 7 de abril, consta "Por julgamento nas sessões de Tipperary S[ul]". A última observação não possui data, mas certamente se referia ao mês de julho: "Acusada de lesões corporais. Rt Hon Wm O'Brien. Culpada e com ordem de dispensa".

Quando Michael Cleary, Jack Dunne e Patrick Kennedy voltaram para a prisão de Clonmel após a condenação e a sentença em 5 de julho, novos registros foram realizados. Cleary se tornou o Condenado 866; Dunne, seguindo em ordem alfabética, foi o C867; Kennedy foi o C868. Os homens ficariam sob os cuidados e o controle do serviço prisional por um tempo considerável, por isso os novos arquivos abertos para eles foram projetados para resistir ao desgaste. A forma impressa intitulada "Registro Penal de Condenado" consistia em várias páginas organizadas em boxes e colunas, reforçadas com tecido e encadernadas com rebites de bronze. Para que o papel não desenvolvesse rachaduras com o uso, ao pé da primeira página foi colocado o seguinte aviso: "Este documento não deve ser dobrado".

Durante sua permanência em Clonmel, os três homens foram designados para "apanhar lixo de corda", fato registrado no box marcado com "Declaração de data de recebimento, e Ofício seguido em cada prisão". O lixo em questão eram os restos de corda descartada que os prisioneiros separavam para fazer estopa, produto bastante mencionado em canções e textos literários compostos nas prisões. A estopa era usada na calafetagem entre as tábuas dos navios de madeira, e muito utilizada no sistema penitenciário britânico:

> Rasgamos a corda de alcatrão em retalhos
> Com unhas fracas a sangrar;
> Esfregamos as portas, esfregamos o chão,
> E limpamos os trilhos até brilhar:
> E, fileira por fileira, ensaboamos a tábua,
> Enquanto os baldes seguem seu tilintar.[214]

Logo após o julgamento, os três homens condenados à servidão penal ainda passaram uma última semana no presídio de Clonmel, aguardando enquanto eram providenciados os documentos necessários para a transferência até a prisão de Mountjoy, em Dublin. Na segunda-feira, Michael Cleary enviou uma carta à sua mãe viúva, endereçando-a à sra. Bridget Cleary, rua Cashel, Killenaule. O conteúdo da carta não é conhecido, mas, como ocorre com quase todos os movimentos feitos por um presidiário, foi devidamente anotado nos registros. O registro também observou que, em 29 de junho, o sábado anterior ao início do julgamento, Cleary tinha sido punido por se "comunicar". Pode ser que ele tenha apenas falado com outro prisioneiro, mas por ordem do governador da prisão de Oxford, ele passou 24 horas recebendo somente pão e água na própria cela. A folha de registro azul, com colunas para Data da Transgressão, Transgressão, Castigo e Quem Ordenou o Castigo, o acompanhou até Mountjoy, e mais tarde até Cork, depois de volta a Mountjoy, e, por fim, à prisão de Maryborough (agora Portlaoise), mas não houve registro de mais violações das regras.

O biógrafo Richard Ellmann registrou que as colheitas de estopa de Oscar Wilde na prisão de Wandsworth foram um tanto irregulares, e interpretou isso como um sinal de fracasso do escritor em se adaptar ao regime prisional. Michael Cleary pode ter achado o serviço mais agradável. Ao contrário de Wilde, totalmente desacostumado e inadequado para o trabalho manual, Michael Cleary estava acostumado ao trabalho pesado. Pode ser também que Cleary tenha descoberto que a rotina prisional repleta de portões, sirenes, sinos e uma rigorosa cronometragem de tempo era uma rotina à qual ele já estava familiarizado. De acordo com suas próprias declarações, Cleary trabalhou como tanoeiro em Clonmel até 1891. O *Book of County Tipperary* de Bassett para 1889 não mostra nenhuma empresa especializada em tanoaria, mas traz impresso um anúncio de página inteira para a cervejaria de "Thomas Murphy and Sons", e lhe dedica uma página de descrição. Originalmente construída em 1798, a cervejaria fora restaurada após um incêndio em 1829 e modernizada ao longo do século XIX; ocupava um terreno de oito mil metros quadrados na margem do rio Suir, e empregava duzentas pessoas. O anúncio mostra um edifício grande e retangular de seis andares, com teto acastelado e um único portão de entrada no meio da parede mais longa: "Melhorias foram introduzidas nos vários departamentos para acompanhar o progresso da habilidade inventiva. Como resultado, não seria fácil encontrar uma empresa mais organizada e equipada". A fábrica Murphy de Clonmel encarnava um dos ideais do século XIX: a fábrica como colmeia da indústria, cada trabalhador ocupando um lugar preestabelecido para a máxima eficiência. Tais fábricas eram organizadas de maneira muito semelhante às prisões. Ambas exigiam compartimento, divisão e vigilância; os mesmos princípios eram aplicados nas escolas.[215]

A fábrica, assim como o presídio, a escola e os albergues públicos onde se podia comer e dormir em troca de força de trabalho, era um lugar onde a ambiguidade tinha sido eliminada. Seria difícil imaginar um ambiente mais diferente do tradicional mundo rural representado por Jack Dunne, Patrick Boland ou Mary Kennedy, onde jovens e idosos pudessem caminhar para um velório ao longo de estradas desertas muito depois da meia-noite, onde certos lugares fossem conhecidos como locais de coisas não faladas, ou ausências e deserções pudessem ser explicadas como raptos por fadas. As lendas contadas pelas pessoas eram um meio de resistir a tipos centralizados de disciplina até muito depois da década de 1890.

A cervejaria de Thomas Murphy, em Clonmel, empregava vários tanoeiros:

> Os barris são fabricados no loçal, e o departamento de onde eles saem contém uma serraria, e nem de longe esta é a característica mais interessante da cervejaria. Na Exposição dos Artesões de Dublin, em 1885, foi concedido um certificado de primeira classe devido à excelência do trabalho enviado pelos tanoeiros daqui.

Se Michael Cleary não estava empregado na Murphy durante o período em que viveu em Clonmel, ele com certeza conhecia pessoas que estavam. Na prisão, uma vez calmo, sua conduta era regularmente "boa".

A folha azul de "Histórico Médico" que fazia parte do registro penal de Cleary o descreve como "robusto e forte", e informa que seu peso na primeira admissão em Mountjoy, em 12 de julho de 1895, era

76 quilos. A altura foi medida em Clonmel, 1,76 metro, e depois corrigida em Mountjoy, com precisão vitoriana, para 1,75 metro. Ele havia engordado quase seis quilos durante os meses na prisão de Clonmel, evidentemente voltando ao normal após o calvário da doença e morte da esposa, mesmo assim ainda tinha um caminho a percorrer: seu peso se estabilizou em torno de oitenta quilos, o qual manteve até sua transferência para Maryborough, em 1901. Em 1910, quando enfim foi libertado da prisão, ele pesava pouco mais de 85 quilos.

Um registro penal da época inclui uma página inteira dedicada à "Descrição do condenado", com espaço para fotografias, sendo que a primeira sempre deveria ser tirada "na primeira recepção", e a segunda na libertação sob condicional. (Dois outros espaços permitem a possibilidade de o condenado perder a condicional e ser preso outra vez até a liberação definitiva). O cabelo de Michael Cleary era castanho-claro, os olhos azuis, o nariz e a boca grandes, a tez viçosa. Oficiais em Clonmel e Mountjoy também registraram detalhes de suas "características distintivas ou peculiaridades": "Pequena cicatriz no antebraço esquerdo; marca de corte na sobrancelha direita; três cortes no primeiro dedo da mão esquerda; unha do polegar da mão esquerda quebrada; cabelo ralo no topo e na frente". A primeira das fotos de Michael Cleary foi feita com um espelho em seu ombro, de modo a mostrar o rosto por inteiro e de perfil na mesma imagem. Ele parece resoluto e tranquilo, olhando diretamente para a câmera, as mãos colocadas sobre o peito, de modo que também aparecessem na imagem. Só que agora, em vez de ostentar a barba arrumada que usava quando o artista do *Daily Graphic* o esboçara no banco dos réus, ele apresentava uma barba por fazer de vários dias; a calvície parcial fazia de seu rosto um oval perfeito. No momento de sua libertação, o cabelo já estava grisalho e ele havia perdido uma quantidade maior de fios, mas uma longa mecha se mantinha escovada no topo da cabeça. Mais uma vez, ele usava uma barba cheia e bigode.

Apenas uma fotografia do registro penal de Jack Dunne sobreviveu ao tempo, realizada na época de sua libertação da prisão de Maryborough, sob condicional, em outubro de 1897. Mostra um homem corpulento com barba branca. No final de julho de 1896, ele foi transferido para Maryborough, a oitenta quilômetros de sua casa. Lá, sua ocupação foi dada como "trabalhador braçal", embora a avaliação médica de sua admissão informasse que ele sofria de uma hérnia ventral e tinha visão deficiente em ambos os olhos, o que lhe rendeu uma prescrição de óculos. Ele também tinha perdido vários dentes incisivos superiores e laterais inferiores. Ele sabia ler, mas não escrever, e em julho de 1897 foi enviado um comunicado ao Conselho Geral das Prisões no Castelo de Dublin declarando que "John Dunne não está aprendendo um ofício". Em Mountjoy, onde havia passado o ano anterior, ele fora transferido da coleta de lixo de corda para a tarefa de "enrolar fio". A descrição da condição física de Dunne na chegada a Mountjoy foi uma das quatro disponíveis para o oficial que o avaliou: "gordo". Sua altura era de 1,60 metro. Seu peso em Clonmel havia sido registrado em oitenta quilos, mas na época de sua chegada a Mountjoy já havia baixado para 72,5 quilos. O único detalhe característico registrado em Clonmel — e, portanto, talvez o mais conspícuo — foi que sua perna direita era mais curta do que a esquerda, resultado de uma fratura.

Em 3 de março de 1896, Jack Dunne apresentou uma petição solicitando ao lorde-tenente libertação antecipada. Folhas azuis especiais de papel timbrado, pautadas com margem mais larga do lado esquerdo para comentários oficiais, eram entregues aos prisioneiros com o propósito de escrever petições. Lê-se uma inscrição impressa no final da página:

> Apenas um prisioneiro pode escrever uma petição ao governo [montar um caso] neste documento. A petição, que deve ser redigida de forma legível em cima das linhas e não rasurada, deve ser redigida em linguagem apropriada e respeitosa, e qualquer reclamação deve ser feita o mais rápido possível após a ocorrência que lhe deu origem.

O papel era impresso com a introdução apropriada para a petição de um prisioneiro: "À Vossa [Excelência] o senhor tenente da Irlanda: A Petição de _____ Humildemente apresentada, _____". A petição de John Dunne foi escrita à mão, provavelmente por J. Craig, carcereiro, que testemunhou e assinou com a marca do peticionário, um X.

Em julho, ele ainda não havia recebido resposta, e assim o vice-governador de Mountjoy fez questionamentos ao Castelo de Dublin. Os documentos haviam sido enviados ao juiz William O'Brien para que ele emitisse um parecer, no entanto o juiz estava em circuito de viagens. Finalmente, em 3 de agosto, chegou o relatório do juiz, rabiscado nos quatro lados do papel almaço. Ele confirmava a impressão dada pelos relatórios do julgamento, de que O'Brien acreditava que Bridget Cleary havia sido morta deliberadamente:

Senhor,

John Dunne, a quem esta petição se refere, registra ter sido julgado por participação no memorável crime que atraiu tanta atenção na época, conhecido como o caso da Bruxaria de Tipperary. A Coroa aceitou um veredicto de homicídio culposo na acusação contra o marido da vítima. Quanto a ele, concluí que, no julgamento, as únicas partes enfeitiçadas foram as autoridades, que permitiram que o que eu supunha ser um projeto deliberado e perverso para matar a mulher fosse confundido com superstição. Dunne era um sujeito idoso, um trabalhador braçal ou um pequeno agricultor, e a impressão que me ficou a respeito do julgamento não foi a de que ele fosse cúmplice do plano do marido, mas que a ideia de bruxaria partiu dele, graças à superstição e à tolice, usada de pretexto pelo marido para dar cabo da própria mulher. O que foi provado em relação a Dunne foi que ele, sem dúvida, teve papel de liderança nos encantamentos ou sujidades que se supunha serem um remédio para a feitiçaria. Foi provado que ele foi visto segurando a mulher na cama junto a outros homens enquanto o marido tentava forçá-la a tomar algum tipo de decocção, e ter sugerido levá-la ao fogo, e ter ajudado a colocá-la no fogo, sob alguma ideia tenebrosa de que ela seria obrigada a confessar sua identidade de bruxa e que isso poria fim ao suposto feitiço. Parecia evidente que o consideravam dotado de algum conhecimento especial em feitiçaria. Se ele era a ferramenta do marido, ou foi a pessoa responsável por depositar na cabeça do marido a ideia de bruxaria como uma fantasia ou um pretexto, ou se o procurou para tal propósito, isto não poderia ser afirmado com nenhum grau de certeza. Mas ele não participou do ato cruel do marido ao jogar o óleo de parafina na mulher desafortunada, sob a ideia ou pretexto de acelerar o exorcismo, que muito provavelmente foi a causa da morte. A sentença aludiu minha opinião formada na época de que, dentre os agentes menores da tragédia, ele foi a pessoa mais responsável pela ocorrência. Mas recordo que ele declarou que não pretendia prejudicar a mulher, e parecia ser um ignorante e humilde homem do campo. Em um caso tão incomum, os fundamentos ordinários do julgamento não me permitem emitir opinião sobre a sentença apelada ou questionar se a ideia de que ele não estaria fazendo nada de errado, ou mesmo se estaria fazendo bem à mulher, não foi mero pretexto para uma conduta que, em verdade, estava sendo cruel para ela, e pode ter sido um facilitador de sua morte.[216]

Eu tenho a honra de ser etc., [assinado] William O'Brien

A petição de Dunne foi recusada. Em setembro de 1896, Dunne encaminhou um novo pedido ao lorde-tenente, desta vez solicitando que o período em prisão preventiva, enquanto ele aguardava o julgamento, fosse contado como parte da sentença. Novamente a resposta foi negativa: "Deixe a lei seguir seu curso".

Jack Dunne, como Michael Cleary, também enviara uma carta enquanto estava preso em Clonmel, embora ele mesmo não pudesse tê-la escrito. Foi endereçada a sua esposa, Catherine Dunne, em Cloneen, Fethard, condado de Tipperary. A resposta, assinada "Kate Dunne", chegou a Mountjoy em 9 de outubro de 1895. Ao longo de 1896, ele chegou a enviar a ela mais cinco cartas, incluindo um "Formulário de Recepção" enviado em 30 de julho daquele ano, e recebeu um total de seis cartas dela. É provável que, como o marido, ela não soubesse escrever, por isso teria pedido a alguém para escrever em seu nome. Misteriosamente, uma carta recebida na prisão em 20 de junho de 1896 da esposa de Dunne foi "recusada"; o registro médico mostra apenas que ele estava "constipado" naquela semana, e que lhe foi prescrita uma dose de óleo de rícino.[217] A última carta de Dunne para Catherine, postada três dias após o Natal de 1896, foi devolvida no dia 9 de janeiro com a inscrição "Falecida".

Essa parece ter sido a única notificação que Jack Dunne recebeu sobre a morte da esposa. A partir daí, ele deu entrada em uma nova petição ao lorde-tenente. Dunne já tinha 57 anos, embora houvesse alguma confusão sobre sua idade e ele mesmo acreditasse ser mais velho.[218] Esta petição, a última, parece ter sido redigida para ele por um carcereiro chamado P. Egan. O prisioneiro mais uma vez pede para que sua sentença leve em conta o período na prisão preventiva em Clonmel, e continua:

> O peticionário faz este humilde apelo a Vossa Excelência em especial devido à morte de sua esposa ocorrida há pouco tempo, e como ele era o ocupante de uma casa e uma pequena porção de terra no momento da condenação, a qual foi mantida para ele por sua esposa até que ele fosse libertado, e como ele não tem ninguém agora para cuidar da terra, ele ficará desabrigado após cumprir sua pena integral caso Vossa Excelência não se mostre graciosamente disposto a levar em consideração seu caso digno de lástima e lhe permita acrescentar o tempo já cumprido ou subtraí-lo da sentença, se Vossa Excelência considerar adequado.
>
> O peticionário é agora um idoso no fim da vida e tal aflição [sic] tem martelado em sua mente a tal ponto que ele teme não poder completar o tempo que lhe resta.
>
> O peticionário pede humildemente para declarar que não teve nenhuma parte criminal no caso pelo qual foi condenado ou nunca teve a intenção de ferir a pessoa, mas, ao visitar o local, pessoas mal-intencionadas provaram certas coisas contra ele e agora, mais uma vez, humildemente e com grande confiança, implora que Vossa Excelência olhará com misericórdia e compaixão para ele sob as tristes circunstâncias às quais foi submetido e lhe concederá seu humilde pedido, pelo qual, como em dever, rezará sempre e sinceramente.
>
> John X Dunne sua marca

Essa petição também foi recusada, e Jack Dunne permaneceu na prisão até acumular as 6570 marcas necessárias para torná-lo elegível à soltura sob condicional.* A condicional enfim foi concedida em 15 de setembro de 1897, assinada e selada por Gerald Balfour, secretário-geral, e em 2 de outubro Jack Dunne voltou para casa em Cloneen com uma gratificação de £1 6s 4d [uma libra, seis xelins e quatro pence] para recomeçar a vida. Caso viesse a ser reincidente por qualquer outro delito, ele seria obrigado a cumprir os 274 dias restantes de sua sentença. Enquanto isso, ele deveria se apresentar todos os meses à polícia local a fim de conservar a licença de trabalho, caso necessário, e manter uma boa conduta. Isso significava, dentre outras coisas, que ele não deveria "levar uma vida ociosa e dissoluta, sem meios visíveis de obtenção de um sustento honesto". Como vimos, de acordo com os resultados do censo de 1901, ele parece ter encontrado trabalho na fazenda de Skehan, em Ballyhomuck.

Patrick Kennedy e Michael Cleary ainda estavam em Mountjoy quando Dunne foi solto. Cleary estava prestes a ser transferido para Cork, e Kennedy fora promovido: em vez de catar restos de corda, agora fabricava sapatos. Olhando seu histórico, não é difícil de entender como Michael Cleary foi capaz de dominá-lo como fez na noite da morte de Bridget Cleary: as fotografias de Kennedy mostram um homem de aparência tímida, de constituição franzina, com olhos grandes e contritos, e o registro mostra que, no momento da admissão na prisão, ele não sabia ler nem escrever. Em abril de 1895, o *Irish Times* o descreveu como alto e bonito, mas ele media apenas 1,71 metro e pesava 67 quilos. Os regulamentos diziam que a condição física de um prisioneiro deveria ser "descrita, tanto quanto possível, por um dos seguintes termos: 1º, Corpulento e Forte; 2º, Gordo; 3º, Magro, porém Tonificado; 4º, Magro e Fraco". Kennedy caiu, portanto, na terceira categoria: "magro, porém tonificado". Ele havia perdido um incisivo superior e tinha uma cicatriz abaixo do olho esquerdo; seu registro também mencionava uma "varicocele, testículo esquerdo". Ao passo

---

* O sistema de marcas concebido pelo reformista penal escocês Alexander Maconochie era um modelo que permitia aos prisioneiros ganhar privilégios e libertação antecipada, acumulando "marcas" por meio de bom comportamento, conquistas e economia. Deste modo, era incentivada a autonomia e senso de responsabilidade dos presos. [NE]

que a saúde geral de Jack Dunne e Michael Cleary é descrita como "boa", a de Kennedy é dada como "regular".

Kennedy fez 111 visitas ao médico da prisão Mountjoy entre 30 de julho de 1895 e 3 de abril de 1897, e, a esta altura, o formulário azul de registro médico estava totalmente preenchido. A página conseguinte não sobreviveu ao tempo. A maioria das visitas era anotada como "Visita de Repet". Boa parte das anotações registrava "prisão de ventre", e muitas mencionavam "sedativo"; algumas continham "H. *Oleosis*", ou seja, prescrição de óleo de rícino. Em 21 de abril de 1896, foi enviado um comunicado ao Conselho Geral de Prisões, "Ele se queixa de que contraiu sífilis duas vezes, a segunda através do tabaco dado do lado de fora". A resposta é rubricada no mesmo dia: "Acredito que ele esteja delirando quanto à sífilis. O preso deve ficar sob observação quanto ao estado mental". Em 30 de dezembro de 1898, uma observação no registro de petições dizia o seguinte: "Não se sente bem por dentro". Naquela ocasião, ele foi "encaminhado ao dr. Woodhouse".

Em abril, Patrick Kennedy dissera aos magistrados que ele não estava "equilibrado" já há algum tempo e que estivera sob os cuidados do dr. Crean há seis anos. Seu irmão Michael estava sujeito a ataques, e seu irmão mais novo, William, tinha "sido acometido por uma fraqueza" na noite da morte de Bridget Cleary. Por várias vezes, foi prescrito secobarbital para Michael Kennedy na prisão, um barbiturato. Além de tranquilizá-lo, o remédio teria como efeito colateral a prisão de ventre, ou constipação: daí o óleo de rícino.

Mas os anos de encarceramento de Patrick Kennedy não foram apenas um catálogo de penúrias físicas, pois ele acabou aprendendo a ler e escrever. A anotação "analfabeto", feita quando ele foi admitido pela primeira vez em Mountjoy, foi riscada três anos depois e substituída por "L & E". Em julho de 1898, uma petição, aparentemente em sua própria caligrafia, foi enviada para o lorde-tenente, apelando para uma redução na sentença. Duas petições anteriores em seu nome, em fevereiro de 1897 e em fevereiro de 1898, haviam sido redigidas por um guarda prisional. Em 1º de outubro de 1898, Kennedy foi transferido para Maryborough e designado para trabalhar. Em 3 de fevereiro de 1899, o governador Sheehan enviou um memorando ao "Presidente, Conselho Geral das Prisões, Castelo de Dublin":

De acordo com as instruções do arquivo 2639/96, peço para informar que o condenado C868 Patrick Kennedy será liberado sob condicional no dia 3 de abril próximo.

Ele declara que tomará sua dispensa para Ballyvadlea, con. Tipperary, e solicita que sua gratificação, que totalizará £5.2.0 [cinco libras e dois xelins], possa ser paga no momento da liberação, para que ele possa ter suas terras (cerca de meio hectare) cultivadas e semeadas, e para ajudar a se manter antes de conseguir emprego como operário.

Esse homem não tem condenação anterior. Ele é um prisioneiro tranquilo, bem-disposto e merecedor. Sua conduta na prisão tem sido muito boa, e não tenho dúvidas de que ele irá conduzir uma vida sóbria e diligente.

Ele é um dos envolvidos no caso da queima da bruxa de Tipperary.

A resposta é datada do dia seguinte: "Governador. O saldo da gratificação pode ser pago da maneira habitual — o que envolverá um atraso de apenas alguns dias...".

Patrick Kennedy havia passado pouco mais de quatro anos na prisão quando foi libertado, em 3 de abril de 1899. Ele tinha deixado crescer um bigode vistoso, provavelmente para disfarçar a falta de um dente incisivo.

Em dezembro daquele mesmo ano, John Condon, governador do presídio Maryborough, recebeu uma carta de Patrick Kennedy:

> Casa Kilburry
> Cloneen
> Fethard
> Co. Tipp.

Prezado Senhor

    Perdi meu papel da condicional senhor agradeço a Vossa Excelência se me fizer o favor de enviar-me outro

Patrick Kennedy C 868

No verso da página, ele escreveu: "Senhor, quero informá-lo de que estou indo bem".

Kennedy veio a se tornar funcionário da famosa fazenda da qual Henry Meagher e a esposa haviam sido despejados em 1880, e cujo inquilino exigira proteção policial por anos depois. Na época do censo de 1901, a Casa Kilburry, de dez quartos, estava ocupada por um novo proprietário, o fazendeiro George Lysaght, solteiro, de 28 anos de idade, membro da Igreja da Irlanda. Patrick Kennedy continuava lá, um dos quatro trabalhadores ou "criados da fazenda", e ainda solteiro aos 35. Sua carta ao governador da prisão sugere orgulho do próprio progresso, mas nenhuma congratulação foi registrada. O sargento Edmund Dowling, de Cloneen, relatou que sua "conduta desde a libertação tem sido muito boa & eu o considero muito trabalhador & sensato desde sua chegada ao Sub Distrito". Em 19 de dezembro de 1899, chegou uma ordem do Conselho Geral das Prisões no Castelo de Dublin (registrada em tinta vermelha): "Envie uma cópia duplicata do documento de condicional ao I.D., R.I.C., Carrick-on-Suir, pedindo que ela seja entregue ao titular, com uma admoestação severa".

Michael Cleary, por sua vez, estava de volta a Mountjoy. Assim como Patrick Kennedy e o notório James Lynchehaun de Achill, que também havia estado em Mountjoy durante esse período, ele trabalhara como alfaiate durante os primeiros meses lá. Tanto Cleary quanto Lynchehaun foram representados em seus julgamentos, com apenas dez dias de intervalo, pelo mesmo advogado, dr. Falconer. Em uma biografia de Lynchehaun manuscrita por volta de 1904, um de seus ex-professores, irmão Paul Carney, revelou que a oficina de alfaiataria em Mountjoy era subterrânea, oferecendo pouco ar fresco ou espaço para exercícios, e, o mais importante do ponto de vista das autoridades, nenhuma chance de fuga.[219] Para Michael Cleary certamente havia uma ironia particular no fato de ter sido colocado para trabalhar em uma máquina de costura após matar sua esposa modista.

Antes de ser transferido de Mountjoy, no entanto, Cleary foi promovido para um emprego bem mais agradável: seu próprio ofício de tanoeiro. Ao retornar de Cork, em junho de 1898, ele foi registrado como carpinteiro, e esta parece ter sido sua função durante o restante do cumprimento da pena. O registro médico mostra que sua saúde em geral era boa; vez ou outra ele se queixava de hemorroidas e de constipação, e em algumas ocasiões lhe foi prescrito óleo de rícino, mas nada indica o tipo de ansiedade e hipocondria que evidentemente atormentava Patrick Kennedy. Cleary recebeu um par de óculos em fevereiro de 1901 — aos 41 anos, ele estava se tornando hipermetrope — e, em julho, foi dispensado da escola. Um memorando do governador pediu um relatório ao diretor da escola, e a resposta veio em 27 de julho, assinada por M. O'Sullivan, diretor da instituição: "O condenado Michael Cleary C866 não está exatamente no nível exigido em aritmética; mas estará dentro de pouco tempo". Em novembro do mesmo ano, Cleary foi transferido para Maryborough.

Em 7 de novembro, Cleary havia cumprido nove meses de reclusão solitária em Mountjoy, seguido de um total de seis anos, sete meses e quatro dias como prisioneiro com um ofício fixo. Uma fotografia realizada na época mostra um homem bonito, forte e com uma expressão austera. A partir de fevereiro de 1902, Cleary passou a receber um pedaço de pão a mais em sua refeição diária.

James Lynchehaun foi transferido para a prisão de Maryborough em julho daquele mesmo ano, e pode ser que Cleary tenha trabalhado ao seu lado, pois boa parte dos prisioneiros foram empregados na construção de uma nova ala do presídio. Lynchehaun estava fazendo um reboco no último andar quando descobriu um acesso ao jardim do terraço, e, em 7 de setembro, escapou de sua cela, dirigiu-se para o terraço, subiu por quatro andares até o pátio da prisão e atravessou a parede externa com a ajuda de tábuas e andaimes deixados pelos construtores. Ele seguiu para os Estados Unidos sem ser recapturado, e sua fuga intrépida foi tema de canções e lendas, assim como (indiretamente) em *The Playboy of the Western World*, de J.M. Synge, lançada em 1907.[220]

Havia a total confiança de que Michael Cleary jamais tentaria uma fuga. A copiosa correspondência oficial registra que, ao trabalhar em um telhado na prisão em 2 de setembro de 1904, ele acabou sofrendo uma queda e quebrando o braço esquerdo. Ao que tudo indica ele se recuperou bem da fratura e continuou a trabalhar como carpinteiro, mas nos anos subsequentes teve vários problemas nas mãos, especificados em dezembro de 1906 como "erupção nas palmas das mãos". Em julho de 1907, uma pomada para sífilis foi prescrita para ele, sem mais detalhes fornecidos.

Em abril de 1905, Michael Cleary pediu a remissão da sentença alegando "boa conduta na prisão e que o crime havia sido cometido quando sua mente [estava] perturbada por problemas e falta de sono". Um funcionário notou: "A conduta desse condenado tem sido exemplar durante os nove anos em que esteve preso. A remissão da sentença é um assunto para Sua Excelência, o lorde-tenente. O prisioneiro pode peticionar caso considere ter um caso digno de clemência da Coroa". Cleary escrevia petições sobre o papel azul do regulamento desde julho de 1901. Em uma cuidadosa caligrafia inglesa, com ocasionais borrões e rasuras, os documentos lembram com pungência o provável esforço na tarefa, visto que o prisioneiro sentava-se com uma caneta-tinteiro e um pote de tinta sob o olhar de um carcereiro e escrevia a dolorosa história de seu crime. A ortografia é errática, assim como a pontuação, mas a escrita é fluente e vívida enquanto oscila entre seu próprio idioma falado e a floreada "linguagem própria e respeitosa", que deve ter sido ensinada aos prisioneiros por professores e guardas. Uma das petições, escrita em junho de 1905 e citada no Capítulo 5, se alonga por três páginas de papel almaço.

A partir de 18 de janeiro de 1907, Michael Cleary passou a receber privilégios especiais. Em 5 de outubro de 1908, ele foi aprovado para a classe escolar intermediária e em 1910 estava na classe especial, o que lhe deu direito a uma semana de remissão da pena por recomendação do governador. Aproximava-se o momento em que ele seria elegível para a liberação sob condicional. Afora uma única carta no Natal durante seu primeiro ano preso, a única correspondência durante o cumprimento da pena tinha sido de sua mãe.[221] Duas vezes por ano, no verão e no inverno, ele escrevia para ela em Killenaule, e ela escrevia de volta, ou pedia a alguém para escrever para ela. Em julho de 1902, ela enviou duas fotografias provavelmente tiradas durante as comemorações da coroação de Eduardo VII, em 26 de junho. Michael Cleary recebeu a última carta de sua mãe em 10 de janeiro de 1907. Em agosto, a carta que ele escreveu para ela voltou. A anotação no registro penal está em vermelho: "Devolvido pelas Autoridades Postais com o informe 'Falecida'". Cleary foi fotografado de novo naquele ano, rosto inteiro e de perfil. Aos 47 anos, após doze anos em várias prisões, ele continuava a ser um homem bastante bonito, que impressionava pelos olhos ainda brilhantes e orgulhosos enquanto encarava a câmera, vestindo um casaco escuro do presídio e um cachecol quadriculado.

Em março de 1910, em resposta a mais uma petição, o lorde-tenente permitiu o perdão de dois meses da sentença de Michael Cleary. Em abril, o governador da Prisão de Vossa Majestade, de Maryborough, enviou o registro à Junta Geral das Prisões, anunciando que Cleary muito em breve alcançaria o número exigido de marcas (43.824, junto aos seis que seriam contabilizados pelo perdão da pena) para se qualificar para a liberação sob condicional, e recomendando-o para uma semana de remissão extra. A semana foi concedida; a condicional foi ordenada e, após quinze anos, Michael Cleary se preparava para ser libertado:

A petição de Michael Cleary C866

> *Humildemente manifesto* que serei libertado sob condicional desta prisão no dia 28 deste mês depois de cumprir uma sentença de vinte anos, vou para Liverpool quando for libertado, onde pritendo [sic] seguir meu ofício como tanoeiro. Sentiria-me para sempre grato a Vossa Excelência se tivesse a gentileza de me liberar da prisão sem condicional. Isso me daria uma oportunidade de conseguir emprego e não ser exposto aos meus colegas de trabalho como um homem dispensado de um presídio e sob a suprvisão [sic] da polícia e eu nunca estive na prisão antes e prometo fielmente que, se essa concessão for dada, nunca mais voltarei ao cárcere.
>
> O servo mais obediente de
> Vossa excelência, M. Cleary

Michael Cleary foi libertado da prisão de Maryborough sob condicional em 28 de abril de 1910, e então seguiu para Liverpool. Sua gratificação na soltura foi de £17 13s 4d: [dezessete libras, treze xelins e quatro pences] menos do que sua esposa havia guardado na lata de café no baú debaixo da cama quinze anos antes. Em 14 de outubro de

1910, uma carta com margem preta foi enviada do escritório do secretário de Estado, Departamento do Interior, Whitehall, para o subsecretário, Castelo de Dublin:

Senhor,

Com referência a sua carta de 5 de maio passado, no caso de Michael Cleary, fui orientado pelo secretário de Estado a informá-lo de que esse homem emigrou de Liverpool para Montreal no dia 30 de junho passado.

Eu sou,
Senhor,
Seu Servo obediente,
H. B. Simpson

A Fogueira da
BRUXA

EPÍLOGO

Quando termina uma história verdadeira?

Você é uma bruxa ou é uma fada?
Ou com Michael Cleary é desposada?

Uma rima infantil, ainda bem conhecida em Tipperary Sul, mostra que Bridget e Michael Cleary não foram esquecidos. Nos cerca de cem anos desde que se tornaram notórios, no entanto, eles foram reduzidos a uma caricatura. A casa onde moravam é chamada de "chalé das fadas", "o lugar onde queimaram a bruxa". A tradição local absorveu as manchetes sensacionalistas do final do século XIX, e Bridget Cleary é por vezes chamada de "a última bruxa queimada na Irlanda", muito embora a crença no *changeling*, em torno da qual sua tragédia girou, fosse bastante diferente da bruxaria tal como costuma ser entendida, e nunca foi sugerido que Bridget Cleary tivesse tido relações com o diabo.[222]

A história não terminou, obviamente, quando Michael Cleary navegou para o Canadá. Outros atores nesse drama também seguiram a vida, muitos deles em Tipperary Sul. A seção "Papéis Registrados do Gabinete do Secretário-Geral", nos Arquivos Nacionais da Irlanda, mostra vários registros ao longo de 1895 relacionados à morte de Bridget Cleary. Um número considerável de registros da PRGSG foi perdido em um incêndio que se seguiu a um ataque à Casa da Alfândega em Dublin, em maio de 1921, e os documentos aos quais esses registros se referem não puderam ser encontrados, mas os dados mostram correspondência entre o Castelo de Dublin e a RIC em Tipperary, em relação a roupas e outras despesas para Johanna e Katie Burke, testemunhas da Coroa. Após o julgamento em julho, a correspondência abordou a proteção delas e, em agosto de 1895, o Castelo de Dublin consultou o advogado da Coroa, Gleeson, para saber sua opinião. Em 21 de fevereiro de 1896, o registro da PRGSG tem mais uma anotação, "proteção às testemunhas da família Burke no caso do assassinato de Bridget Cleary".

Parece que a RIC encontrou alojamentos para Johanna Burke, com ou sem sua família, a cerca de vinte quilômetros de sua casa. Em 9 de dezembro de 1895, ela enviou de Springfield, New Inn, condado de Tipperary, uma resposta a uma carta que seu irmão Patrick Kennedy lhe enviara enquanto ainda estava na prisão de Clonmel. Em janeiro, e de novo em julho de 1896, foram-lhe enviadas, de Mountjoy, cartas em seu nome aos cuidados do sargento Hopkins, RIC, Springfield, New Inn, Cahir, onde estava hospedada, mas sua resposta à carta de julho, a qual seu irmão recebeu em 5 de agosto, tinha como endereço remetente o sindicato de Clonmel. A testemunha principal da Coroa parecia já estar morando no albergue, que fornecia comida e moradia em troca de força de trabalho. A menção final e pungente a Johanna Burke vem em 9 de outubro de 1896: "O caso de Tipperary S[ul] contra Mich[ae]l Burke, abandonando esposa e filhos".

Quando foi considerado apto a ler e escrever, Patrick Kennedy redigiu uma carta para sua mãe: em 1º de julho de 1898, e novamente em 15 de outubro e 4 de novembro do mesmo ano. O endereço que ele deu foi Glenconnor, Clonmel, a casa do coronel Richard Evanson, o magistrado residente. Em 1901, quando foi realizado o censo, a casa de Evanson era a única residência habitada no território de Glenconnor, com exceção de outra onde vivia seu empregado. Era uma casa de primeira classe, com 23 quartos e quatorze anexos. Evanson, então com 63 anos, morava lá com a esposa de 45 anos, Agnes Elphinstone Evanson, nascida na Índia, além de seus quatro filhos e três empregadas. A casa de Mary Kennedy fora incendiada antes de ela ser liberada pelo juiz O'Brien nas audiências de julho de 1895. O magistrado residente, que a tratara com suprema gentileza durante as sessões menores, parece ter encontrado um lugar para ela em sua própria e extensa propriedade. Em 1901, no entanto, não havia nenhum vestígio dela em Glenconnor.

A neta de Mary Kennedy, Katie Burke, aparece no censo de 1901. Em 21 de novembro de 1898, Patrick Kennedy escreveu uma carta para a "Senhorita Kate Burke (sobrinha), casa do sr. Richard Hunt, Brumsick [sic], Clonmel". Brunswick é uma cidade perto de Clonmel, onde o censo de 1901 mostra a moradia nº 3 como encabeçada por Richard Hunt, fazendeiro, 50 anos de idade, membro da Igreja da Irlanda. Sua casa tinha seis cômodos, com três janelas na frente. Era de construção em pedra ou tijolo, com telhado de ardósia. Ele a dividia com a esposa Sarah, de 39 anos; os filhos, John, Hannah, Susie, Edward, Maria e Sarah, cujas idades abrangiam a faixa de 8 anos a 8 meses; e empregados chamados William Hahescy (ou Halesey?), de 22 anos, e Kate "Bourke", de 16 anos. Kate era solteira e sabia ler e escrever; entre 4 de dezembro de 1898 e 26 de fevereiro de 1899, seu tio Patrick recebeu quatro cartas dela. No censo de 1911, as crianças Edward e Maria Hunt, que deviam ter 15 e 14 anos, não são mencionadas, mas Richard, de 5 anos, e Louisa, de 2, são. William, o criado da fazenda, aparece novamente, embora desta vez seu nome esteja grafado Hasy, mas Kate não está incluída, nem é informado o nome de nenhuma trabalhadora.

Como vimos, Jack Dunne e Patrick Kennedy foram ambos empregados como agricultores perto de Ballyvadlea, em 1901. James Kennedy também deve ter voltado à região para trabalhar, pois seu irmão Patrick lhe escreveu em 26 de fevereiro de 1897, à casa do sr. Patrick Smith, Ballinard, Cloneen, Fethard. Denis Ganey retornou a Kyleatlea em abril de 1895, e morreu lá alguns anos depois.

Existem mais informações além daquelas que escrevi aqui sobre a vida subsequente de algumas dessas pessoas, mas não é assunto deste livro intrometer-se ou tornar públicos assuntos familiares sendo que há descendentes ainda vivos, sendo assim minha narrativa termina logo após a virada do século XX. A real importância desta história reside no choque entre duas visões diferentes de mundo, duas maneiras de lidar com pessoas problemáticas, duas maneiras de dar conta do irracional em uma época de profundas mudanças sociais, econômicas e culturais. As pressões intoleráveis que foram exercidas sobre Michael Cleary, para levá-lo a se comportar como se comportou, não foram apenas pessoais ou domésticas. A cozinha em Ballyvadlea era outro cadinho: um microcosmo de um mundo maior no qual questões políticas e econômicas exerciam influência implacável sobre a vida dos indivíduos. Assim como o povo de Easthampton, Long Island, em 1658, ou de Salem, Massachusetts, em 1692, o povo de Ballyvadlea, em 1895, estava encenando um drama cujos parâmetros maiores não eram de autoria própria.[223] A questão da terra quase não lhes dizia respeito, mas foi responsável pela presença de William Simpson entre eles, enquanto a lei de regularização fundiária de John Morley e a história do debate sobre o Home Rule afetaram profundamente a maneira como os jornais abordaram sua história. Tanto os tribunais como os jornais retrataram os homens envolvidos como brutais e perigosos, e as mulheres como vítimas ou espectadoras, pois os estereótipos de gênero da Grã-Bretanha vitoriana metropolitana também valiam para a Irlanda rural, obscurecendo ainda mais as questões que estavam em jogo. Os ricos recursos imaginativos e metafóricos da lenda das fadas, que carregavam um significado tão eficaz na cultura oral, emergiram no endurecido mundo dos endinheirados e da imprensa como superstições esfarrapadas e patéticas, tolas e sem sentido. Somente poetas como Yeats e George Russell os levariam a sério, até que a nova Irlanda independente instituiu a Comissão de Tradições Folclóricas e as arquivou e catalogou com cuidado.

Lendas de fadas têm sido menosprezadas como superstição e banalizadas em estereótipos étnicos; como qualquer outra forma de arte, porém, elas carregam o potencial de expressar verdades profundas e emoções intensas. Como vimos, elas são bastante adequadas à expressão da ambivalência e da ambiguidade. Até onde sei, nenhum psicólogo construiu uma teoria de terapia a partir delas, mas elas são ressonantes com a consciência da agitação mental e emocional. O modelo de sociedade que as lendas oferecem é firme, porém clemente: flexível o suficiente para acomodar a transgressão. No final do século XX, artistas em outros meios que não o da narração oral começaram a redescobrir lendas de fadas e sítios de fadas. Algumas das instalações paisagísticas de Marian O'Donnell são como os fortes circulares de antigamente, enquanto a ficção feminista e o drama de Éilís Ní Dhuibhne se utilizam de ideias sobre fadas para explorar questões desde o trabalho doméstico até a maternidade. A poeta Nuala Ni Dhomhnaill, cuja poesia em irlandês foi traduzida para o inglês, o japonês e muitos outros idiomas, talvez tenha feito a leitura mais rica dessas lendas. As questões que ela trata são tanto pessoais quanto políticas, vão da fantasia lírica à violência intransigente: seus poemas abordam o lado chocante das ficções familiares e inofensivas.

Casos de violência conjugal e de mulheres mortas pelos maridos em suas próprias casas não são incomuns. A história de Bridget Cleary é, antes de tudo, uma história de violência "doméstica". Como todas as narrativas semelhantes, ela é composta pelos elementos das histórias e personalidades dos envolvidos e das circunstâncias nas quais se deram. Michael Cleary se apresenta a nós como intenso, trabalhador e taciturno; Bridget Cleary como articulada, inteligente, forte e orgulhosa. A sociedade deles era altamente patriarcal.

Após sete anos de casamento, os Cleary não tinham filhos. Na segunda metade do século XIX, as taxas de fertilidade conjugal haviam caído de forma acentuada em toda a Europa, mas em 1895 a Irlanda mal tinha começado a seguir esse exemplo. Ter filhos era uma espécie de seguro contra a pobreza na velhice, e um casamento sem filhos era incomum, até mesmo vergonhoso.[224] Era costume atribuir infertilidade à esposa, em especial em meio aos mais abastados, cujas fazendas e negócios eram passados de geração em geração na linhagem masculina, mas Michael Cleary também não foi capaz de se livrar do estigma.

O clássico estudo de Erving Goffman, *Stigma: Notes on the Management of a Spoiled Identity*, ilumina as questões que implicam a pessoa marcada como diferente, bem como os "normais" que a rodeiam:

> Por definição, é claro, acreditamos que a pessoa sob um estigma não é exatamente humana. Partindo de tal pressuposto, exercitamos variadas formas de discriminação, por meio das quais, efetiva e irrefletidamente, reduzimos suas chances na vida. Construímos assim uma teoria do estigma, uma ideologia para explicar sua inferioridade e explicar o perigo que a pessoa representa, às vezes racionalizando uma animosidade baseada em outras diferenças, tais como as de classe social.[225]

A tradição da crença em fadas que é pejorativamente chamada de superstição pode ser mais bem rotulada, se pertinente, de teoria do estigma vernacular. É uma forma de rotular as pessoas como não exatamente humanas, e serve para racionalizar a ambivalência ou hostilidade sentida em relação àqueles que são diferentes, como os Cleary sem dúvida eram. Ademais, na insistência de Jack Dunne ao diagnosticar a doença de Bridget Cleary como sequestro por fadas, e na coreografia da provação à qual ela foi então submetida, podemos ler uma tentativa de lidar com o próprio estigma de Dunne como sendo um caipira coxo, sem filhos, pobre e analfabeto.

Depois que Bridget Cleary foi morta — e, diferentemente do juiz William O'Brien, não posso imaginar que sua morte tenha sido deliberada ou premeditada —, restou o problema do que dizer. Jack Dunne, acostumado à sua posição marginal, sabia que aquele era um caso para as "autoridades" da Igreja e do Estado: envolvê-las era inevitável, por isso o melhor era ser o mais honesto possível ao encará-las. Ele, que tinha sido tão inflexível sobre a necessidade de recorrer à medicina das fadas, foi quem convenceu Michael Cleary a acompanhá-lo até Drangan e se entregar. Ele inclusive recrutou os padres para mediar em seu nome junto à polícia. Já Michael Cleary era bem diferente. Ele tinha trabalhado em Clonmel, e sabia ler e escrever. Era um artesão autônomo, não um camponês submisso; estava ganhando dinheiro; seu padrão de vida estava aumentando e ele esperava ser tratado com respeito, como mostram nitidamente as tentativas de fazer com que o dr. Crean atendesse sua esposa. Seus atos que causaram a morte de Bridget eram inconsistentes com o indivíduo que ele normalmente apresentava ao mundo, e tudo indica que ele entrou em colapso sob a pressão de tentar prestar contas por isso. Quando Bridget fez a observação sobre a mãe dele e as fadas na sexta-feira à noite, Michael Cleary se viu isolado, incapaz de sustentar o indivíduo que ele mesmo pensava ser, e assim pegou a arma mais próxima e óbvia, um galho da lareira. Agora ele se aproximava da narrativa: sua esposa estava com as fadas, mas nem tudo estava perdido, pois ele iria resgatá-la. No meio da noite de domingo, ela voltaria do forte das fadas em Kylenagranagh montando um cavalo branco, e ele estaria lá esperando por ela, com uma faca de cabo preto em mãos.

• • •

Bíonn dhá insint ar gach scéal, agus dhá ghabháil déag ar amhrán (há duas maneiras de se contar cada história, e doze maneiras de se cantar uma canção). *A Fogueira da Bruxa* não é uma obra de ficção. Todos os personagens mencionados nas páginas anteriores existiram, e todos eles falaram ou foram relatados por seus contemporâneos como tendo falado as palavras que lhes atribuí. Exceto nas partes em que afirmo o contrário, me baseei em documentos confiáveis da época, com frequência corroborados pela tradição oral, para informações sobre aparência, ações e circunstâncias de vida das pessoas; sabidamente não inventei nenhum detalhe de fato (veja minha nota sobre fontes depois deste Epílogo). No entanto, a narração romanceada é o meio pelo qual escolhi apresentar minhas pesquisas sobre as muitas vertentes da cultura e da história que compõem o caso de Bridget Cleary. Seguindo Walter Benjamin, ao longo de todo este livro, tenho argumentado que a narrativa tem o poder de transmitir ideias, e de oferecê-las em formas resilientes e sutis que podem resistir à lógica, às vezes brutal, da voz mais alta. Todos que contam uma história oferecem, portanto, uma interpretação dos fatos narrados, e a forma como os pontos são unidos afeta profundamente o quadro geral, por isso devo assumir a responsabilidade por esta história. Muitas das decisões que entram na formação de uma narrativa são conscientes e deliberadas; algumas são ditadas pela tradição; outras são necessariamente inconscientes. Tentei ser objetiva e pesar judiciosamente todas as evidências que encontrei, mas este foi um estudo interdisciplinar e, ao trabalhar para construir um panorama mais completo possível, às vezes me aventurei em território novo; sem dúvida, também fui influenciada em maior medida do que estou ciente por minhas próprias preocupações e preconceitos.

Especialistas em vários campos me ajudaram a interpretar partes das evidências relacionadas aos seus respectivos trabalhos, e eu mesma me inspirei nas descobertas e percepções de muitos que me precederam, pois a condenação de Bridget Cleary tem sido tema de jornalismo, ensaios, artigos acadêmicos e obras de literatura, entre outros meios de comunicação.[226] Ela também tem sido alvo de estudos vitalícios de pessoas como Brendan Long, antigo editor do *Nationalist*, de

Clonmel, cujo rico conhecimento sobre seu condado natal eu jamais poderia emular, e de residentes locais como Patrick Power e Michael Moroney, que partilharam generosamente seus conhecimentos sobre o caso Bridget Cleary. Espero que meus agradecimentos nas Notas e depois deste Epílogo deem o devido peso da minha dívida para com aqueles que me ajudaram, tanto direta quanto indiretamente, porém sem responsabilizá-los de forma alguma pelo uso que fiz de seu material, e peço perdão se, inadvertidamente, esqueci de citar algumas pessoas que me iluminaram ao longo do caminho. Espero também que minha narração desta história seja vista como uma contribuição positiva para uma discussão que, acredito, não deve cessar jamais. Muitas pessoas foram feridas e prejudicadas pelos eventos de março de 1895, e as memórias são duradouras nas áreas rurais, portanto é compreensível que o debate tenha sido silenciado, mas o tempo é um curandeiro; os materiais são de domínio público, e a minha experiência no aprendizado do caso de Bridget Cleary me ajudou a elucidar as dificuldades enfrentadas por todos os envolvidos e mostrou esta história como o tipo de tragédia humana em que ninguém é inteiramente culpado, ou totalmente inocente — e não há vencedores.

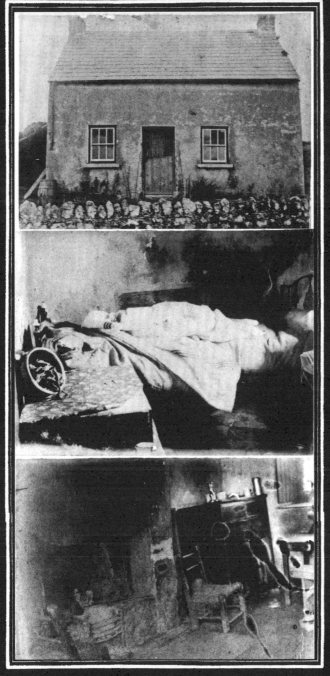

(acima) Casa vista da estrada pública; (centro) quarto de Bridget e Michael Cleary; (abaixo) a cozinha, mostrando a lareira onde Bridget morreu.

Fotografias realizadas na chegada à prisão, em 1895: Michael Cleary e Patrick Kennedy (acima), John Dunne (abaixo, à esquerda).

Inspetor distrital Alfred Joseph Wansbrough, da Polícia Real Irlandesa (abaixo, à direita).

Detalhe do campo onde o corpo de Bridget Cleary foi enterrado.

Ilustração da primeira página do Daily Graphic *de 10 de abril de 1895, mostrando os réus em Clonmel sendo conduzidos do presídio para o tribunal sob forte escolta da RIC.*

Desenhos feitos no Tribunal de Clonmel, do Daily Graphic *de 4 de abril de 1895: (acima) padre Con Ryan, Mary Kennedy, William Simpson; (abaixo) os réus no banco (numerados a partir da esquerda): Michael Cleary, Michael Kennedy, William Ahearne, Jack Dunne, James Kennedy, William Kennedy, Patrick Kennedy, Denis Ganey e Patrick Boland.*

THE TIPPERARY WIFE BURNING.

Statements by the Prisoners.

All Returned for Trial on the Capital Charge.

On Friday the further hearing of the charge of murdering Bridget Cleary against Michael Cleary (husband), Pat Boland (father), William, Michael, and James Kennedy (cousins), Mary Kennedy (aunt), and John Dunne, and William Aherne was resumed before the magistrates at Clonmel. Medical evidence having been given as to the horrible condition of the injuries sustained by the deceased as the consequence of the burning she was subjected to, the herb doctor, Ganey, who was not affected by any of the evidence adduced, was discharged. The principal prisoner, the husband, made a statement contradicting Mrs Burke as to his throwing paraffin on the victim, denying that it was he...

THE OSCAR WILDE SCANDAL.

Oscar Wilde has very much reason we opine to regret the action he took against the Marquis of Queensberry. Strange that while he took the action in defence of his character the proceedings in court have only resulted in damaging his character, and instead of having the Marquis of Queensberry punished he is now in jail himself with the worse and most loathsome charge that can be preferred against a human being. This sequel to the trial was to be expected when on Thursday his counsel practically threw up his brief and admitted that they could not sustain the action against Queensberry.

Wilde Arrested.

Mr Oscar Wilde was arrested between six and seven o'clock on Friday evening and conveyed to Bow-street police station, where he arrived at ten minutes past eight. The arrest was made by Inspector Richards at half-past six o'clock at the Cadogan Hotel, Sloane-street, Chelsea, where Mr Wilde, it appears, drove after leaving the Viaduct Hotel. Mr Wilde's visit to the hotel was of a casual character, he being accompanied by two gentlemen. Throughout the day the accused had been closely followed by two officers and when Inspector Richards entered the hotel and asked for Mr Wilde it was stated that he was not staying there. This was virtually correct, but when the Inspector insisted that he was in the establishment, and explained the circumstances, he was conducted to a room the establishment where Mr Wilde was engaged with his two friends. The Inspector informed him that he was a police officer, and that he would arrest him, a warrant being out for his arrest. Mr Wilde made no reply. Mr Wilde, in custody of two officers, was escorted to a cab, which conveyed the party to Scotland Yard, where Inspector Brockwell was waiting with a warrant for Mr Wilde's arrest. The formality of reading the warrant to the accused and the administration of the statutory caution having been gone through, Mr Wilde hazarded no remark. The trio, Mr Wilde, Inspector Richards, and Inspector Brockwell, then drove to Bow-street, where they arrived at ten minutes past eight o'clock in a four-wheeled cab. The accused was first to alight from the vehicle and walked direct into the station, followed by the detectives. He was attired in a long black...

Página do United Ireland *de 13 de abril de 1895, mostrando a cobertura do caso Cleary e da prisão de Oscar Wilde.*

Abertura de uma petição redigida por Michael Cleary ao lorde-tenente da Irlanda em 1905, apelando para que parte de sua sentença fosse perdoada. Registro fotográfico de Michael quando libertado da prisão, em 1910.

A Fogueira da
BRUXA

NOTAS DA AUTORA

1: *Camponeses, padres e policiais*

1. Kevin Whelan, "The Catholic Parish, the Catholic Chapel and Village Development in Ireland", *Irish Geography*, v. 16 (1983), p. 1-15; e "The Catholic Church in County Tipperary, 1700-1900", em William Nolan e Thomas McGrath (eds.), *Tipperary: History and Society: Interdisciplinaries Essays on the History of an Irish County* (Dublin, Geography Publications, 1985), p. 215-55. Ver também William J. Hayes (trabalho não publicado), "A Review of Church Building in the Archdiocese of Cashel and Emly from the Penal Times" cópia em Cashel Diocesan Archive, Thurles.

2. Arquivos Nacionais, Dublin, Registro Penal, 1897/110.

3. Um fazendeiro local, sr. Patrick Power, de Tullowcossaun, lembra-se de ter ouvido que sua avó fora recentemente "abençoada" após o nascimento de uma filha ocorrido seis semanas antes do parto previsto, e que ela havia conhecido Jack Dunne ao deixar o confessionário. O bebê em questão era a tia do sr. Power, mais tarde a sra. Gleeson, dos Correios de Drangan. (Entrevista gravada em fita e concedida a esta autora, Ballyvadlea, julho de 1997).

4. Para a PRI, ver W. J. Lowe e E. L. Malcolm, "The Domestication of the Royal Irish Constabulary, 1836–1922", *Irish Economic and Social History*, v. 19 (1992), p. 27–48; para coerção, L. P. Curtis Jr., *Coercion and Conciliation in Ireland, 1880–1892: A Study in Conservatism Unionism* (Princeton, NJ, Princeton University Press; e London Oxford University Press, 1963).

5. George A. de M. Edwin Dagg, *Devia Hibernia: The Road and Route Guide for Ireland of the Royal Irish Constabulary* (Dublin, Hodges Figgis, 1893), p. 344. Dagg era inspetor distrital da PRI, com sede em Lisnaskea, Condado de Fermanagh.

6. James O'Shea, *Priest, Politics and Society in Post-Famine Ireland: A Study of County Tipperary*, 1850–1891 (Dublin, Wolfhound, 1983), p. 26, 38.

7. Para uma comparação entre a espiritualidade vernacular e a mais moderna, ver Margaret MacCurtain, "Fullness of Life: Defining Female Spirituality in Twentieth-Century Ireland", em Maria Luddy e Cliona Murphy (eds.), *Women Surviving: Studies in Irish Women's History in the Nineteenth and Twentieth Centuries* (Dublin, Poolbeg, 1990), p. 233–263. Ver também S. J. Connolly, *Priests and People in Pre-Famine Ireland*, 1780-1845 (Dublin, Gill and Macmillan, 1982), Capítulo 3, "Popular and Official Religion"; e Lawrence Taylor, *Occasions of Faith* (Dublin, Lilliput, 1996).

8. O'Shea, *Priests, Politics and Society*, p. 21.

9. *Ibid.*, p. 13-24, 73.

10. *Ibid.*, p. 82.

11. Seu irmão Michael (1846-1902) era reitor do St. Patrick's Diocesan College, Thurles, 1874-1878; seu primo era o arcebispo Harty. Ver Walter G. Skehan, *Priests of Cashel and Emly* ("o Índice Skehan") (Thurles, Cashel e Emly Diocesan Trust, Ltd. 1991) R37 e R132. Obituário, *Nationalist*, 23 de dezembro de 1916.

12. Tom Inglis, *Moral Monopoly: The Church in Modern Ireland* (2. ed., Dublin, University College Dublin Press, 1998), sugere, p. 148, que as visitas aos doentes ofereciam oportunidades para reunir informações sobre famílias e indivíduos, e eram um meio importante de disseminação da cultura da "respeitabilidade" segundo a Igreja na Irlanda do século XIX.

13. Lowe e Malcolm, "The Domestication of...", p. 30: "A polícia irlandesa não se desarmou formalmente até a dissolução em 1922, mas a carabina aos poucos foi se tornando menos visível. A partir da década de 1870, a maioria das tarefas regulares de policiamento e patrulhamento não exigia armas de fogo".

14. Mary E. Daly, *The Buffer State: The Historical Roots of the Department of the Environment* (Dublin Institute of Public Administration, 1997), p. 203, descreve esse ato como "um marco na legislação habitacional irlandesa". Os conselhos de tutela serviam para realizar empréstimos a juros baixos do Tesouro para construir casas de campo em meio hectare e alugá-las a trabalhadores rurais, cujos aluguéis seriam subsidiados pelo imposto territorial municipal.

15. O'Shea, *Priests, Poltics and Society*, p. 104-111.

16. Newport: Relatório da Divisão PRI, Divisão Ocidental, junho de 1895 (Arquivos Nacionais, Dublin); Clonagoose: Patrick C. Power, *History of South Tipperary* (Cork e Dublin, Mercier, 1989), p. 179.

17. Inicialmente, a AAG era considerada pela PRI, e por muitos do clero católico, mera fachada para atividades revolucionárias. Na primavera de 1895, no entanto, o arcebispo de Cashel, Thomas William Croke, a endossou publicamente, anunciando que não considerava que a associação estivesse relacionada a sociedades secretas. Em junho, o inspetor distrital Pierris B. Pattison, da Divisão Especial de Crimes do Sudeste, escreveu ao Castelo de Dublin, em seu relatório confidencial mensal: "Parece-me que há duas forças em ação nesta associação — uma a I[rmandade] R[epublicana] I[rlandesa] ansiosa para fazê-la funcionar e usá-la como uma potência política, e a outra os sacerdotes e homens moderados que gostariam de vê-la prosperar de um ponto de vista puramente atlético". (Arquivo Nacional, Dublin)

18. O Serviço Nacional de Cartografia da Irlanda, Tipperary 6, folha n. 63. Registro do local e do monumento: Mapa de Restrições, 1906. Detalhe do SMR, 1992. Site n. 35

19. Este Michael Cusack não foi o fundador da AAG (1847-1906), e sim um homônimo e contemporâneo, nativo de Drangan. Ele foi um notável membro do IRB e morreu em 1909. Ver Liam P. Ó Caithnia, *Micheál Cíosóg* (Dublin, An Clóchomhar, 1982) p. 42-3, 278-9; O'Shea, *Priests, Politics and Society*, p. 82, 170.

20. Detalhes do Diário do Quartel de Mullinahone, na Biblioteca Allen, O'Connell Schools, Dublin. Sou grata a An Bráthair Liam P. Ó Caithnia e ao Irmão Thomas Connolly por me darem acesso a esse manuscrito, o qual cobre o período de 9 de julho de 1864 a 11 de setembro de 1885. Parece ser um registro transcrito de correspondência da estação (incluindo pedidos marcados com "confidencial" e "devolver este papel selado sob capa dupla"), em vez do registro do dia a dia para o qual o caderno de notas encadernado foi emitido. Para o despejo dos Meaghers, ver também Power, *History of South Tipperary*, p. 184-5, e O'Shea, *Priest, Politics and Society*, p. 104.

21. Na obra *Irish Folk Ways* (Londres, Routledge & Kegan Paul, 1957), p. 118-19, o geógrafo E. Estyn Evans observa que câmaras subterrâneas (muitas vezes encontradas dentro dos forte circulares) eram às vezes usadas para esconder estoques de modo a evitar o confisco devido a atrasos no aluguel; e também para armazenar explosivos no início dos anos 1920; além de outras atividades ilegais, tais como a fabricação de *poteen* (*Poteen* ou *pointín* era, na Irlanda, uma bebida alcoólica de fabricação ilegal, muitas vezes destilada de batatas. — N. T.)

22. Lucy McDiarmid e Maureen Waters (Eds.), *Lady Gregory: Selected Writings* (Londres, Penguin, 1995), Apresentação, p. xvi.

23. Michael Quirke não está listado como Conselheiro Municipal de Clonmel nem no *The Book of County Tipperary* (Dublin, 1889) de George Henry Bassett, nem no *Directory: province of Munster* (Cork, 1893) de Francis Guy, embora Guy liste um merceeiro e um viticultor com esse nome nas p. 60 e p. 152. Guy também lista, p. 71, um Michael Quirke, agricultor, em Ballyvadlea.

2: *Fadas e feiticeiros*

24. Douglas Hyde, "The Necessity of Deanglicizing Ireland", em sir Charles Gavan Duffy, *The Revival of Irish Literature* (Londres: T. Fisher Unwin, 1984). Para uma discussão mais detalhada, ver Declan Kiberd, *Inventing Ireland* (Londres, Jonathan Cape, 1995) p. 140-5.

25. James. H. Delargy, *The Gaelic Storyteller, With Some Notes on Gaelic Folk-Tales* (Chicago, American-Committee for Irish Studies, 1969). Reimpressão de *Proceedings of the British Academy*, v. 31 (1945).

26. Para um relato vivo e legível do trabalho da comissão, ver Brid Mahon, *While Green Grass Grows: Memoirs of a Folkorist* (Cork e Dublin, Mercier, 1998).

27. Gearóid Ó Crualaoich, "The Primacy of Form: A 'Folk Ideology' in de Valera's Politics", em J. P. O'Carroll e John A. Murphy (eds.) *De Valera and His Times* (Cork, Cork University Press, 1986 [1983]), p. 47-61.

28. Para o significado do Kalevala de Elias Lönnrot, ver Olli Alho, "Culture and National Identity", em Bo Almqvist, Séamus Ó Catháin e Pádraig Ó Héalaí (eds), *The Heroic Process: Form, Function and Fantasy in Folk Epic* (Dublin, Glendale Press, 1987), p. 265-78, e outros ensaios no mesmo volume.

29. Durante o mesmo período, porém, Francis James Child, professor de matemática da Universidade de Harvard, desenvolveu o método ainda utilizado para a catalogação sistemática de baladas em *The English and Scottish Popular Ballads*, 5 vols. (Nova York, Dover, 1965 [1882-1898])

30. A melhor coleção de textos transcritos e traduzidos em irlandês é Séan Ó hEochaidh, Maíre Mac Néill e Séamus Ó Catháin (eds.), *Síscéalta ó Thír Chonaill/Fairy Legends from Donegal* (Dublin, Comhairle Bhéaloideas Éireann, 1977). Para discussão, ver Peter Narváez (ed.), *The Good People: New Fairy Lore Essays* (Nova York, Garland, 1991), especialmente (para a tradição da língua inglesa), Patricia Lysaght, "Fairylore from the Midlands of Ireland", p. 22-46. Para as reflexões norte-americanas, ver Barbara Rieti, *Strange Terrain: The Fairy World in Newfoundland* (St. John's, ISER Books, 1991).

31. Essa história também é encontrada na literatura cristã apócrifa do final da Idade Média, associada à Descida ao Inferno.

32. Bengt Holbek, *Interpretation of Fairy Tales: Danish Folklore in an European Perspective,* Folklore Fellows Communications, No. 239 (Helsinki, Suomalainen Tiedeakatemia/Academia Scientiarum Fennica, 1987), p. 198.

33. Geoffrey Grigson, *The Englishmen's Flora* (London, Paladin, 1975 [1958]), p. 84-9.

34. A partir de um exemplo de narração oral (que não cita nominalmente a planta, embora mencione tanto a época do ano quanto a necessidade de colhê-la antes do nascer do sol), veja minha tradução de "*Bean Óg a Tugadh sa mBruín*", de Éamon a Búrc, "A Young Woman Taken by the Fairies", [em "Language, Stories, Healing", pp. 299-314], em Anthony Bradley e Maryann Gialanella Valiuis (eds), *Gender and Sexuality in Modern Ireland* (Amherst, University of Massachussetts Press, 1997), p. 311–12.

35. Anjana Ahuja, "Plants on the Wilde Side", *The Times*, 10 de agosto de 1998. Sou grata a Liam Ó Mathúna por sua referência. Cf. Nicholas Williams, *Díolaim Luibheanna* (Dublin, An Gúm, 1993), p. 90-4.

36. Biddy Early, ?1798-1874. Ver Lucy McDiarmid e Maureen Waters (eds), *Lady Gregory: Selected Writings* (Londres, Penguin, 1995), p. 57-74, 77-88; Nancy Schmitz, "An Irish Wise Woman", *Journal of the Folklore Institute*, v. 14 (1977), p. 169-79; Edmund Lenihan, *In Search of Biddy Early* (Cork, Mercier Press, 1987); e Meda Ryan, *Biddy Early, The Wise Woman of Clare* (Cork, Mercier Press, 1978).

37. Para delírios causados por piemia (envenenamento do sangue), ver Jo Murphy-Lawless, *Reading Birth and Death: A History of Obstetric Thinking* (Cork, Cork University Press, 1998), p. 151; para anorexia, veja meu "Fairies and Anorexia": Nuala Ní Dhomhnaill's 'Amazing Grass'", *Proceedings of the Harvard Celtic Colloquium*, v. 13 (1993), p. 25-38.

38. Para uma discussão das tradições orais sobre as lutas por poder entre curandeiros e padres, ver Pádraig Ó Héalaí, "Priest versus Healer: The Legend of the Priest's Stricken Horse", *Béaloideas*, vols. 62-63 (1995), p. 171-88.

39. Os censos foram feitos na Irlanda independente em 1926, 1936 e 1946, e em intervalos de cinco anos a partir de então.

40. Sir William Wilde, 1815-76. Ver Lady Wilde, *Ancient Legends, Mystic Charms and Superstitions of Ireland* (Londres, 1888); *Ancient Cures, Charms and Usages of Ireland* (Londres, 1890).

41. *Cnaí* em irlandês tem proximidade com o alcance semântico de "tuberculose" em inglês; já o *cuirrethe* de Wilde provavelmente era lido *ciurrethe*, e *ciorraithe* no irlandês moderno: desfigurado, mutilado (esp. quando a deficiência é atribuída ao mau-olhado); *millte*, "arruinado", às vezes carrega o sentido "arruinado pelas fadas".

42. Sir William Wilde, *Census of Ireland Report*, 1851 (1854), part v, v. 1 (Dublin, 1856), p. 455.

43. W. R. Wilde, *Irish Popular Superstitions* (Dublin, McGlashan, 1852), p. 28.

44. Thomas Crofton Croker, *Fairy Legends and Traditions of the South of Ireland* (Londres, John Murray, 1828), v. 1, p. vii–ix.

45. *Folk-Lore Journal*, v. 2 (1884), p. 190-1. Essa conta foi citada por Edwin Sidney Hartland, *The Science of Fairy Tales: An Inquiry into Fairy Mythology* (Londres, Walter Scott, 1890). Para outros casos, ver S. J. Connolly, *Priests and People in Pre-Famine Ireland*, 1780-1845 (Dublin, Gill and Macmillan, 1982), p. 100-101 (e n. 34, p. 298).

46. Notas e casos clínicos, *Journal of Mental Science*, v. 34, n. 148 (janeiro de 1889), p. 535–9. Agradeço à minha prima, dra. Pauline Prior, por essa referência.

47. Ver Joyce Underwood Munro, "The Invisible Made Visible: The Fairy Changeling as a Folk Articulation of Failure to Thrive in Infants and Children", in Narváez, *The Good People*, p. 251-83.

48. "The Storyteller" (escrito em 1936), Walter Benjamin, *Illuminations*, Hannah Arendt ed. e introd. (Nova York, Harcourt Brace and World, 1968), p. 89–90.

49. Ó hEochaidh etc., *Síscéalta ó Thír Chonaill*, p. 56–61. Os lugares mencionados são no sudoeste de Donegal, perto de Kilcar.

50. Para codificação em folclore, ver Joan N. Radner (ed.), *Feminist Messages: Coding in Women's Folk Culture* (Chicago, University of Illinois Press, 1993).

51. Walter Scott, *The Minstrelsy of the Scottish Border* (Edimburgo, Kelso, 1802; repr. Londres, Alexander Murray, 1869), p. 439–81; a "Introduction to the Tale of Tamlane" tem como subtítulo "On the Fairies of Popular Superstition". *Tam Lin* está no n. 39 em *The English and Scottish Popular Ballads*, de Francis James Child, v. 1, p. 335ff.

52. E. B. Lyle, "The Ballad *Tam Lin* and Traditional Tales of Recovery from Fairy Troop", *Studies in Scottish Literature*, v. 6, n. 1 (1968), p. 175–85 (p. 177). Para versões irlandesas da balada, ver Edith Wheeler, "Irish Versions of Some Old Ballads", *Journal of the Irish Folk Song Society*, v. 1, n. 2 e 3 (1904), p. 41–9, especialmente p. 47–8, "Lord Robinson's Only Child"; Hugh Shields, *Narrative Singing in Ireland* (Dublin, Irish Academic Press, 1993), p. 67–8, 216.

3: *Leitura, costura, galinhas e casas*

53. Michael J. E. McCarthy, *Five Years in Ireland: 1985–1900* (London, Simpkin, Marshall, Hamilton, Kent; Dublin, Hodges Figgis, 1901), p. 144.

54. *Censo Populacional: Irlanda, 1841, 1851* (HM Stationery Office). Em 1841, existiam 21 casas em Ballyvadlea, com uma população total de 57 homens e 61 mulheres. Em 1851, após a Grande Fome, não houve muitas mudanças: 56 homens e 56 mulheres, em 19 casas. (Durante o mesmo período, muitas terras em áreas mais pobres, como Kerry ocidental, perderam metade ou mais de sua população). Em 1851, a avaliação da Lei de Ballyvadlea era de £179 15s 0d. A partir daí sua população foi caindo constantemente até o final do século (*Pobal Ailbe: Cashel e Emly, Censo Populacional, 1841–1971* (Thurles, Archbishop's House, 1975).

Os documentos originais do censo de 1901 são mantidos nos Arquivos Nacionais, Dublin. Nove residências estão registradas no formulário N de Ballyvadlea, das quais cinco (n.º 1, 2, 3, 4 e 6) estão marcadas como habitadas.

55. James O'Shea, *Priests, Politics and Society in Post-Famine Ireland: A Study of County Tipperary, 1850–1891* (Dublin, Wolfhound, 1983), p. 119, chama os trabalhadores de "aquela classe esquecida"; John W. Boyle revisa a literatura em seu ensaio "A Marginal Figure: The Irish Rural Laborer", em Samuel Clark e James S. Donnelly Jr. (eds), *Irish Peasants: Violence and Political Unrest, 1780–1914* (Manchester, Manchester University Press, 1983), p. 311–38. Com o 150º aniversário da Grande Fome de 1845–1849, surgiu uma grande quantidade de novos trabalhos, dando mais atenção à história social da classe trabalhadora.

56. Mary Carbery, *The Farm de Lough Gur: The Story of Mary Fogarty* (Sissy O'Brien) (Cork, Mercier Press, 1973 [1937]). Narrado como autobiografia, mas escrito muito depois dos eventos que descreve por uma pessoa que não estava presente, este é um relato romântico, até mesmo sentimental, mas no geral aceito como um quadro oficial do universo social dos "agricultores fortes" católicos da época.

57. Citado em O'Shea, *Priests, Politics and Society*, p. 125 (partes) e p. 120 (início).

58. Carbery, *The Farm by Lough Gur*, p. 58.

59. Um repórter do *Cork Examiner* que visitou a área após a descoberta do corpo de Bridget Cleary a descreveu (29 de março) como "uma pequena choupana de colmo". No mesmo dia, outro repórter, do *Dublin Daily Express*, chamou-a de "cabana", e deu sua localização a uns cinquenta metros da casa onde ela morreu. No entanto, em 1997, Patrick Power indicou seu local a esta autora, indicando um trecho ao lado do cruzamento na ponte de Ballyvadlea.

60. O registro paroquial de Drangan tem dados sobre uma menina chamada Bridget, nascida de Patrick Boland e Bridget Keating, e batizada em fevereiro de 1867, mas isso faria com que ela tivesse 28 anos na época de sua morte, o que contradiz informações de várias outras fontes. Era uma prática comum dar o mesmo nome para um segundo filho após a morte do primeiro, por isso mantenho a idade de Bridget como 26 anos.

61. Walter G. Skehan, *Cashel and Emly Heritage* (Abbey, 1993), p. 201.

62. Tom Inglis, *Moral Monopoly: The Rise and Fall of the Catholic Church in Modern Ireland* (2. ed. Dublin, University College Dublin Press, 1998), p. 151–8.

63. Censo da Irlanda para o ano de 1901 (HM Stationery Office), Quadros sinópticos, p. 23: "Ocupação das mulheres". 44.513 mulheres foram classificadas como "moleiras, costureiras, costureiras de espartilhos", das quais 43.208 sabiam ler e escrever, enquanto outras 664 sabiam apenas ler. 4.417 tinham entre 45 e 65 anos de idade; 816 tinham 65 ou mais. Em contraste, havia 56.196 na categoria "camiseiro, alfaiate", a maioria empregada nas fábricas do norte que confeccionavam camisas para o Império Britânico (5852 eram presbiterianos, quase todos em Ulster). Destes, 9119 tinham idades entre 45 e 65 anos, 2803 tinham mais de 65, e 4894 não sabiam ler nem escrever.

64. *Cork Examiner*, 30 de março de 1895.

65. George Henry Basset, *The Book of County Tipperay* (Dublin, 1889), repr. como *County Tipperary 100 Years Ago* (Belfast, Friar's Bush Press, 1991) traz um anúncio nos padrões dos jornais de Butterick, p. 414, mas não faz nenhuma menção ao Depósito de Máquinas de Costura de Clonmel. Ele está listado, no entanto, no *Directory: Province of Munster* de Francis Guy (Cork, 1893), p. 61.

66. *Woman's World*, v. 1 (1888), p. 555.

67. Bassett, *County Tipperary*, p. 67. Para iluminação pública no Condado Tipperary ver também Michael O'Donnel, "Lighting the Streets of Fethard, 1870–1914", *Tipperary Historical Journal*, 1998, p. 128–32.

68. Da acadêmica Mary E. Daly, comunicação pessoal.

69. Para discussões sobre a indústria avícola nesse período, e como o estado e as tentativas cooperativas de reforma afetaram as relações de poder na comunidade rural, ver Joanna Bourke, "Women and Poultry in Ireland, 1891–1914", *Irish Historical Studies*, v. 25, n. 99 (1987), p. 293–310; "Poultry-Rearing". Veja o capítulo 6 em seu *Husbandry to Housewifery: Women, Economic Change, and Housework in Ireland, 1890–1914* (Oxford, Oxford University Press, 1993), p. 168–98; Patrick Bolger, *The Irish Co-operative Movement* (Dublin, Institute of Public Administration, 1977); e S. J. Connolly (ed.), *The Oxford Companion to Irish History* (Oxford, Oxford University Press, 1998), s. v. "Poultry" (Jonathan Bell). Citação da *Royal Commission on Labour: The Agricultural Labourer, Ireland (...) Reports*, p. 64–8; E. Anderson, "Irish Poultry and Poultry-Rearing", *Irish Homestead*, 4 de setembro de 1897 (ambos em Bourke, "Women and Poultry", p. 294).

70. Veja Bourke, "Women and Poultry", e compare a postura social em relação a galinhas, ovos e mulheres expressas em *An tOileanách*, de Tomás Ó Criomhthain (Dublin, Fallons, 1929), trad. como *The Islandman* (Oxford, Oxford University Press, 1978 [1937]), e *Allagar na hInise/ Island Cross-talk: Pages from a Diary*, trad. Tim Enright (Oxford, Oxford University Press, 1986 [1928]).

71. Bourke, "Women and Poultry", p. 295.

72. Ex-ministro do governo Donnchadh ó Gallchobhair em conversa com o autor em evento da Scoil Gheimhridh Merriman, em Westport, Condado de Mayo, em janeiro/fevereiro de 1991. O provérbio, "uma mulher assobiando e uma galinha cacarejando levantariam até o diabo de seu antro" também é encontrado nos Estados Unidos, mas um correspondente em irlandês diz *cearc ag glaoch, nó bean ag fiannaíocht*: "uma galinha cacarejando, ou uma mulher entoando contos heróicos". *Fiannaíocht* — contando histórias do herói Fionn mac Cumhaill e sua trupe — era a forma mais valorizada de arte verbal em irlandês, e garantia a seus talentosos praticantes uma audiência respeitosa.

73. Cormac Ó Gráda, *Ireland: A New Economic History* (Oxford, Oxford University Press, 1994), p. 215. Em 1911, 27,3% dos homens e 24,9% das mulheres com idade entre 45 e 54 anos nunca haviam se casado.

74. Essa informação é baseada em ensaios de correspondentes especiais no *Cork Examiner*, publicados em 28, 29 e 30 de março de 1895, e no *Daily Express* de 29 de março de 1895, junto a petições escritas por Michael Cleary da prisão. Para casais que moram separados devido a obrigações com pais idosos, ver Robin Fox, *The Tory Islanders* (Notre Dame, University of Notre Dame Press, 1995).

75. Sou grata à acadêmica Mary E. Daly por ter me apontado esse fato.

76. Guardiões da Lei dos Pobres, Minute Book n.º 90, p. 261-2.

77. Fotografia de época da PRI, Arquivo Nacional, Dublin, CBS 9786/6, e observações da autora.

78. Rena Lohan, *Guide to the Archives of the Office of Public Works* (Dublin, Government of Irish Stationery Office, 1994), p. 256-7.

79. Frank Mitchell e Michael Ryan, *Reading the Irish Landscape* (Dublin, Town House, 1997), p. 254-61.

Ver também F. H. A. Aalen, Kevin Whelan e Mathew Stout, *Atlas of the Irish Rural Landscape* (Cork, Cork University Press, 1997), p. 44-9, 250-3; e Mathew Stout, *The Irish Ringfort* (Dublin, Four Courts Press, 1997).

80. Lady Gregory, "Irish Superstitions", *Spectator*, 20 de abril de 1895.

81. A obra *The Farm by Lough* Gur ilustra a diferença de classe em tais histórias, tal quando Mary Fogarty pergunta à mãe: "Por que você deixa as empregadas serem tão bobas? As freiras dizem que nunca devemos perder a oportunidade de curar as pessoas de superstição pagã!". (Carbery, *The Farm by Lough Gur*, p. 161-2).

82. Ver Patricia Lysaght, "Fairylore from the Midlands of Ireland", em Narváez, *The Good People*, p. 37, e cf. Angela Bourke, "The Virtual Reality of Irish Fairy Legend", *Éire-Ireland*, v. 31, n. 1 e 2 (Primavera-Verão 1996) p. 1-25 (p. 12-13).

83. Devo essa observação à acadêmica Mary E. Daly.

84. *Cork Examiner*, 29 de março de 1895. No entanto, o edifício referido como estábulo não teria sido suficiente para acomodar um cavalo.

4: *Bridget Cleary adoece*

85. Uma exceção pode ser encontrada em L. P. Curtis Jr., *Coersion and Conciliation in Ireland, 1880-1892: A Study in Conservative Unionism* (Princeton, Princeton University Press; Londres, Oxford University Press, 1963).

86. Curtis, *Coersion and Conciliation*, p. 412-13.

87. Arquivo Nacional, Dublin, CBS DCCI, Relatório de Alan Cameron, Comissário Divisional.

88. Citado na autobiografia de Lady Gregory, *Seventy Years*, Colin Smythe (ed.), (Gerrards Cross, Colin Smythe, 1973). Ver também *Lady Gregory: Selected Writings*, Lucy McDiarmid e Maureen Waters (eds.), (Londres, Penguin, 1995), p. 38-9.

89. Arquivo Nacional, Dublin, CBS DCCI.

90. Patrick Bolger, *The Irish Co-operative Movement: Its History and Development* (Dublin, Institute of Public Administration, 1977).

91. *Daily Express*, 18 de março de 1895.

92. *Daily Express*, 23 de março de 1895.

93. *Dublin Evening Mail*, editorial, 27 de março de 1895.

94. Tanto o *Cork Examiner* quanto o *Daily Express* dão essas informações, mas sem citar Dunne nominalmente. Johanna Burke citou o nome dele nas sessões menores de julho (*Irish Times*, 6 de julho de 1895), e as provas circunstanciais concordam que foi a casa dele que Bridget Cleary visitou.

95. Compare Erving Goffman, *Stigma: Notes on the Management of a Spoiled Identity* (Harmondsworth, Penguin, 1968 [1963]), e veja Angela Bourke, "The Virtual Reality of Irish Fairy Legend", *Éire-Ireland*, v. 31, n. 1 e 2 (Primavera–Verão 1996), p. 1-25.

96. Eric Cross, *The Tailor and Ansty* (Cork, Marcier Press, 1942); Peadar Ó Ceannabháin (ed.), *Éamon a Búrc: Scéalta* (Dublin, An Clóchomhar, 1983).

97. Para Peig Sayers e Sorcha Mhic Ghrianna, ver *The Field Day Anthology of Irish Writing*, v. iv (Cork: Cork University Press, 2002).

98. Ver Walter Ong, *Orality and Literacy: The Technologizing of the Word* (Londres, Methuen, 1982), e também o meu "Virtual Reality".

99. Walter G. Skehan, *Cashel and Emly Heritage* (Abbey, 1993), p. 201.

100. Na baronia de Middlethird em 1851, 396 homens e 416 mulheres com idades entre 10-20 anos eram bilíngues, comparados a 51 homens e 75 mulheres com idades entre 1-10 anos. Em contraste, as faixas etárias de 20-30 e 31-40 anos tinham respectivamente 626 homens e 632 mulheres, e 704 homens e 706 mulheres que eram bilíngues.

101. Entrevista da autora com Patrick Power, Tullowcossaum, julho de 1997.

102. Os encantos às vezes eram escritos em papel, dobrados bem pequeninos e colocados sobre a pessoa. Compare Keith Thomasa, *Religion and the Decline of Magic: Studies in Popular Beliefs in Sixteenth- and Seventeenth Century England* (London, Penguin, 1973 [1971]), *passim*.

103. Ver Robert Wuthnow, *Meaning and Oral Order: Explorations in Cultural Analysis* (Berkley, Los Angeles, Londres, University of California Press, 1987), p. 97-144.

104. Para conhecer o posicionamento desse substrato do pensamento religioso e seu desaparecimento na Inglaterra do século XVI, ver Thomas, *Religion and the Decline of Magic*. Para a sua prevalência na Irlanda, ver S. J. Connolly, *Priests and People in Pre-Famine Ireland*, 1780-1845 (Dublin, Gill and Macmillan, 1982).

105. McDiarmid e Waters, *Lady Gregory: Selected Writings*, p. 72, 79.

106. Peadar Ó Ceannabháin, *Éamon a Búrc, Scéalta*, p. 237. Para uma discussão sobre a deformidade das pernas como um *motif* para fadas e tradições relacionadas, veja Diarmuid Ó Giolláin, "The Leipreachán and Fairies, Dwarfs and the Household Familiar: A Comparative Study", Béaloideas, v. 52 (1984), p. 75-150 (p. 115-16).

107. Ver Ruth Barrington, *Health Medicine and Politics in Ireland*, 1900-1970 (Dublin, Institute of Public Administration, 1997); Mary E. Daly, *The Buffer State: The Historical Roots of the Department of the Environment* (Dublin, Institute of Public Administration, 1997); Brian Donnelly, "An Overview of the Development of Local Government in Ireland", *Irish Archives*, v. 3, n. 2, new series (Outono, 1996), p. 9.

108. Crean: Cashel PLG Minute Book n. 98, p. 95; Heffernan: *ibid.*, p. 14, 45, *passim*.

109. Arquivo Nacional, Dublin, Misc. 1618.910. Petição, julho de 1905. O testemunho de Johanna Burke corrobora com a versão dos eventos dos Cleary.

110. Entrevista com Patrick Power.

111. Tony Butler, "The Burning of Bridget Clreay: The 100th Anniversary", *Nationalist*, 25 de março de 1995, p. 21.

112. Arquivo Nacional, Dublin. Recorde penal 1910/28. Condenado n. C866, Michael Cleary. Ele pesava 85 quilos na libertação, em 1910.

113. Ver Mary Lefkowitz, *Heroines and Hysterics* (Londres, Duckworth, 1981), p. 12-25. Para uma discussão sobre a persistência dessas ideias, veja Germaine Greer, *The Female Eunuch* (Londres, Paladin, 1971 [1970]), p. 48-9.

114. Cashel PLG Minute Book n. 98, p. 95.

115. Citado em Barrington, *Health, Medice and Politics*, p. 10.

116. Em fevereiro de 1999, o programa de entrevistas "Liveline" da Rádio 1 RTÉ na Irlanda transmitiu uma discussão telefônica animada sobre os poderes dos curandeiros tradicionais, incluindo os sétimos filhos. Para um relato em primeira pessoa de tal curandeiro, morto em 1938, veja Sean O'Sullivan, *Legends from Ireland* (Londres, B. T. Batsford, 1977), p. 80-1, "The Seventh Son". O livro de Mary Carbery, *The Farm by Lough Gur: The Story of Mary Fogarty* (Cork, Mercier Press, 1973 [1937]), p. 14, conta sobre os idosos do Condado de Limerick que "sabiam que, se uma pessoa doente nao melhorasse no oitavo ou nono dia da lua, ouviria *Ceolsidhe*, a música das fadas" [um presságio de morte].

117. McDiarmid e Waters, *Lady Gregory: Selected Writings*, p. 60.

5: *Parte da cura*

118. Salvo indicação contrária, o seguinte relato dos eventos de 14 de março, incluindo as passagens citadas, é baseado no *Cork Examiner* de 8 de abril de 1895. O repórter do *Examiner* havia visitado a cena e entrevistado William Simpson. Seu relato é mais abrangente do que o de qualquer outro jornal.

119. Para o uso de colostro, ver E. Estyn Evans, *Irish Folk Ways* (Londres, Routledge & Kegan Paul, 1957), p. 303-4. Os primeiros textos da lei irlandesa mencionam o *brothchán* (cf. o *brachán* moderno, mingau), um caldo ou mingau feito de leite com aveia e ervas, como um alimento especial para enfermos, cujos ingredientes eram protegidos por lei. Um texto de sabedoria, no entanto, aconselha o oposto, não dar colostro (*nús*) aos doentes. Ver Fergus Kelly, *Early Irish Farming: A Study Based Mainly on the Law of the Seventh and Eighth Centuries AD* (Dublin, Dublin Institute for Advanced Studies, 1997), p. 324, 349. Sou grata a Michael Doherty pela ajuda com esse aspecto da história.

120. Ver Genevieve Brennan, "Yeats, Clodd, *Scatologic Rites* and the Clonmel Witch Burning", *Yeats Annual*, n. 4, Warwick Gould (ed.) (Londres, Macmillan, 1986), p. 207-15.

121. O testemunho de William Simpson, aqui e abaixo, é oriundo do *Clonmel Chronicle*, suplemento especial, "The Appaling Tragedy in Ballyvadlea", 3 de abril de 1895.

122. Edmund Lenihan, *In Search of Biddy Early* (Cork, Mercier Press, 1987), p. 27. Lenihan aponta uma semelhança entre essa história e a cena no final de *The Playboy of the Western World*, de J. M. Synge, quando Pegeen Mike queima a perna de Christy Mahon com um tufo de relva da fogueira.

6: *Ela queima*

123. Para arquitetura vernacular, ver Frank McDonald e Peigín Doyle, *Ireland's Earthen Houses*, com fotografias de Hugh McConville (Dublin, A. & A. Farmar, 1997).

124. Richard Breen, "The Ritual Expression of Inter-Household Relationships in Ireland", *Cambridge Anthropology*, v. 6, n. 1 e 2 (1980), p. 37. Compare Kevin Danaher, *The Year in Ireland* (Cork, Mercier, 1972), p. 117. Ver também Conrad M. Arensberg, *The Irish Countryman: An Anthropological Study* (Garden City, NY, The Natural History Press, 1968 [1937]), p.174-8, e E. Estyn Evans, *Irish Folk Ways* (Londres, Routledge & Kegan Paul, 1957), p. 295-306.

125. Pádraig Ó Héalaí, "Priest Versus Healer: The Legend of the Priest's Stricken Horse", *Béaloideas*, vols. 62-3 (1995), p. 171-88, e "Cumhacht na tSagairt sa Bhéaloideas, in *Léachtaí Cholm Cille 8: Ár nDúchas Creidimh* (Maynooth, An Sagart, 1977), p. 109-31. Ver também Edmund Lenihan, *In Search of Biddy Early* (Cork, Mercier Press, 1987), p. 87-100, para histórias sobre a "mulher sábia", o padre e seu cavalo.

126. Thomas McGrath, "Fairy Faith and Changelings: The Burning of Bridget Cleary in 1895", *Studies*, Summer 1982, p. 178-84 (p. 183). Esse pequeno ensaio é um precioso estudo feito por um historiador profissional e nativo daquela região. O padre Power morreu em 1893, aos 46 anos.

127. Ver, por exemplo, Michael J. F. McCarthy, *Five Years in Ireland: 1895-1900* (London, Simpkin, Marshall, Hamilton, Kent: Dubllin, Hodges Figgis, 1901), p. 177, 186-88.

128. Sir William Wilde, "A short account of the superstitions and popular practices relating to midwifery, and some of the diseases of women and children, in Ireland", *Monthly Journal of Medical Science*. New Series, v. 35 (Maio de 1849), p. 711-29 (p. 712).

129. Jo Murphy-Lawless, *Reading Birth and Death: A History of Obstetric Thinking* (Cork, Cork University Press, 1998), p. 8-9, cf. p. 256-60.

130. Ver Walter Ong, *Orality and Literacy: The Technologizing of the Word* (Londres, Methuen, 1982).

131. Mary Carbery, *The Farm by Lough Gur: The Story of Mary Fogarty* (Cork, Mercier Press, 1973 [1937]), p. 157-66, dedica um capítulo à "Véspera de Maio". Ver também Danaher, *The Year in Ireland*, p. 86-127, esp. p. 109-19, e Élís Ní Dhuibhne, "'The Old Woman as Hare': Structure and Meaning in an Irish Legend", *Folklore*, v. 104, n. 1 e 2 (1993), p. 77-85. Para mais uma discussão interessante, compare Richard P. Jenkins, "Witches and Fairies: Supernatural Aggression and Deviance among the Irish Peasantry", *Ulster Folklife*, v. 23 (1997), p. 33-56, revisado em Peter Narváez (ed.), *The Good People: New Fairylore Essays* (Nova York, Garland, 1991), p. 302-35.

132. Ní Dhuibhne, "Old Woman as Hare"; cf. Jacqueline Simpson, "Some Rationalized Motifs in Modern Urban Legends", *Folklore*, v. 2 (1981), p. 203-7.

133. Danaher, *The Year in Ireland*, p. 115.

134. Para discussões de analogias entre a paisagem e o corpo humano sobre a maneira como são articuladas em lendas de fadas e exploradas por mulheres artistas contemporâneas na Irlanda, veja meu "Fairies and Anorexia: Nuala Ní Dhomhnaill's 'Amazing Gras'", *Proceedings of the Harvard Celtic Colloquium*, v. 13 (1993), p. 25-38; "Language, Stories, Healing", em Anthony Bradley e Maryann Gialanella Valiulis (eds.), *Gender and Sexuality in Modern Ireland* (Amherst, University of Massachusetts Press, 1997), p. 299-314, e "Exploring the Darkness: Gwen O'Dowd's *Uaimh*", em Alston Conley e Jennifer Grinnell (eds.), *Re/Dressing Cathleen* (Boston, McMullen Museum of Art, Boston College, 1997), p. 69-73.

135. Ver Maud Ellmann, *The Hunger Artists: Starving, Writing and Imprisonment* (Cambridge, MA, Harvard University Press, 1993).

136. Compare os relatórios da Comissão de Verdade e Reconciliação da África do Sul em 1998. Um ex-comandante da notória Vlakplaas, fazenda nos arredores de Pretória onde assassinos do Estado foram treinados, relatou em um de seus testemunhos que "queimar um corpo até as cinzas leva cerca de sete horas (...) Tem que ser virado com frequência para que todas as partes sejam incineradas. Cheira como um *braai* [churrasco]". Mary Braid, "Truth at the End of the Rainbow", revista do *Independent on Sunday*, 14 de junho de 1998, p. 4-6.

7: *A investigação e o inquérito*

137. Declaração do padre John Power, mencionado acima, p. 106; ver James O'Shea, *Priest, Politics and Society in Post-Famine Ireland: A Study of County Tipperary, 1850-1891* (Dublin, Wolfhound, 1983), p. 327.

138. George Cuvier, em P. Topinar, *Anthropology* (Londres, Chapman and Hall, 1878), p. 494, citado em Stephen Jay Gould, *The Mismeasure of Man* (edição revista e ampliada, Londres, Penguin, 1996 [1981]), p. 118.

139. Ver Thomas Pakenham, *The Scramble for Africa, 1876-1912* (Londres, Weidenfield & Nicolson, 1991).

140. "O legista Sheer" aparece como padrinho no registro de batismo de Fethard em 19 de novembro de 1884, conforme transcrito pelo reverendo Walter J. Skehan (caderno n. 70), e preservado no Arquivo Diocesano, Thurles.

141. L. P. Curtis Jr, *Coersion and Conciliation in Ireland, 1880-1892: A Study in Conservative Unionism* (Princeton, NJ, Princeton University Press; e Londres, Oxford University Press, 1963), p. 103-4.

142. Além da casa grande na rua River, onde morou em 1901, William Kickham Heffernan possuía duas outras casas em Killenaule (incluindo uma ocupada por um padre.) Ele ainda atuava como médico e cirurgião em Killenaule em 1911.

143. Michael J. F. McCarthy, *Five Years in Ireland: 1895-1900* (Londres, Simpkin, Marshall, Hamilton, Kent; Dublin, Hodges Figgis, 1901), p. 145; a observação do autor sobre o padre da paróquia está na p. 164.

144. Ver, por exemplo, Michel Foucault, *Discipline and Punish: The Birth of the Prison*, Cap. 2, "The Spectacle of the Scaffold", 1975 [Ed. Brasileira: *Vigiar e punir: Nascimento da Prisão* (RJ, Editora Vozes, 2014, trad. de Raquel Ramalhette)].

145. De acordo com *The Book of County Tipperary* (Dublin, 1889) de George Henry Bassett, Grubb foi o presidente laico da ACM de Clonmel em 1889.

146. Sir Joseph Ridgeway, subsecretário Irlandês do primeiro-ministro Balfour, 23 de fevereiro de 1888, citado em Curtis, *Coercion and Conciliation*, p. 200.

147. Ele se aposentou justamente quando a Guerra Anglo-Irlandesa entrava em uma fase particularmente difícil em Cork, onde então ficou estabelecido. PRO HO184/45, p. 293 (n. 47734). Sou grato a Elizabeth Malcolm por sua generosa ajuda na descoberta e interpretação da ficha de serviço de A. J. Wansbrough. [NE: É possível encontrar o registro de serviço da polícia Irlandesa (HO 184) em <https://www.nationalarchives.gov.uk/help-with-your-research/research-guides/royal-irish-constabulary/>]

148. Isso não é raro no cenário colonial. Gaytri Chakravorty Spivak tem caracterizado o colonialismo como um processo de "homens brancos salvando mulheres marrons de homens marrons" — veja "Can the Subaltern Speak?" em Patrick Williams e Laura Chrisman (eds.), *Colonial Discourse and Post-Colonial Theory: A Reader* (Nova York e Londres, Harvester Wheatsheaf, 1994), p. 92-4. Ver também Rayna Green, "The Pocahontas Perplex: The Image of Indian Women in American Culture", *The Massachusetts Review*, Outono de 1975, p. 698-714. Para uma discussão mais detalhada, ver Angela Bourke,

"Reading a Woman's Death: Colonial Text and Oral Tradition in Nineteenth-Century Ireland", *Feminist Studies*, v. 21, n. 3 (Outono de 1995), p. 553-86.

149. Ver Stephen Jay Gould, *The Mismeasure of Man* (edição revista e ampliada, Londres, Penguin, 1996 [1981]).

150. Para Lamarck (1744-1829) e a adoção de suas ideias por antropologistas ingleses, ver Henrika Kuklick, *The Savage Within: The Social History of British Anthropology, 1885-1945* (Cambridge, Cambridge University Press, 1991), Capítulo 3.

151. W. B. Yeats, *Memoirs of W. B. Yeats: Autobiography and First-draft Journal*, transcrito e ed. Denis Donoghue (Londres, Macmillan, 1972), p. 270-1.

152. Cf. Gould, *Mismeasure*, p. 151-75, "The Ape in Some of Us: Criminal Anthropology".

153. "a dark continent": George Sims, *How the Poor Live* (1883), citado em Kuklick, *The Savage Within*, p. 101; J. S. Mill, *Ibid.*, p. 107. Ver também L. P. Curtis, *Apes and Angels: The Irishman in Victorian Caricature* (Washington e Londres, Smithsonian Institution, 1997 [1971]).

154. Kuklick, *The Savage Within*, p. 114-16.

155. Para uma discussão sobre o trabalho de Lombroso, incluindo sua influência em Bram Stoker, ver Gould, *Mismeasure*, p. 151-75. Gould fornece essa citação, p. 153, de I. Taylor, P. Walton e J. Young, *The New Criminology: For a Social Theory of Deviance* (Londres, Routledge & Kegan Paul, 1973), p. 41. *L'Homme Criminel*, de Cesare Lombroso (Paris, Alcan), foi publicado em 1887. *Drácula*, de Bram Stoker, apareceu em 1897.

156. Para Maamtrasna, ver Jarlath Waldron, *Maamtrasna: The Murders and the Mystery* (Dublin, Edmund Burke, 1992). Cinco membros de uma família foram assassinados em um vale remoto na fronteira de Galway-Mayo em agosto de 1882, no terceiro ano da Guerra Terrestre. Suspeitava-se do envolvimento de uma sociedade secreta, e os acusados foram julgados em Dublin, sob legislação coerciva, embora a maioria deles não falasse inglês e as testemunhas de acusação fossem altamente suspeitas de perjúrio. Três homens foram enforcados, e outros cinco ainda estavam na prisão em 1895. Para os unionistas, Maamtrasna significava selvageria irlandesa; para os nacionalistas, injustiça britânica.

157. Elaine Scarry, *The Body in Pain: The Making and Unmaking of the World* (Nova York e Oxford, Oxford University Press, 1985), p. 297. Eliane estima que as ocorrências nos casos de responsabilidade por produtos com defeito de fábrica com frequência abrangem uma ação de quinze a noventa segundos.

8: *Um funeral e mais fadas*

158. O uso da palavra "boicote" como verbo no jornal *The Times* é bem interessante: foi um termo cunhado pelos nacionalistas irlandeses somente quinze anos antes.

159. Nina Witoszek, "Ireland: A Funerary Culture?", *Studies*, Verão de 1987, p. 206-15. Ver também Seán Ó Súilleabháin, *Irish Wake Amusements* (Cork, Mercier, 1967), e Gearóid Ó Crualaoich, "Contest in the Cosmology and the Ritual of the Irish 'Merry Wake'", *Cosmos: The Yearbook of the Traditional Cosmology Society*, v. 6 (1990), p. 145-60.

160. Michael J. F McCarthy, *Five Years in Ireland, 1895-1900* (Londres, Simpkin, Marshall, Hamilton, Kent; Dublin, Hodges Figgis, 1901), p. 171.

161. A. E. S. Heard, comissário divisional, Kilkenny, relatório mensal confidencial de setembro de 1894. Arquivo Nacional, Dublin, CBS DCCI, 3/715, caixa 5.

162. Arquivo Nacional, Dublin, CBS, 1895, 9876/S.

163. Ashis Nandy, *The Intimate Enemy: Loss and Recovery of Self Under Colonialism* (Delhi, Oxford University Press, 1983), p. 82.

164. Ashis Nandy, "Sati: A Nineteenth-Century Tale of Women, Violence and Protest", em V.C. Joshi (ed.), *Rammohun Roy and the Process of Modernization in India* (Nova Delhi, Vikas Publishing House, 1975), p. 68. Citado em Gayatri Chakravorty Spivak, "Can the Subaltern Speak?", em Patrick Williams e Laura Chrisman (eds.), *Colonial Discourse and Post-Colonial Theory: A Reader* (Nova York e Londres, Harvester Wheatsheaf, 1994), p. 94.

165. *Cork Examiner*, 30 de março de 1895.

166. Hubert Butler, "The Eggman and the Fairies", *Escape from the Anthill*, com prefácio de Maurice Craig (Mullingar, Lilliput, 1985), p. 63-74.

167. John Dunne, "The Fenian Traditions of Sliabh na mBan", *Transactions of the Kilkenny Archaeological Society*, v. 1, n. 3, (1851), p. 333-62. Para a lenda da mulher fada e o(s) fuso(s), ver Áine O'Neill, "The Fairy Hill is on Fire! (MLSIT 6071): A Panorama of Multiple Functions", *Béaloideas*, v. 59 (1991), p. 189-96.

168. Osborn Bergin e R. I. Best, "Tochmarc Étaíne", *Eriu*, v. 12, n. 2 (1938), p. 137-96.

169. Ver James Carney, *The Playboy and the Yellow Lady* (Dublin, Poolbeg, 1986).

170. Ver R. F. Foster, *W. B. Yeats: A Life*, Part 1, *The Apprentice Mage* (Oxford, Oxford Univesity Press, 1997), p. 145, 186. WBY salientou "The Gifts of Aodh and Una" de *Ballads in Prose*, em *Bookman*, agosto de 1895.

171. *Bookman*, novembro de 1893. Devo a George Bornstein por essa referência.

172. W. B. Yeats, *The Celtic Twilight* (1982 [1893]), p. 73-4.

173. Ver Mary Helen Thuente, *W. B. Yeats and Irish Folklore* (Dublin, Gill & Macmillan, 1981; Totowa, NJ, Barnes & Noble, 1981), p. 131.

174. Ver, por exemplo, *Énrí Ó Muirgheasa, Dhá Chéad de Cheoltaibh Uladh* (Dublin, Government Publications, 1974 [1934]), p. 372-6.

175. John P. Frayne e Colton Johnson (eds.), *Uncollected Prose by W. B. Yeats*, v. 2 (Londres, Macmillan, 1975), p. 277.

176. Genevieve, Brennan, "Yeats, Clodd, *Scatalogic Rites* and the Clonmel Witch Burning", *Yeats Annual*, n. 4 (1986), ed. Warwick Gould, p. 207-15, 212. Grata a Liz Butler Cullingford por essa referência. O livro *The Science of Fairy Tales: na Inquiry into Fairy Mythology*, de Edwin Sidney Hartland, inclui uma versão do infanticídio de Philip Dillon em Clonmel, citada no Capítulo 2.

177. Anon., "The 'Witch-burning' at Clonmel", *Folk-Lore*, v. 6, n. 4 (1895), p. 378, n. 1. O próprio relato de Duncan sobre as tradições por ele reunidas na paróquia de Kiltubbrid aparece no v. 7 (1896), pp. 160-83, como "Fairy Beliefs and Other Folklore Notes from County Leitrim".

178. *Folk-Lore*, v. 7 (1896), p. 164.

179. *Folk-Lore*, v. 7 (1896), p. 171-2.

180. *Daily Express*, 30 de março de 1895. Havia duas leiterias em Fethard, uma de propriedade de Michael Coffey (que também tinha uma em Drangan), e a outra de William Dwyer.

181. Ver Johanna Burke, *Husbandry to Housewifery: Women, Economic Change and Housework in Ireland, 1890-1914* (Oxford, Oxford University Press, 1993), Capítulo 3, "Dairymaids," p. 80-108.

182. A canção foi escrita por Charles K. Harris. Agradeço a Kevin Hough por essa informação. Depois que Thomas Edison inventou o fonógrafo, em 1877, a fama dos artistas populares se espalhou ainda mais. O *Dublin Evening Telegraph* reproduziu uma história do *New York World*, datada de 23 de março de 1895, Chicago, a qual relatou que "Mil mulheres tiveram um colpaso emocional esta tarde no auditório, quando foi anunciado que Jean de Reszke não apareceria na [ópera de Mayerbeer] 'Les Huguenots'. Algumas choraram, outras ficaram histéricas e todas se descontrolaram totalmente. Quando os contínuos inspecionaram a cena do tumulto, encontraram 58 véus, vinte pentes, duas bolsas, quatro bolsas de cosméticos, um par de ligas e um monte de fitas". O telefone já havia sido difundido o bastante para que o *Cork Examiner* publicasse uma piada sobre o assunto em sua edição de 6 de abril, sob o título "Um alvo nobre: Parker: 'Pobre velho Brownley! Ouvi dizer que ele enlouqueceu trabalhando naquela invenção telefônica dele'. Barker: 'O que ele estava tentando inventar?'. Parker: 'Um dispositivo para evitar que as pessoas lhe chamem quando você não quer falar com elas'".

183. *Nationalist*, 25 e 28 de setembro de 1895. Agradeço a Mary Darmody, da Biblioteca do Condado de Tipperary, Thurles, por tais referências.

9: *Duas salas de audiência*

184. O seguinte relato é baseado na incomparável biografia de Richard Ellmann, *Oscar Wilde* (Nova York, Vintage, 1988), com material adicional de H. Montgomery Hyde, *The Trials of Oscar Wilde* (Nova York, Dover, 1973 [1962]), Davis Coakley, *Oscar Wilde: The Importance of Being Irish* (Dublin, Town House, 1994), e jornais daquela época.

185. Ellmann, *Oscar Wilde*, p. 427.

186. Hyde, *Trials of Oscar Wilde*, p. 91.

187. John Dillon, deputado de Mayo do Leste, que havia sido um dos convidados do protesto nacionalista no julgamento de Mitchelstown, também esteve presente na Câmara dos Comuns em 2 de abril. Ver L. P. Curtis Jr., *Coercion and Conciliation in Ireland, 1880-1892: A Study in Conservative Unionism* (Princeton, Princeton University Press; Londres, Oxford University Press, 1963), p. 197-9.

188. *United Ireland*, 6 de abril de 1895, p. 3.

189. Alan O'Day, *Irish Home Rule 1867-1921* (Manchester, Manchester University Press, 1998) dedica menos de uma página às duas tentativas de John Morley de introduzir a legislação fundiária.

190. *Irish Times*, 5 de julho de 1895.

191. Michael J. F. McCarthy, *Five Years in Ireland, 1895-1900* (Londres, Simpin, Marshall, Hamilton, Kent; Dublin, Hodges Figgis, 1901), p. 167-71, (p. 168).

192. Não foi possível rastrear o documento referente a este registro no Arquivo Nacional.

193. CSORP 1895, n. 6695 [Chief Secretary's Office Registered Papers].

194. McCarthy, *Five Years*, p. 159.

195. Patricia Lysaght, "Fairy Lore from the Midlands of Ireland", em Peter Narváez (ed.), *The Good People: New Fairylore Essays* (Nova York, Garland, 1991), p. 22-46. Esse ensaio é uma riquíssima discussão sobre a importância do ceticismo do próprio contador de histórias como catalisador de sua arte verbal.

196. *Ibid.*, p. 38.

197. David Blackbourn, *The Marpingen Visions: Rationalism, Religion and the Rise of Modern Germany* (Oxford, Oxford University Press, 1993), p. 290. Robert Koch identificou o bacilo do antraz em 1878, e o bacilo da cólera em 1885.

198. Peter Narváez, "Newfoundland Berry Pickers 'In the Fairies': Maintaining Spational, Temporal and Moral Boundaries through Legendry", em seu (ed.) *The Good People*, p. 336, 360 n. Para uma discussão mais ampla sobre essa questão, ver o meu "Hunting out the Fairies: E. F. Benson, Oscar Wilde and the Burning of Bridget Cleary", em Jerusha McCormack (ed.) *Wilde the Irishman* (New Haven e Londres, Yale University Press, 1998), p. 36-46.

199. Para a importância da dissecação após a Revolução Francesa e o privilégio do olhar médico, ver Michel Foucault, *The Birth of the Clinic: An Archaeology of Medical Perception* (Nova York, Vintage, 1994 [1973]).

200. Ver, por exemplo, o *Report of the Working Party on the Legal and Judicial Process for Victims of Sexual and Other Crimes of Violence Against Women and Children* (Dublin, National Women's Council of Ireland, 1996), que observa (p. 33) que, apesar de "na maioria das experiências de crime contra homens adultos, o perpetrador lhe seja desconhecido (...) contra as mulheres, o maior potencial de perigo sexual ou físico vem de homens conhecidos, dentro de um ambiente dito seguro, como o lar da família".

201. A casa de Patrick Boland ficava a dezoito quilômetros de distância do Palácio da Justiça. Ele pode ter querido dizer que morava há menos de um quilômetro da delegacia de polícia de Cloneen.

202. Essa observação foi a inspiração para o ensaio "The Eggman and the Fairies", de Hubert Butler, ver n. 9, p. 263.

203. Isso pode significar que Michael Kennedy tinha sido soldado. Não consigo encontrar outra referência ao fato de ele ter estado no exterior.

204. Brian, Masters, *The Life of E. F. Benson* (Londres, Pimlico, 1991), p. 115. Ver também Geoffrey Palmer e Noel Lloyd, *E. F. Benson As He Was* (Luton, 1988).

205. Ver meu "Hunting Out the Fairies", p. 36-46.

206. Anon., "The 'Witch-Burning' at Clonmel", *Folk-Lore*, v. 6, n. 4 (1895), p. 373-84.

10: *Julgamento e aprisionamento*

207. Um dos resultados dos assassinatos de lorde Frederick Cavendish e T. H. Burke foi a Lei de Prevenção de Crime de três anos, uma peça draconiana de legislação por meio da qual, nas palavras de um historiador, "muitos irlandeses vivenciavam a lei marcial em primeira mão". (L. P. Curtis Jr, *Coercion and Concilliation in Ireland, 1880-1892: A Study in Conservative Unionism* [Princeton, Princeton University Press; Londres, Oxford University Press, 1963], p. 15).

208. Discurso em Lambeth Baths, *Evening Telegraph*, em 4 de abril de 1895. O *Irish Times* reportou, em 2 de abril, que foram apresentadas luvas brancas ao juiz nas Sessões Penais Trimestrais de Mayo em Castlebar no dia anterior, celebrando a ausência de casos a serem julgados.

209. Richard Ellmann, *Oscar Wilde* (Nova York, Vintage, 1988), p. 503-4.

210. Grata ao meu colega e amigo dr. Lee Komito por essa informação.

211. William O'Brien tinha 27 anos quando entrou no King's Inns, em Dublin, em 1885. Devo o privilégio dessa informação ao acadêmico Nial Osborough.

212. *Clonmel Chronicle*, 6 de julho de 1895: Michael J. F. McCarthy, *Five Years in Ireland, 1895-1900* (Londres, Simpkin, Marshall, Hamilton, Kent; Dublin, Hodges Figgis, 1901), p. 173.

213. *Clonmel Chronicle*, 6 de julho de 1895.

214. De "The Ballad of Reading Gaol", *Collected Works of Oscar Wilde*, p. 753.

215. Ver Michel Foucault, *Discipline and Punish: The Birth of the Prison* (Londres, Penguin, 1991 [1977]), p. 143: "O espaço disciplinar tende a se dividir em tantas parcelas quanto corpos ou elementos há a repartir. É preciso anular os efeitos das repartições indecisas, o desaparecimento descontrolado dos indivíduos, sua circulação difusa, sua coagulação inutilizável e perigosa; [a partição] era uma tática de antideserção, de antivadiagem, de antiaglomeração. Seu alvo era estabelecer as presenças e as ausências, saber onde e como encontrar os indivíduos, instaurar as comunicações úteis, interromper as outras, ser capaz de a cada instante vigiar o comportamento de cada indivíduo, avaliá-lo, sancioná-lo, medir as qualidades ou os méritos. Procedimento, portanto, para conhecer, dominar e utilizar. A disciplina organiza um espaço analítico". Para o controle dos espaços e dos corpos individuais nas escolas irlandesas, ver Tom Inglis, *Moral Monopoly: The Rise and Fall of the Catholic Church in Modern Ireland* (2. ed., Dublin, University College Dublin Press, 1998), p. 151-8.

216. Arquivos Nacionais, Dublin, Registro dos Condenados Miscelânea. 1619/10. O relatório do juiz torna-se quase indecifrável no final, de modo que o funcionário público que anotou o arquivo cita apenas o meio do documento em seu resumo. Minha transcrição da última frase é baseada, até certo ponto, em adivinhações.

217. *"H[autus] Oleosis"* (um gole de óleo de rícino), um poderoso laxante, foi prescrito várias vezes, de acordo com os registros médicos da prisão. Sou grata ao dr. John Fleetwood pela ajuda na interpretação de tais registros.

218. Sua idade na data da entrada na prisão era 55 anos, mas, em sua primeira petição no ano seguinte, ele dizia já ter passado dos 60.

219. James Carney, *The Playboy and the Yellow Lady* (Dublin, Poolbeg, 1986), p. 131-49.

220. Carney, *The Playboy and the Yellow Lady*, p. 150-6. James Lynchehaun foi o tema de um famoso caso de extradição em Indianápolis em 1904.

221. A carta que ele recebeu em 25 de dezembro de 1895 foi enviada por "Pat" Boland, Cloneen, Fethard, Condado de Tipperary. Provavelmente seu sogro, libertado da prisão uma semana antes; o analfabetismo não impediu Jack Dunne e Patrick Kennedy de enviarem cartas quando estavam presos.

Epílogo: *Quando termina uma história verdadeira?*

222. Ver Richard P. Jenkins, "Witches and Fairies: Supernatural Aggression and Deviance among the Irish Peasantry", *Ulster Foklife*, v. 23 (1977), p. 33-56, revisado em Peter Narváez (ed.), *The Good People: New Fairylore Essays* (Nova York, Garland, 1991), p. 302-35.

223. Ver John Putnam Demos, *Entertaining Satan: Witchcraft and the Culture of Early New England* (Oxford e Nova York, Oxford University Press, 1982), e Paul Boyer e Stephen Nissenbaum, *Salem Possessed: The Social Origins of Witchcraft* (Cambridge, MA, e Londres, Harvard University Press, 1974).

224. Cormac Ó Gráda, *Ireland: A New Economic History* (Oxford, Oxford University Press, 1994), p. 218-24. Ver também Timothy W. Guinnane, *The Vanishing Irish: Households, Migration and the Rural Economy in Ireland, 1850-1914* (Princeton, Princeton Univeristy Press, 1997), p. 263-71. Os dois autores corrigem a crença antiga de que o tamanho das famílias na Irlanda só começou a diminuir por volta de 1920, mas Ó Gráda (p. 222) acha que casais urbanos e de classe média eram mais propensos a limitar suas famílias quando comparados a casais de trabalhadores rurais, Guinnane (p. 267) contrasta a situação em regiões industrializadas da Europa, onde ter filhos competia com o trabalho fabril, e na Irlanda rural, onde a falta de trabalhos remunerados fora de casa tornada as crianças relativamente baratas no que dizia respeito ao consumo do tempo das mulheres.

225. Erving Goffman, *Stigma: Notes on the Management of a Spoiled Identity* (Harmondsworth, Penguin, 1968 [1963]), p. 15.

226. Além das obras já mencionadas, ver a peça *The Last Burning*, de Patrick Galvin, em Patrick Galvin, *Three Plays* (Belfast, Threshold, 1976), p. 5-58; o álbum do Host, *Tryal* (Londres, Aura Records, Ltd, 1982 — obrigada pela referência Deborah Pogson); o romance *Very Old Bones* (Nova York, Viking, 1992), de William Kennedy; o romance *The Cure* (London, Hamish Hamilton, 1994), de Carlo Gléber; o documentário "The Burning of Bridget Cleary", de Pat Freely, Radio Teilifis Éireann, Radio 1, 5 de abril de 1995 (obrigada Ian Lee, RTÉ Sound Archive); o ensaio "The Burning of Bridget Cleary: A Community on Guard", de Sharron FitzGerald, em Ullrich Kockel (ed.), *Landscape, Heritage and Identity: Case Studies in Irish Ethnography* (Liverpool, Liverpool University Press, 1995), p. 117-34.

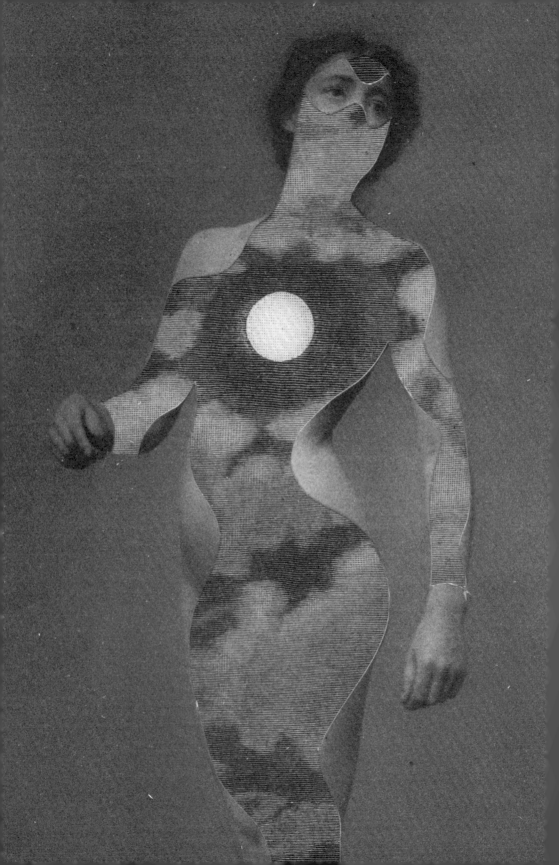

A Fogueira da BRUXA

ÍNDICE REMISSIVO

A

Abhráin Ghrádh Chúige Connacht (Hyde) 54
a Búrc, Éamon 83, 96, 99, 289, 294, 295
Agnes Elphinstone, Evanson 273
Agricultural Labourer, The 72
Ahearne, William 24, 45, 118, 119, 121, 129, 164, 193, 218, 227, 228, 235, 237, 244, 246, 247, 250, 251
amuletos 94, 97, 147
Anglin, Edward 24, 228
Anglin, John 162
Anglin, Tom 149
Anster, John 222
Associação Atlética Gaélica 40
Associação Unionista 187
Atlas of the Irish Rural Landscape 224
avicultura 92

B

Balada do Cárcere de Reading 246
Balfour, Arthur 90, 92, 214
Balfour, Gerald 264
Ballads in Prose 195
Ballot, Victor 177
Bassett, George Henry 75, 210, 257
Battle, Mary 84, 198
Béaloideas 54
Benjamin, Walter 66
Benson, E. F. 240
Bentham, Jeremy 255
Beside the Fire (Hyde) 53
Boland, Bridget Keating 72, 73
Boland, Edmond 73
Boland, Patrick 24, 26, 27, 37, 50, 73, 75, 83, 85, 119, 120, 123, 149, 150, 157, 209, 218, 230, 246, 249, 251
contexto de 72
na tentativa de obter ajuda médica 100, 101
prisão de 45
testemunho 74, 231, 250
Boland, William 73
Bookman 196, 197
Book of County Tipperary, The (Bassett) 75, 210, 257
bruxaria 116, 181, 208, 209, 219, 239, 245, 261, 272
Burke, Johanna (filha) 88
Burke, Johanna Kennedy 45, 47, 87, 88, 89, 94, 100, 107, 112, 115, 118, 121, 124, 125, 127, 129, 132, 134, 138, 140, 141, 143, 144, 147, 148, 154, 159, 161, 164, 169, 170, 173, 174, 178, 228

acesso de raiva de Michael Cleary 228, 233
depoimento 46, 111, 112, 114, 133, 139, 151, 155, 157, 158
dosagem de erva 119, 121
testemunho do julgamento 247, 248
Burke, Katie 88, 118, 121, 125, 129, 141, 143, 158, 170, 175, 217, 228, 249
destino de 273
testemunho 150
testemunho no julgamento 172
Burke, Michael 89
Butler, Hubert 192

C

Câmara dos Comuns 40, 90, 91, 92, 93, 177, 214
Câmara dos Lordes 91
Cambrensis, Giraldus 222
Carbery, Mary 72
Carleton, William 195
Carney, Paul 267
Carson 214
Carson, Edward 92, 93, 215, 222, 226, 232
Carty, Mary 200
Catolicismo 31, 34, 87, 136
e lenda das fadas 226, 239
Cecil, Robert 163

Celtic Twilight (Yeats) 47,
    196, 197
chalé dos Cleary 24
    exame do repórter visitante
        85
    exame do repórter visitante
        do 192, 204
    fotografias da PRI 185
    hoje 220, 272
    quarto de Patrick Boland
        186
    vista 192
changeling 27, 59, 63, 64, 66,
    68, 69, 70, 112, 124,
    145, 153, 155, 188,
    197, 199, 223, 238,
    240, 249, 272
Charles Joseph, Kickham 41
Christian, George 168
Cleary, Bridget
    alfabetizada 74, 89
    alimentada à força com
        ervas 24, 45, 111,
        113, 116, 118, 119,
        121, 122, 152, 188,
        217, 218, 235
    animais de 86
    casamento 79, 128
    criação de aves 76
    desaparecimento de 35, 37,
        41, 46, 47, 50, 163,
        219, 235
    descrita 71
    doença 24, 26, 94, 99, 100,
        102, 103, 104, 106,
        114, 115, 154, 165,
        179
    em rimas infantis
        modernas 272
    enterrada por Michael 159
    episódio da Sagrada
        Comunhão 132,
        133, 134
    exame post mortem de
        104, 155, 164, 165,
        220, 227
    funeral de 182

histórico familiar de 72
leite fresco dado a 24, 119,
    120, 123, 188
levada pelas fadas 46
morte 25, 121, 127, 154,
    159, 173, 174, 180,
    191, 231
no comércio de costura 75
percebida como changeling
    66, 69, 70, 112, 145,
    155, 188, 249, 272
relação com Michael 149,
    151, 228
roupas de 76, 120, 144
últimos ritos dados a 108,
    116, 130
urina jogada em 122, 124,
    178
violência oral 152, 154
Cleary, Michael 24, 29, 30,
    37, 42, 44, 99, 102,
    110, 116, 118, 119,
    120, 128, 140, 149,
    154, 155, 159, 231,
    232, 240, 244, 246,
    253
a falta de filhos de 276
Bridget derrubada no chão
    por 151, 179, 231
Bridget enterrada por 159
casamento de 79, 127
como tanoeiro 202
Crean e 102, 103, 107, 109
descrito 105, 172, 259, 268
em emigração para o
    Canadá 271, 272
episódio do leite fresco e
    143, 144, 148
fotos da prisão 259
libertação sob licença 270
na prisão 256, 257, 259,
    264, 267, 268, 269,
    270
no relatório da PRI 187
petição para a soltura de
    270
preso 45, 106, 161, 164

queima e morte de Bridget
    por 123, 124, 126,
    154, 156, 157, 160,
    161, 173, 179
relacionamento de Bridget
    com 149, 229
Ryan e 30, 108, 130, 131,
    219
testemunho de Dunne 235
testemunho de investigação
    de 228
testemunho de Johanna
    Burke contestado
    por 233
Clodd, Edward 200, 240, 242
Clonmel Chronicle 46, 139,
    184, 210, 222, 254
Coleção do Folclore Irlandês
    122
Comissão do Folclore
    Irlandês 54, 55, 95,
    275
Comissão Real sobre
    Agricultura 140
Condon, John 266
Connors, Edmond 130
Conselho de Distritos
    Congestionados 90
Conselho do Governo Local
    109, 110
Cork Examiner 49, 71, 76,
    85, 86, 87, 94, 97, 99,
    100, 108, 113, 122,
    132, 140, 160, 164,
    172, 190, 192, 193,
    194, 203, 206, 207,
    208, 221, 233, 234
Craig, J. 260
Crean, Richard 133, 174,
    218, 226, 246
Crean, William (médico)
    101, 103, 108, 110,
    113, 115, 131, 132,
    159, 165, 265
Bridget Cleary visitada por
    103

308

Bridget Cleary visitada por 107
exame post mortem 227
Michael Cleary e 277
Croker, Thomas Crofton 63, 195, 222
Cummins, Edmond 101, 103, 105, 109
Curtin (advogado) 246
Curtin, Jeremiah 238
Cusack, Michael 43

D

Daily Graphic 49, 87, 106, 168, 174
darwinismo social 163, 170, 251
debate sobre Home Rule 163, 195, 207, 275
caso Wilde 213, 216
Declaração de Edward Grey de 1895 177
dedaleira 60, 112
Delargy, James Hamilton 54, 55, 58
Departamento de Folclore Irlandês 55
Devonshire, Comissão 72
Dillon, John 91, 216, 245
Dillon, Philip 64
Douglas, Alfred 213, 241
Dowling, Edmund 267
Doyle, Joanna 65
Doyle, Mary 65
Doyle, Patsy 65
Doyle, Roddy 68
Drumlanrig, visconde 213
Dublin Daily Express 83, 100
Dublin Evening Mail 92, 125, 175, 176, 178, 182, 194, 206, 213
Dudley, lorde-tenente 186
Duncan, Leland L. 200, 202
Dunne, Catherine 94, 262

Dunne, John (escritor) 191
Dunne, John (Jack) 24, 27, 29, 31, 33, 36, 50, 83, 89, 93, 99, 107, 118, 119, 121, 123, 161, 180, 218, 230, 259, 277
acusação 251
acusação contra 246
alimento forçado com ervas 111, 116, 117
como bilíngue 97, 98
como guiado por fadas 94, 97
como instigador 189
dor nas costas de 193
e queimando Bridget Cleary 125, 126
petição para soltura 261, 263
prisão de 45, 256
soltura sob licença 264
testemunho 234, 235, 237

E

Early, Biddy 61, 62, 113, 128
Egan, Patrick 35, 36, 37, 217, 227
Egan, P. (carcereiro) 263
Ellmann, Richard 213, 257
Emancipação católica de 1829 28
Estado Livre Irlandês 53
Evanson, Richard 45, 103, 124, 130, 131, 147, 158, 168, 173, 175, 179, 211, 217, 220, 222, 227, 228, 232, 250, 273

F

Fadas, lendas de 41, 44, 47, 52, 70, 157, 181, 187, 189, 192
amuletos 97
assassinos de criança e 65, 201
catolicismo e 226, 239
changelings deixados por 57, 59
crença em 82
doença e 61, 65, 102, 199, 201
Dunne e 94, 96
fortes circulares e 224
homossexualidade 226
ideias darwinistas e 198
leite, manteiga e 119, 145, 201, 205
limites e 59
medicina herbácea 60
motivos de 200
mulher raivosa 238
narração e 58, 82, 225
nascimentos e 68, 69, 138
poder da política comparado com 204, 205
rituais de purificação e 136
sistema jurídico e 247
teoria do estigma 277
tradição oral e 52
urina como arma contra 122
violência doméstica 68, 276
Faerie Queene, The (Spenser) 222
Fairy and Folk Tales of the Irish Peasantry (Yeats) 47
Farm by Lough Gur, The (Carber) 72
Federação Nacional Irlandesa 187
Feniano 42, 191

Five Years in Ireland
    (McCarthy) 167, 221
Folk-Lore Journal 55, 242
fortes circulares 36, 81, 82,
    224, 275
Fortnightly Review 90
Frazer, James 199
Freeman's Journal 41, 92, 99,
    139, 164, 178
Furey, Patrick 36

G

Ganey, Denis 45, 111, 113,
    115, 132, 164, 166,
    168, 169, 174, 178,
    193, 208, 227, 274
  ervas 119, 126
Ganey, Denis (descrição) 49
Gladstone, William 40, 90,
    163, 212
Gleeson, Michael 227, 237,
    246, 273
Goffman, Erving 276
Grande Fome de 1845-49
    29, 56, 71, 72, 79, 95,
    100
Gregory, Augusta 47, 55, 61,
    82, 91, 98, 113, 238,
    239
Grey, Edward 177
Grigson, Geoffrey 60
Grubb, Thomas Cambridge
    156, 168, 173
Guardiões da Lei dos Pobres
    79, 80, 84, 100, 109,
    110, 131, 184, 209,
    220, 315
Guerra Terrestre de
    1879-1882 32, 39,
    169

H

Hahescy, William 274
Handbook of Irish Folklore,
    A (Ó Súilleabháin) 55
Hanrahan, John J. 218, 226
Hartland, Edwin Sidney 198
Heard, A. E. S. 91, 185, 186
Heffernan, William (médico)
    100, 110, 152, 165, 227
Hogan, David 142, 143, 148
Holbeck, Bengt 58
Holborn, Henry 210
Home Rule, projeto de lei do
    1886 90, 163
    1893 91
    1895 212
Hopkins, sargento 273
Hopper, Nora 195
Hunt, Richard 274
Hyde, Douglas 53, 92, 195

I

Independent 178
Inquérito dos Magistrados
    212, 243
  darwinismo social no 170
  juízes presidindo no 168
  libertação de Ganey
    durante o 227
  metáfora de Dahomey
    e 175
  questão da bruxaria 219,
    239
  troca entre Cleary e Burke
    no 233
investigação forense 220
Irish Fairy Tales 196
Irish Times 111, 121, 139,
    170, 172, 175, 217,
    218, 233, 234, 237,
    242, 244, 246, 248,
    250, 264

Irlanda
  catolicismo na 34
  chalés para trabalhadores
    84
  conflito agrário na 32, 35,
    39, 79, 93, 178, 214,
    275
  cultura funerária 183
  legislação agrária 40, 93
  nacionalismo romântico 55
  narrativa na 82, 94
  prática médica na 100
  primeiro censo da 62
  sistema jurídico 247
  sistema prisional 255
  uniformidade da cultura
    da 33

J

Jacob, Robert 23, 315
John Boursiquot, Falconer
    112, 246, 249, 253, 267
Jones, Henry Hawtrey 222
Joyce, James 230
Julgamento por homicídio de
    Cleary
  indiciamento do júri 245
  júri formado 251
  Michael Cleary condenado
    253
  Michael Cleary considerado
    culpado de
    homicídio culposo
    249

K

Kalevala 55
Kennedy, James 24, 25, 26,
    44, 45, 88, 89, 118, 119,
    123, 148, 150, 155, 160,
    234, 235, 237, 246, 249,
    251, 252, 274
Kennedy, Mary Boland 24,
    27, 37, 38, 45, 50, 73, 83,
    87, 88, 104, 105, 106,
    110, 115, 118, 119, 121,
    124, 129, 141, 143, 145,
    148, 150, 154, 155, 156,
    157, 158, 164, 169, 174,
    217, 218, 230, 232, 234,
    243, 244, 246, 248, 249,
    252, 256, 258, 273, 274
    Prisão de 50
    Testemunho de 232
Kennedy, Michael 24, 25, 26,
    28, 29, 30, 31, 33, 36,
    37, 45, 73, 86, 89, 119,
    129, 174, 218, 228,
    234, 246, 252, 265
    testemunho de Dunne 237
Kennedy, Patrick 24, 25, 26,
    33, 89, 120, 148, 150,
    156, 158, 159, 232,
    237, 246, 249, 251
    descrito 88
    na prisão 256, 264
    prisao de 45
    vida pós-prisão de 267
Kennedy, Richard 25, 73,
    127, 230
Kennedy, William 24, 26, 44,
    45, 88, 89, 118, 119,
    120, 125, 152, 155,
    156, 160, 164, 234,
    235, 237, 246, 251, 252
Kern, Jerome 206
Kickham, Thomas 41, 183
Kirk, Robert 47
Knocknagow, or the
    Homes of Tipperary
    (Kickham) 41

L

Lamarck, Jean Baptiste de
    170
Lang, Andrew 200, 240
Layard, Enid 91
Leahy, Michael 63, 65
Leahy, Patrick 143, 149
Lei de Ashbourne de 1885
    90
Lei de Caridades Médicas de
    1851 100
Lei de Crimes de 1887 169
Lei de Terras de 1881 90
Lei dos inquilinos despejados
    de 1894 91
Lei dos Trabalhadores
    (Irlanda) de 1883 37,
    79, 84
Lenihan, Edmund 128
Liga da Terra 34, 39
Liga Gaélica 54
Liga Nacional Irlandesa 34,
    187
Lindsay, Paul M. 38
Lindsay, Thomas 38
Illustrated London News 239
Lombroso, Cesare 172, 255
Long, Brendan 278
Lopdell, J. B. 43
Lyle, Emily 69
Lynchehaun, James 194, 267
Lynch, James 42
Lysaght, George 267
Lysaght, Patricia 224

M

Macbeth (Shakespeare) 245
Mac Coluim, Fiónan 54
MacDonnell, Agnes 194
Madden, James 43
Malloy (advogado) 246
Manchester Guardian 179

Mandeville, John 214
Martyn, Edward 171
massacre de Mitchelstown
    169, 214
Masters, Brian 242
Maunsell, J. P. 92, 93
McCarthy, Michael 167, 169,
    183, 221, 223, 225,
    244, 252
McGlynn, Jenny 83, 224, 225
McGrath, Michael 29, 31,
    35, 167
McGrath, Thomas 136
McLoughlin, Thomas 87,
    185, 186, 190, 220
McVittie, Edward 202
Meagher, Henry 43, 267
Meagher, William 85
Meara, Johanna 141, 143,
    149, 170
medicina herbácea 60
meimendro 60
Michael Cleary
    como tanoeiro 203
Mill, John Stuart 90, 171
Minstrelsy of the Scottish
    Boarder, The (Scott)
    69
Moloney, C. 110
montanha de Slievenamon
    49, 80, 115, 190, 191,
    192, 196, 205, 206, 207
Monthly Journal of Medical
    Science 138
Moore, George 170
Morgan (policial) 124
Morley, John 40, 90, 91, 93,
    171, 179, 186, 207,
    212, 214, 216, 243, 275
Morning Post 63
Moroney, Michael 279
Mulher das Galinhas
    (Henwife) 78
Murphy-Lawless, Jo 139
Murphy, Thomas 257, 258

N

Nandy, Ashis 188
narração

lenda de fadas 82,
225, 275
na cultura irlandesa
83, 95, 96
na tradição oral 96
Nationalist and Tipperary
Advertiser 41, 47, 99,
167, 176, 177, 194,
206, 208, 210, 278
Nevius, dr. 240
New York Times 208, 239
Ni Dhomhnaill, Nuala 276
Ní Dhuibhne, Éilís 275
Nineteenth Century 242

O

O'Brien, William 74, 112,
207, 214, 245, 249,
251, 273, 277
júri formado por 133, 244
petição de Dunne negada
por 261
sentença 252, 253
Ó Buachalla, Tadhag 96
Ó Buachalla, Tadhg 95
O'Callaghan (policial) 50,
220
Ó Conaill, Seán 54, 58, 83
O'Donnell, Marian 275
O'Donovan, John 192
O'Keeffe, Patrick 72
O'Shaughnessy, Edmond 73
Ó Súilleabháin, Seán 55
O'Sullivan, M. 268
Oxford, governador da prisão
de 257

P

Pakenham, Thomas 177
panóptico (Bentham) 255
Parnell, Charles Stewart 90,
178, 216
Partido Conservador
Britânico 90
parto 40, 66, 119, 138, 146
Pattison, Pierris B 186, 188,
190
pishogues; piseogs 114, 147
Playboy of the Western
World, The (Synge)
268
Plunkett, Horace 92
Poems (Yeats) 196
Polícia Real Irlandesa (PRI)
31, 32, 35, 38, 39, 42,
44, 46, 50, 87, 91, 140,
159, 183, 222, 227
Johanna Burke protegida
pela 273
relato de caso 186
Pollexfen, George 198
Power, Patrick 39, 128, 278
Projeto de Lei de Terras de
1895 40, 92, 93

Q

Queensberry, marquês de
213, 214

R

Regina contra Queensberry
16, 215
Renascimento Celta 47
Representative Irish Tales
(Yeats) 196
Riall, W. A. 168

Rogers, Patrick 50, 220
Rosebery, Archibald Philip
Primrose, lorde 91,
212, 213, 243
Rothschild, Hannah 212
Russell, Charles 214
Russell, George 225, 275
Russell, T. W. 216
Ryan (advogado) 246
Ryan, Cornelius Fleming 35,
41, 102, 136, 167, 170
Bridget Cleary visitada por
108, 131
Michael Cleary e 29, 130
testemunho de 117, 133,
218, 219

S

Sacred Weeds 60
Salisbury, lorde 243
Sayers, Hugh 209
Science of Fairy Tales, The
(Heartland) 198
Scotsman 207
Scott, Walter 69, 222
Scramble for Africa, The
(Pakenham) 177
Scully, Darby 209
Secret Common-Wealth
of Elves, Fauns and
Fairie, The (Kirk) 47
Shea, Bridget 131
Shea, Thomas 130
Sheehan, governador 265
Shee, John J. 103, 162, 164,
165
Showboat 206
Simpson
e chaves para o chalé dos
Cleary 209
Simpson, H. B. 271
Simpson, Margaret 39
Simpson, Mary \ 42, 119,
121, 123, 124, 125,

170, 220, 237, 250
Simpson, Mary (filha) 39
Simpson, William 38, 41,
    102, 125, 129, 138,
    152, 161, 164, 169,
    204, 221, 228, 275
  amizade com os Cleary 102
  chalé dos Cleary 121
  como suposto amante de
    Bridget Cleary 128,
    137, 184
  e chaves para o chalé dos
    Cleary 86, 185, 208
  e forçar a comer ervas 119,
    120
  e queima de Bridget Cleary
    123, 127
  jogando urina 122
  jornalista visitante e 86, 87,
    203, 205
  testemunho de 45, 104,
    217, 250
Sindicato dos Guardiões
    da Lei dos Pobres de
    Cashel 37, 100, 183
Sínodo de Thurles de 1850
    29, 34, 35
Skehan, James 97, 148
Smith, Mary 117
Smyth, Bridget 138
Smyth, Thomas 138, 139,
    142, 143, 145, 148,
    149, 220
Sociedade da Organização
    Agrícola Irlandesa
    (OSAI) 92
Sociedade do Folclore
    Irlandês 54
Somers (policial) 50, 71,
    165, 220
Spectator, The 238
Spencer, Herbert 170
Spenser, Edmund 222
Stigma
  Notes on the Management
    of a Spoiled Identity
    (Goffman) 276

Stokes, Susan A. 190
Synge, J. M. 268

T

Tales of the Irish Fairies
    (Curtin) 238
Tennant, William Walker 45,
    134, 161
The Times (London) 179,
    180, 182, 240
Thoms, William 55
Tipperary Leader 72
tradição oral
  ações de Michael Cleary
    sob a luz da 188
  cultura escrita vs. 65
  fadas e 53
  imagem da Mulher das
    Galinhas (Henwife)
    78
  narrativas na 94, 96
  padres na 137
  remédio fitoterápico na 60
  renascimento do interesse
    pela 54
Transactions of the Kilkenny
    Archeological Society
    191
Trevelyan, L. P. 216
Tyrone Constitution 183,
    212

V

violência doméstica 68, 276
Vitória, rainha da Inglaterra
    23, 213

W

Wansbrough, Alfred Joseph
    44, 50, 133, 148, 151,
    168, 170, 173, 174,
    217, 219, 220, 226, 250
Wilde, Constance 214
Wilde, Oscar 75, 214, 222,
    226, 232, 242, 246
  prisão de 241, 257
  Queensberry processado
    por 93, 213
Wilde, William 62, 138
Wind Among the Reeds, The
    (Yeats) 196
Woman's World 75
Woman Who Walked into
    Doors, The (Doyle) 68
Woods, Oscar T. 65
Wooldridge, Charles Thomas
    246

Y

Yeats, William Butler 47, 54,
    55, 58, 153, 170, 195,
    196, 197, 199, 223,
    241, 275

AGRADECIMENTOS E FONTES

Este livro começou a ganhar vida em Cambridge, Massachusetts, em 1993, como um capítulo de um trabalho acadêmico sobre a lenda das fadas irlandesas, mas conforme minha pesquisa progredia, foi ficando evidente que a história completa da morte de Bridget Cleary jamais havia sido contada, e que qualquer tentativa de fazê-lo traria à tona muitos aspectos dos estudos irlandeses. Felizmente, eu estava em um ambiente hospitaleiro para abordagens interdisciplinares, entre colegas e amigos cujo compromisso com novas maneiras de interpretar o material de fontes antigas foi pura inspiração. Adele Dalsimer, em especial, me incentivou a escrever este livro em formato romanceado, e a confiar que qualquer análise acadêmica que eu pudesse oferecer transpareceria perfeitamente por meio da narrativa. *Ní bheidh a leithéid arís ann*: Nunca haverá outra como ela. De volta à Irlanda, eu me beneficiei do conhecimento e da sabedoria acumulados de meus colegas em vários departamentos e faculdades da Universidade Nacional da Irlanda, Dublin (University College Dublin), e outras instituições, de acadêmicos independentes, bibliotecários, arquivistas e antiquários, e de muitos indivíduos em Tipperary Sul. Tenho sido honrada com convites para ministrar palestras, estimulada por estudantes e outros públicos, e abençoada pela gentileza afetuosa de amigos e familiares que me deram espaço para falar sobre este livro por longas e tortuosas horas. Sou especialmente grata àqueles que leram rascunhos do livro, no todo ou em parte, e que ofereceram seus comentários.

É um prazer registrar meus agradecimentos aos bibliotecários e arquivistas das seguintes coleções, muitos dos quais compartilharam seus conhecimentos especializados sobre os documentos desse caso:

Allen Library, O'Connell Schools, Dublin; O'Neill Library, Boston College; Cashel & Emly Diocesan Archives, St. Patrick's College, Thurles, condado de Tipperary; Widener Library, Universidade de Harvard; National Archives of Ireland, Dublin; National Library of Ireland, Dublin; MetÉirann, Dublin; Biblioteca e o Departamento de Folclore da Irlanda, Universidade Nacional da Irlanda, Dublin; Tipperary County Library, Thurles; Tipperary Heritage Trust, a cidade de Tipperary.

Quando nenhuma outra fonte é citada, os relatos da audiência dos magistrados e do julgamento são oriundos de jornais da época, em especial *Irish Times, Freeman's Journal, Cork Examiner, Nationalist* (Clonmel), *Clonmel Chronicle, Daily Express, Dublin Evening Telegraph* e *Dublin Evening Mail*. Tais relatos são, em sua maioria, idênticos, sendo derivados de um registro estenógrafo comum, mas variam na grafia dos nomes próprios e na pontuação; eles foram, portanto, editados por questão de clareza e consistência.

As informações sobre o clima em 1895 são de manuscritos diários mantidos no Castelo Birr (a oitenta quilômetros de Ballyvadlea) por Robert Jacob, e preservados na biblioteca do MetÉireann, o serviço meteorológico irlandês, Glasnevin, Dublin, onde foram comparados aos registros da *Symon's Monthly Metereological Magazine*.

Detalhes sobre saúde, aparência pessoal, estatura, peso e cor do cabelo das pessoas acusadas da morte de Bridget Cleary foram retirados dos registros prisionais no Arquivo Nacional da Irlanda, Bishop Street, Dublin, com observações corroborativas de jornais da época.

Informações sobre a vida comercial de Tipperary Sul no final do século XIX vieram do *Directory* de Thom para 1895, de Francis Guy, *Directory of Munster* (Cork, Guy, 1893) e de George Henry Bassett, *The Book of County Tipperary* (Dublin, 1889), republicado como *County Tipperary 100 Years Ago* (Belfast, Friar's Bush Press, 1991). Esses foram complementados por detalhes de *Devia Hibernia: The Road and Route Guide for Ireland of the Royal Irish Constabulary* (Dublin, Hodges Figgis, 1893), de George A. de M. Edwin Dagg.

Dados sobre as deliberações dos Guardiões da Lei dos Pobres de Cashel são dos livros de atas da instituição, devidamente preservados na Biblioteca do Condado de Tipperary, Thurles.

Os registros batismais de Drangan e Cloneen são mantidos no Tipperary Heritage Trust, Tipperary. Fui autorizada a consultá-los por cortesia do padre Christy O'Dwyer, arquivista diocesano, St. Patrick's College, Thurles, e de Ann Moloney, cidade de Tipperary.

A série de biografias em irlandês de Diarmuid Breathnach e Máire Ní Mhurchú, *Beathaisnéis a hAon-Beathaisnéis a Cúig* (Dublin, An Clóchornhar, 1986–1997), se revelou inestimável.

O *Dictionary of National Biography* foi a principal fonte de informação sobre estadistas e outras figuras públicas britânicas.

Sou grata a Comhairle Bhéaloideas Éireann pela permissão de citar longos trechos de Sean Ó hEochaidh, Máire Mac Néill e Séamus Ó Cathain (eds), *Síscéalta ó Thír Chonaill/Fairy Legends from Donegal* (1977).

As fotografias na seção de gravuras foram reproduzidas com a permissão do Arquivo Nacional da Irlanda, Bishop Street, Dublin, onde os originais são mantidos: fotografias da casa dos Cleary, Ballyvadlea; fotos do registro prisional de Michael Cleary; fotos prisionais de Patrick Kennedy; e a petição de Michael Cleary de 1905.

Agradeço aos meus colegas do Departamento de Língua e Literatura Irlandesa Moderna, da Universidade Nacional da Irlanda, Dublin (UCD), por facilitarem minha licença para pesquisa; do Departamento de Línguas e Literaturas Celtas, da Universidade de Harvard, e do Programa de Estudos Irlandeses, do Boston College, pela generosa hospitalidade acadêmica; agradeço também ao público na American University, Washington DC, nas reuniões anuais da Conferência Norte-Americana para Estudos Irlandeses, e também à Associação Nacional de Bibliotecas da Irlanda, à Synge Summer School, Rathdrum, condado de Wicklow, à Yeats Summer School, Sligo, e à Waseda University, Tóquio, por estimular o debate; e ao Centro Tyrone Guthrie, Annaghmakerrig, condado de Monaghan, por um ambiente de escrita idílico, e a meus alunos da UCD, Harvard, e da Boston College, por sempre terem estimulado meu pensamento.

Tenho uma enorme dívida pessoal para com as seguintes pessoas, e espero que este livro possa retribuir em alguma medida pela ajuda que me deram e pelo interesse que tiveram por ele: Cormac, Ken, Maryrose, Rosaleen e Stephanie Bourke, Marcus Bourke, George Bornstein,

Noreen Bowden, Tony Butler, Brenna Clarke, Kathleen Clune, irmão Thomas Connolly, Pat Cooke, John Cooney, Goretti e Michael Corway, Carol Coulter, Maura Cronin, Monica Cullinan, Liz Butler Cullingford, Brendan Dalton, Mary E. Daly, Molly Daly, Mary Darmody, Michael Doherty, Gráinne Dowling, John Fleetwood Senior, Sheila e Denis Foley, Roy Foster, Luke Gibbons, Nicky Grene, Fiana Griffin, Ruth-Ann Harris, Michael Hayes, Jörg Hensgen, Norma Jessop, Declan Kiberd, Gabriel Kiely, Lee Kornito, Ivan, Jacob, Tom e Vera Kreilkamp, Susan Lanser, Rena Lohan, Gerard Long, Bernard e Mary Loughlin, Maria Luddy, Gerard Lyne, Tom McArdle, Margaret MacCurtain, Jerusha McCormack, Lucy McDiarmid, Dave McDonagh, Thomas McGrath, John MacMenarnin, Breandán Mac Suibhne, Fidelma Maguire, Elizabeth Malcolm, Gerard Mills, Michael Moroney, Joanne Mulcahy, Bríona Nic Dhiarmada, Nuala Ní Dhomhnaill, Éilís Ní Dhuibhne, Siobhán Ní Laoire, An Bráthair Liam P. Ó Caithnia, Proinsias Ó Drisceoil, reverendo Christy O'Dwyer, Diarmuid Ó Giolláin, Cormac Ó Gráda, Philip O'Leary, Liam Ó Mathúna, Kevin O'Neill, Tim O'Neill, Nial Osborough, Barra Ó Séaghdha, Beth Parkhurst, Deborah Pogson, Patrick Power, Pauline Prior, Tom Quinlan, Mick Quinlivan, Joan Radner, Tríona Rafferty, Lily Richards, Catherine Santoro, Dóirín Saurus, Lisa Shields, Will Sulkin, Mia Van Doorslaer, Jonathan Williams e Wendy Wolf.

Angela Bourke
Dublin, 10 de maio de 1999

ANGELA BOURKE, nascida em Dublin em 1952, é escritora, historiadora e acadêmica renomada por sua profunda exploração da tradição oral e literatura irlandesa. Suas contribuições impactantes estendem-se por livros, palestras e programas de rádio, refletindo um comprometimento em revelar as vozes das mulheres dentro do folclore. Sua jornada acadêmica, que envolve um mestrado em Estudos Celtas, culminou com um doutorado focado na poesia religiosa feminina no folclore irlandês, consolidando sua posição como uma autoridade no campo. Acadêmica experiente, Bourke enriqueceu universidades em todo o mundo como professora convidada, com passagens notáveis por Harvard University de 1992 a 1993. Atualmente ocupando a prestigiosa posição de Professora de Estudos em Irlandês e Chefe do Departamento de Irlandês Moderno na UCD, Bourke continua a inspirar e moldar o cenário acadêmico. Sua ilustre carreira lhe conferiu a associação na respeitada Royal Irish Academy, testemunho de suas significativas contribuições para a literatura e academia irlandesas.

CRIME SCENE®
DARKSIDE

Faeries, come take me out of this dull world
For I would ride with you upon the wind
Run on the top of the dishevelled tide
And dance upon the mountains like a flame

— THE LAND OF HEART'S DESIRE, WILLIAM BUTLER YEATS —

DARKSIDEBOOKS.COM